——————— 님의 소중한 미래를 위해
이 책을 드립니다.

7일
만에
끝내는
금융
지식

7일 만에 끝내는

금융지식

정웅지 지음

금융의 기초부터 실전까지,
이보다 쉬울 수 없다,

메이트북스

메이트북스 우리는 책이 독자를 위한 것임을 잊지 않는다.
우리는 독자의 꿈을 사랑하고,
그 꿈이 실현될 수 있는 도구를 세상에 내놓는다.

7일 만에 끝내는 금융지식

초판 1쇄 발행 2016년 8월 8일 | 2판 3쇄 발행 2023년 6월 15일 | 지은이 정웅지
펴낸곳 ㈜원앤원콘텐츠그룹 | 펴낸이 강현규·정영훈
책임편집 안정연 | 편집 박은지·남수정 | 디자인 최선희
마케팅 김형진·이선미·정채훈 | 경영지원 최향숙
등록번호 제301-2006-001호 | 등록일자 2013년 5월 24일
주소 04607 서울시 중구 다산로 139 랜더스빌딩 5층 | 전화 (02)2234-7117
팩스 (02)2234-1086 | 홈페이지 matebooks.co.kr | 이메일 khg0109@hanmail.net
값 17,000원 | ISBN ISBN 979-11-6002-113-4 03320

연구를 하지 않고 투자하는 것은
포커를 하면서 카드를 전혀 보지 않는 것과 같다.

• 피터 린치(전설적인 투자자) •

금융시장은 사건이 아닌
흐름을 읽어야 한다

개인투자자·기관투자자·거래소에서 시장을 볼 때의 느낌은 저마다 다르다. 과거 개인투자자로서 시장을 바라볼 때는 언제나 이질감이 들었고, 늘 시장에 쫓기는 기분이었다. 돈을 벌어도 그다음에 견뎌야 할 것들에 대한 생각 때문에 별로 행복하지 않았고, 돈을 잃었을 때는 내가 갖추지 못해 시장에게 당하는 것이라는 피해망상적인 생각도 했다.

기관투자자로 시장을 바라볼 때는 언제나 금융시장의 흠과 틈을 찾기 위해 노력했다. 눈에 불을 켜고 시장의 틈을 발견하기만을 기다렸다. 금융시장은 단지 더 나은 삶을 살기 위한 수단에 불과했다.

거래소로 옮겨 손에 쥔 모든 돈을 놓고 바라보니, 너무나 나약한 시장의 본모습에 연민이 느껴졌다. 한편으로는 '나는 왜 시장과 승패를 다투

고자 했으며, 비집고 들어갈 틈을 찾으려고만 했을까? 시장은 가만히 있는데 나 혼자 싸움을 걸고 있던 건 아닐까?'라는 후회도 들었다.

 금융시장에서 보낸 시간이 길지 않고 경험도 부족한 나의 자위적인 '개똥철학'일 수도 있지만, 나약한 금융시장과 싸우는 것만이 정답은 아니라고 생각한다. 나는 여전히 금융시장을 통해 부를 얻기 위해 노력한다. 다만 승패를 겨루며 싸워 얻고 싶지 않을 뿐이다. 금융시장은 한 번쯤 오게 될지 모르는 대박을 꿈꾸는 곳이 아닌 평생 함께해야 할 '동반자'다.

 이 책은 투자서라기보다는 처음부터 마지막 장까지 "우리 옆에 있는 동반자가 이런 사람입니다."라고 소개하는 책이다. 평생 함께 갈 파트너의 성격이나 특기, 심리를 알아가는 과정이라고 보면 좋을 것 같다. 언제나 내 옆에 있어주는 친구를 어떻게 이용할까 고민하기보다는, 그 친구의 많은 것을 알고 이해하고 기쁨과 슬픔을 함께하다 보면 어느 순간에는 내게 고마움을 전해준다. 소소한 선물이지만 힘든 세상 살아가는 데 있어 꽤 값진 선물이다. 뺏으려고 하면 힘들지만, 주는 것을 받으면 선물을 주는 사람과 받는 사람 모두 기분이 좋다.

 금융시장은 기복이 심해 하루에도 수차례 사건이 발생한다. 핵심과 흐름을 보지 않고 사건에만 집중하면 금융시장의 모든 것은 새로운 것이 된다. 이 책을 저술하면서 인터넷을 통해 1990년부터 현재까지 모든 경제기사와 데이터를 읽었다. 꽤 많은 시간이 걸렸지만 아주 흥미로운 경험이었다. 놀랍게도 대부분의 사건은 반복되고 있었으며, 반복될 때마다 같은 기사나 뉴스들이 보도되었고 대응 방법마저 다르지 않았다. 바뀐 것은 사람밖에 없었다. 결국 수많은 사건도 금융시장에서 반복되는 일상 중 하나일 뿐인 것이다.

금융시장은 금융업에 종사하지 않더라도 누구나 피할 수 없는 곳이다. 우리의 소득이나 용돈은 물론이고 예금, 금융상품 등 실생활에서 금융시장에 속하지 않는 것은 없다. 의사가 해부학을 배우지 않고 심장수술을 할 수 없듯이 재테크나 투자, 분석도 금융시장에 대한 이해 없이는 잘할 수 없다. 다리가 저린 이유가 꼭 다리에만 있는 것이 아닌 것처럼 주식시장이 나쁘다고 해서 원인이 주식시장에만 있는 것도 아니다. 금융시장은 살아 있는 유기체로서 요소들이 상호 간에 밀접하게 연계되어 있기 때문에 시장에 대한 '전체적인 메커니즘'을 이해하는 것이 중요하다.

금융시장에 대해 알아간다는 것은 사실 굉장히 지루한 일이다. 주위에서 '누가 주식 투자로 돈을 얼마를 벌었네.' '올해는 이 상품이 좋다고 하네.' 등의 이야기를 들으면 마음은 이미 저만치 가 있곤 한다. 하지만 그

전에 금융시장에 대한 이해가 선행되어야 한다. 기회는 언제나 돌아온다. 아니, 오히려 금융시장이 우리에게 기회를 준다고 표현하는 것이 적절할 것이다.

　1일차부터 마지막 7일차까지 금융시장을 있는 그대로 텍스트로 눌러 담아 '하나의 흐름'으로 잇기 위해 노력했다. 하나의 유기체인 금융시장은 단편적인 주제로 끊어 읽으면 연결고리가 잘 보이지 않기 때문이다. 따라서 1일차부터 순차적으로 보지 않으면 중간 중간 흐름이 끊어질 수도 있다.

　1일차에 나오는 금융시장의 11가지 내용은 모든 금융시장에 적용되는 '핵심개념'이다. 금융시장의 어떠한 사건도 여기서 벗어나지 않는다. 금융시장의 핵심개념을 충분히 이해하면 사건의 본질을 보는 데 많은 도움이 될 것이다. 2일차는 금융시장을 작동하게 만드는 '금리'에 관한 이야기다. 금리가 없었다면 금융시장은 아마 존재하기 어려웠을 것이다. 3~7일차에서는 각각 자금·채권·주식·외환·파생 시장에 대해 설명한다. 3~7일차의 첫 번째 칼럼은 각 시장의 선반적인 내용을 담고 있어 서 시경제학이라고 볼 수 있고, 그 이후부터는 미시경제학이라 할 수 있다. 각 장의 첫 번째 칼럼을 충분히 이해하고 미시적인 내용을 이해한다면 더욱 도움이 될 것이다. 혹은 각 장의 첫 번째 칼럼을 먼저 연결해서 보고, 다음 편들을 이어서 봐도 좋다. 또한 각 장마다 많은 사람들이 관심을 가지는 상품을 다루어 투자나 재테크에 도움이 될 것이다.

금융시장에 관심이 있는 친구나 동생, 가족, 선후배에게 설명한다는 마음으로 가능한 한 쉽게 설명하고자 노력했다. 중간 중간에 나오는 개념이나 공식, 구조를 암기하기 위해 노력하지 않기를 바라며, 이해가 잘되지 않는 부분은 그대로 넘어가기를 바란다. 이해하기 위해 애쓰기보다는 소설이나 만화책 보듯이 빠르게 읽어나가면서 무언가 미묘하게 떠오르는 그 느낌을 기억해주면 좋겠다. 만약 이해를 하기 위해 노력했는데도 불구하고 어려운 부분이 있다면 그것은 필자의 능력이 부족한 탓이니 양해해주시기를 바란다.

책을 집필하기 시작할 때는 두꺼운 외투를 입었었는데, 책을 마치고 창밖을 보니 어느덧 신록이 푸르다. 이 책을 집필하면서 '실패'를 더 많이 겪어보지 못한 것이 아쉬웠다. 아마도 투자자로서는 보수적인 축에 속하기 때문일 것이다. 실패를 줄이기 위한 좋은 방법들을 만족스럽게 담아내지 못해 아쉽다. 시간이 흘러 금융기관에 몸담고 있지만, 나는 영원한 '개인투자자'로 남기를 원한다. 언젠가 시간이 흐르면 다시 개인투자자로 돌아가 시장과 동행할 것이다.

　바쁜 와중에도 틈틈이 방문해 격려해준 친구들과 선후배님들, 책을 통해 많은 영감을 주는 투자의 대가들에게 감사한 마음을 표현하고 싶다. 마지막으로 매일 새벽 4~5시까지 묵묵하게 지켜봐준 가족들에게 고맙다는 말을 전하고 싶다.

정웅지

1일차 | 꼭 알아야 할 금융시장의 11가지 핵심개념

1일차에서 말하는 11가지 핵심은 모든 금융시장에 적용되는 핵심개념이다. 금융시장의 어떠한 사건도 여기서 벗어나지 않는다. 결국 금융시장의 모든 흐름을 읽는다는 것은 사건들의 '연결고리'를 찾는 과정과 같다. 금융시장의 모든 것은 연결되어 있기 때문에 연결고리를 찾지 못하면 모든 것은 새로운 것이 된다. 그러나 금융시장의 핵심개념을 통해 사건의 본질을 이해하고 연결고리를 찾을 수 있다면, 금융시장에서 벌어지는 모든 일은 금융시장의 일상 중 하나일 뿐이다.

• 1일차 •

꼭 알아야할
금융시장의 11가지 핵심개념

금융시장은 살아 있는
하나의 생태계다

금융시장은 하나의 거대한 정글이다. 그러나 금융시장의 본질은 단순하다.
돈이 남는 사람과 돈이 필요한 사람이 만나 서로의 욕구를 해결하는 것이다.

금융시장은 정부, 국내외 금융기관, 연기금, 외국인, 기업, 개인, 금융자본가, 그리고 금융사기꾼으로 이루어져 있다. 이들은 투자방식과 기간에 따라 다시 단기투자자·중기투자자·장기투자자 등으로 나눌 수 있으며, 주체에 따라 기관투자자·외국인투자자·개인투자자로 구분하기도 한다. 이 많은 참여자들의 투자심리, 행태, 경제변수가 뒤섞여 곳곳에 함정들이 도사린 하나의 거대한 정글을 만들게 된다.

무질서해 보이는 정글도 나름의 질서와 체계가 있는 하나의 유기적인 생태계이며, 본질은 비바람을 피하거나 먹이를 얻기 위한 것이다. 이렇듯 금융시장도 살아 있는 하나의 생태계이며, 모든 것은 연결되어 있다.

시작과 끝을 알 수 없을 정도로 커다란 금융시장도 그 본질은 단순하다. 돈이 필요한 누군가와 돈이 남는 누군가가 만나 서로가 원하는 것을 해결하는 것이다.

금융시장이란 무엇인가?

우리나라 금융시장의 총규모는 1990년과 비교해 20배 이상 성장했다. 정부·가계 부채까지 포함하면 30~40배 이상 성장했다고 볼 수 있다. 우리의 기억 속에는 지난 30여 년간 어려웠던 기억만 있지만, 그럼에도 불구하고 금융시장은 어려움을 뚫고 성장해왔다. 금융시장은 결국 평범한 많은 사람들이 모여 만들어가는 것이기에 우리는 스스로를 자랑스럽게 생각할 필요가 있다.

금융시장의 기본 구조

금융시장이란 자금 공급자(돈이 남는 사람)와 자금 수요자(돈이 필요한 사람) 간에 금융거래가 이루어지는 장소를 말한다. 금융시장에서 장소의 의미는 어디에 국한되는 개념이 아니다. 공급자와 수요자가 만나는 공간이라면 오프라인이든 온라인이든 모두 금융거래가 이루어지는 장소라고 할 수 있다. 그렇다면 무엇을 거래할까? 우리는 그것을 '금융상품'이라고 부른다. 금융상품이란 예금, 주식, 채권 등과 같이 권리를 나타내는 증서를 말한다.

한편 금융시장은 자금의 이동형태에 따라 직접금융시장과 간접금융시장으로 구분한다. 직접금융시장은 주식과 채권같이 A와 B가 직거래

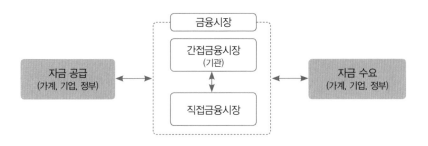

• 금융시장의 기본 요소 •

금융시장
간접금융시장
(기관)
직접금융시장

자금 공급
(가계, 기업, 정부)

자금 수요
(가계, 기업, 정부)

를 하는 시장이며, 간접금융시장은 예금, 대출, 펀드와 같이 A와 B사이에서 C가 거래를 도와주는 시장을 말한다. 직접·간접 금융시장을 통해 우리는 돈에 대한 욕구를 해소한다.

금융시장의 성질은 자율성에 있다

금융시장은 태생적으로 '시장의 자율성'에 의존한다. 근본적으로 상호 간의 자율적인 물물교환 또는 가치의 교환에 뿌리를 두고 있기 때문이다. 현대사회에서 금융시장을 끊임없이 이용하며 살아가는 우리는 금융시장의 시스템이 합리적으로 잘 구축되어 있다고 생각하지만, 금융시장은 시장의 자율성이라는 태생적인 한계가 있으므로 '불안정한 구조'를 가질 수밖에 없다.

이를 보완하기 위해 정부는 금융제도를 마련하고, 한국은행·금융감독원(금감원)·거래소 등을 통해 금융시장의 질서를 유지한다. 또한 시장 상황에 따라 제도적인 장치를 도입하기도 한다. 이러한 과정을 동해 시장의 자율성을 제어하려는 것이다. 시장의 자율성은 금융시장을 변화시킬 기회를 호시탐탐 노리기 때문에 금융시장은 언제든지 급격하게 왜곡될 수 있다. 시장에 대한 제어는 자율성을 제한하기에 시장 참가자들은 필연적으로 불만을 가질 수밖에 없다. 그러나 금융시장에 대한 어느 정도의 규제는 금융시장의 태생적 한계를 보완하기 위해 반드시 필요하다 (이 책이 마무리되는 시점에는 시장의 자율성에 대한 제어가 중요하다는 것을 이해할 수 있을 것이다).

금융시장의 전체 구조를 살펴보자

금융시장은 하나의 유기체이기 때문에 경계를 구분하는 것은 사실 조심스럽다. 그러나 일반론적인 관점에서 금융시장의 구조에 대한 이해는 필요하다. 금융시장을 읽는 것은 대체적으로 그 경계선을 따라 파악하는 것이 수월하기 때문이다. 금융시장의 구조는 그 뿌리를 알아보는 과정과 유사하다. 일종의 족보라고 생각하면 이해하기 쉽다. 금융시장 구조는 금융시장 전반을 아우르는 큰 그림이므로 한눈에 들어오도록 정리해두는 것이 좋다. 지금부터 다루어나갈 모든 내용들이 결국 이 구조에 대한 세부적인 이야기다.

우리가 많은 관심을 가지고 있는 주식시장은 오른쪽 그림에서 보는 바와 같이 금융시장의 일부분에 불과하다. 만약 주식시장에 관심이 많은 시장 참가자라면 이러한 금융시장의 전체적인 구조를 떠올리고 자금 흐름이 어디로 움직이는지, 어느 시장이 주목받고 있는지, 어느 시장이 좋지 않은지 등을 생각해본다면 많은 도움이 될 것이다.

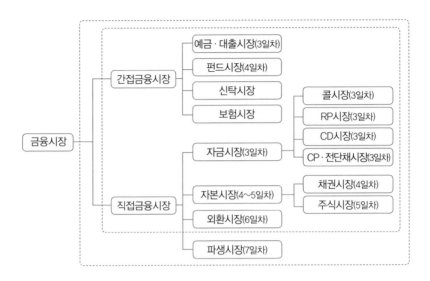

금융시장의 역할은 무엇인가?

　　최근 쿠팡이나 11번가 같은 온라인 쇼핑몰이 인기가 많다. 불과 10~15년 전만 하더라도 옷을 한 벌 구입하려면 이대나 동대문 등지를 떠돌면서 가격을 물어보고 거래를 결정해야 했다. 그리고 옷이나 신발을 사고 나면 친구들과 "얼마에 샀어? 오, 싸게 샀네(혹은 "바가지 썼네.")." 하며 후기를 공유하곤 했다. 그러나 온라인 쇼핑몰이 생기면서 직접 옷을 고르러 돌아다니는 불편함이나 '바가지'가 많이 사라졌다. 금융시장도 이와 비슷하다. 온라인 쇼핑몰처럼 금융시장은 우리가 편리하고 안전하게 거래할 수 있도록 돕는다.

돈의 직접적인 조달

금융시장은 금융거래를 통해 돈이 남는 사람과 돈이 부족한 사람을 연결해준다. 돈이 남는 사람은 직접금융시장을 통해 주식이나 채권 등의 금융상품으로 돈에 대한 욕구를 해소하기도 하며, 간접금융시장을 통해 은행에 대여를 해주기도 한다.

흔히 은행에 돈을 맡긴다고 말하지만, 실질적으로는 우리가 은행에 돈을 빌려주는 것이다. 은행이 우리가 빌려주는 돈(예금)을 덥석 받는 이유는 우리가 빌려준 돈을 더 많은 대가를 받고 다른 곳에 빌려줄 수 있기 때문이다. 반면 돈이 부족한 사람은 직접금융시장에서 주식이나 채권 발행 등을 통해 자금을 조달하거나, 간접금융시장인 은행 등에서 부족한 돈을 대여한다.

돈을 효과적으로 굴릴 수 있는 수단 제공

금융시장은 다양한 금융상품을 제공해 선택의 폭을 넓혀준다. 이를 금융시장에서는 '포트폴리오portfolio'라고 한다. 만약 금융상품이 주식밖에 없다면 기업의 수익이 감소하게 되면 자산가치가 빠르게 하락할 것이다. 그러나 금융시장은 예금·주식·채권·외환 등을 통해 자신의 자산을 다양하게 분산해 배분할 수 있도록 도와준다. 금융시장이 발전할수록 선택할 수 있는 금융상품의 종류가 다양해져서 포트폴리오를 분산시킬 수 있다.

돈에 대한 정보 제공

금융시장은 정보를 수집하는 데 드는 비용과 시간을 줄여준다. 삼성전자의 주식을 사고 싶은데 금융시장이 없다면 삼성전자로 직접 가보거나,

삼성전자의 주식을 사고자 하는 사람들을 만나서 의견을 구해야 할 것이다. 채권도 마찬가지로 채권금리에 그 회사의 신용도가 반영되어 있어 큰 어려움 없이 해당 채권의 상태를 판단할 수 있다. 즉 시장 참가자는 금융시장의 정보 제공기능 덕분에 직접 뛰어다니지 않아도 집과 사무실에서도 정보를 얻을 수 있게 된다.

금융시장의 모든 것은
수요와 공급이 결정한다

금융시장의 어떤 문제도 수요와 공급관계를 벗어날 수 없다. 그러나
금융시장에서 수요와 공급의 관계는 이론적으로만 접근하면 안 된다.

유럽의 워렌 버핏Warren Buffett으로 불리는 투자의 대부 앙드레 코스톨라
니Andre Kostolany는 "주식시장에서 중요한 것은 한 가지다. 주식이 바보
보다 더 많은지, 아니면 바보가 주식보다 더 많은지 알기만 하면 된다."
라고 말했다. 이 말은 시장가격의 본질은 수요와 공급이라는 사실을 역
설하는 것이다.

수요와 공급이란 필요에 따라 사거나 팔고자 하는 욕구를 말한다. 본
래 가치와 관계없이 서로의 이해가 맞는 가치가 시장가격이다. 복잡한
제도나 이해하기도 어려운 금융상품들을 보며 금융시장을 매우 복잡하
게 바라보는 사람이 많다. 하지만 팔고자 하는 사람이 많으면 시장가격

이 하락하고, 사고자 하는 사람이 많으면 가격이 상승하는 단순한 원리다. 어떠한 금융시장도 수요와 공급 이론에서 벗어날 수 없다.

금융시장에서 수요와 공급의 관계

금융시장에서는 금융위기나 예상치 못한 사건을 제외하고는 '사건이 발생하고 수요와 공급이 움직이겠지?'의 이론적 논리가 아닌 '사건이 발생할 것 같으니 수요와 공급이 먼저 움직이고, 사건이 발생하면 상황이 거의 종료된다.'라는 논리가 현실적이다. 시장에서는 일반적으로 통계 또는 역사적으로 수요와 공급에 영향을 미쳤던 이슈들을 통해 수요와 공급의 변화에 선제적으로 대응하는 경향이 있다. 주식이나 달러, 채권 등을 사려는 사람이 얼마나 있으며, 반대로 팔려는 사람은 얼마나 있는지 그 총량을 알 수 없기 때문이다.

예를 들어 최근과 같이 경기가 좋지 않을 때 미국이 금리를 인상할 것이라고 생각하면, 시장에서는 '이 시기에 미국이 금리를 인상하면 채권이나 달러·엔화 같은 전통적인 안전자산에 수요가 몰리겠구나!'라고 판단해 채권이나 달러·엔화 등을 사고, 신흥국의 채권이나 주식·통화 등을 판다. 따라서 해당 사건이 실제 사건으로 발생한 경우 이미 대응한 경우가 많기 때문에, 추가적인 수요와 공급의 움직임이 적거나 오히려 반대로 반응하기도 한다. 이를 금융시장에서는 '불확실성이 제거된 영향' 또는 '페타콤플리 fait accompli(기정사실) 현상'이라고 표현한다.

실제 금융시장에서는 이러한 이유로 기관 및 외국인투자자와 개인투자자가 엇박자를 내는 경우가 많다. 이론적으로는 비합리적이고 비논리

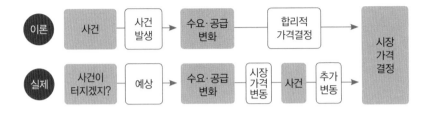

적인 것으로 비춰질 수 있지만, 실제 금융시장에서는 이론적인 논리가 거의 통하지 않는다. 일반적으로 사건 발생 이후는 뒤늦게 초과 수요나 초과 공급을 만드는 일부 투자자와 선제적으로 대응한 투자자 간의 물물교환 단계다. 이 단계가 지나치게 확대되면 금융시장의 버블 또는 패닉 단계에 접어들기도 한다.

　이와 관련된 내용은 이 책 전반에 걸쳐 지속적으로 언급될 것이다. 따라서 금융시장에서 수요와 공급의 움직임을 알고자 한다면 이론적인 접근보다는 수요와 공급을 많이 움직일 수 있는 기관 및 외국인투자자, 연기금 등 큰 자금(5일차 참고)을 고려하는 것이 현실적인 방법이다.

수요와 공급의 변동은 결국 시장심리에 달려 있다

　　금융시장에서 수요와 공급을 변동시키는 이론적 요인은 금리·주가·환율·물가·소득수준 등으로 다양하다. 그러나 이들은 말 그대로 이론적인 도구일 뿐, 결과적으로 어떤 도구를 사용할 것인지는 전적으로 시장의 심리에 달려 있다. 아무리 금리나 주가가 낮거나 소득수준이 높아도 시장의 심리가 얼어 있으면 금융시장의 수요는 절대 증가하지 않는다. 이것을 경제학에서는 '유동성 함정(시장에 현금이 많아도 투자나 소비를 하지 않음)'으로 설명하기도 한다.

이런 이유로 금융시장, 특히 주식시장에서 우리나라 증시가 저평가되어 투자를 해야 한다는 주장에는 동의하지 않는 편이다. 금융시장에서 시장의 심리는 단기간에 형성될 수 있는 것이 아니며, 형성되었다고 해도 한순간에 급격하게 무너질 수도 있기 때문이다. 우리나라가 저평가되었다는 분석은 '이론적'으로 저평가되어 있다는 의미 정도로 받아들여야지, 이것을 투자의 기회로 혼동해서는 안 된다. 우리 눈에는 저평가되었을지 몰라도 누군가의 눈에는 여전히 고평가된 것일 수도 있기 때문이다.

간혹 단기간에 인기가 형성되는 경우 수요가 공급을 빠르게 초과해 시장가격을 상승시키기도 하는데, 이것을 우리는 '버블bubble'이라고 부른다. 반면 시장의 신뢰는 단기간에 무너지는 경향이 있다. 지구에 중력이 존재하듯 심리에도 중력이 있다. 어떤 상품이든 '초과 수요'로 끌어올리는 가격의 힘보다 '초과 공급'으로 아래로 내리꽂는 힘이 더욱 강하다는 말이다. 이것을 금융시장에서는 '패닉panic'이라고 부른다. 어느 쪽이든 수요와 공급의 문제다.

모든 것의 시작은
이자율이다

금융시장에서 시장 참가자의 거래유인을 발생시키는 것은 무엇일까?
바로 이자다. 금융시장의 모든 거래는 이자로 시작해 이자로 끝난다.

"세상에는 공짜가 없다."라는 말이 있듯이 돈이 남는 참가자와 돈이 부
족한 참가자의 거래가 성립하기 위해서는 어떠한 대가가 필요하다. 대가
가 없다면 정부·금융기관·기업·가계 등 모든 금융시장의 참가자 간의
금융거래는 성립되지 않을 것이다.

과거에는 금·은·비단 같은 희소성이 있는 재화를 대가로 지불했다.
그러나 현대 금융시장에서는 화폐가 이를 대체한다. 화폐란 중앙은행이
나 정부로부터 대행 업무를 받은 금융기관에서 발행하는 상품의 교환 수
단이며, 우리는 이를 '돈'이라고 부른다. 모든 상품의 거래 수단인 돈은
'이자'를 통해 금융시장으로 흘러 들어가고 흘러 나온다.

이자율이란 무엇인가?

　　　　　이자율이란 원금을 빌려주거나 조달하는 대가인 이자를 '원금에 대한 비율(원금÷이자)'로 환산한 숫자다. 금융시장에서는 이자율을 '금리'라고 표현한다. 또한 이자율은 특별한 표기가 없다면 모두 '연간' 단위다. 보통 가볍게 넘어가기 쉽지만, 이자율은 기본적으로 연 단위라는 사실을 반드시 알아야 혼선이 없다. 즉 예금금리가 2.5%라면 예금의 연간 이자율이 2.5%라는 의미다.

　이자율은 '1차적 비용 + 2차적 비용'으로 이루어진다. 1차적 비용은 돈을 빌려주는 참가자가 돈을 빌려주는 대신 그 돈을 활용할 수 있는 다른 기회들을 포기해야 하는 '기회비용'이며, 2차적 비용은 돈을 빌려준 사람에 대한 신뢰를 반영한 '리스크 프리미엄(신용위험비용)'이다.

　예를 들어 A가 사업을 위해 B에게 1억원을 빌리고자 한다. B는 다음 달에 ○○기업의 회사채를 살 계획이었으나, A에게 돈을 빌려주려면 이를 포기해야 한다. 회사채의 금리는 3.5%다. B가 A의 신용도를 고려했을 때 최소한 5.0%는 더 받아야 될 것 같다. 따라서 B는 회사채 투자를 포기한 기회비용인 3.5%에 A의 신용위험인 5.0%를 더해 A에게 8.5%의 이자율을 달라고 요청한다. 이처럼 이자율은 기회비용과 리스크 프리미엄의 합이라고 볼 수 있다.

· **이자율의 결정 원리** ·

한편 이자율은 일반적으로 빌려주거나 빌리는 기간이 확대될수록 상승하며, 경우에 따라 장기와 단기의 이자율이 역전되기도 한다. 경제학에서는 이를 '이자율의 기간구조term structure of interest rate'로 설명한다. 이자율의 기간구조란 이자율의 결정요인 중 다른 조건은 모두 같고 만기까지의 기간만 다를 경우, '기간과 해당 이자율의 관계'를 나타낸 것을 말한다. 이자율의 기간구조를 설명하는 이론에는 기대이론·시장분할이론·유동성 프리미엄이론 등이 있다. 그러나 금융시장에서는 특정한 이론이 100% 맞지도 않으며, 그 원리를 접목시키기는 매우 어렵다. 따라서 '이런 이론도 있구나.' 하는 정도로 참고하면 충분하다.

 Tip 이자율의 기간구조 이론

기대이론: 시장 참가자들이 평균적으로 예상하는 미래 단기이자율이 장기이자율을 결정한다는 주장이다. 따라서 만기가 다른 채권 간에 완전한 대체관계가 존재하며, 장기이자율은 단기이자율로 여러 번 재투자한 것과 일치한다. 즉 장기이자율은 단기이자율의 기하평균과 같다.

시장분할이론: 단기이자율과 장기이자율은 특정 만기에 대한 시장 참가자의 선호도가 결정한다는 주장이다. 따라서 만기가 다른 채권 간에는 대체관계가 존재하지 않으며, 단기이자율과 장기이자율은 각각 단기자금과 장기자금의 수요와 공급에 의해 결정된다.

유동성 프리미엄이론: 장기이자율은 평균적인 미래 단기이자율에 현금 보유를 포기하는 대가의 합으로 결정된다는 주장이다. 따라서 만기가 다른 채권 간에 대체관계는 불완전하며 현금 보유를 포기한 대가의 합의 크기에 따라 장기이자율이 결정된다.

시장 이자율의 구조

급전이 필요한 일본의 아베 총리에게 100만원을 빌려주고 1만%의 이자를 받는 경우, 은행에서 아파트를 구입하기 위해 5%짜리 대출을 받는 경우, 예금금리가 2.5%인 경우 중에서 시장 이자율에 해당하는 것은 무엇일까? 정답은 "모두 시장 이자율"이다.

시장 이자율이란 말 그대로 시장에서 결정되는 금융거래의 보상 수준을 말한다. 시장 이자율의 가장 대표적인 예로 대출금리와 국채금리가 있다. 대출금리는 기업이나 가계가 돈을 조달하기 위해 대가로 지불하는 이자이며, 국채금리는 정부가 돈을 조달하기 위해 대가로 지불하는 이자를 말한다. 신뢰가 높을수록 신용도가 좋기 때문에 리스크 프리미엄이 낮아 이자율은 낮아지며, 반대로 신뢰가 낮을수록 이자율은 높아진다. 따라서 정부가 돈을 빌리거나 빌려주는 이자율이 가장 낮고, 금융기관이 그다음이며, 기업과 가계가 그 뒤를 잇는다. 바꿔 말하면 정부가 돈을 빌리거나 빌려주는 이자율이 높아지면 연쇄적으로 금융기관과 기업, 가계의 이자율도 상승한다.

· 시장 이자율의 결정 예시 ·

| 정부의 이자율
1.45% | < | 금융기관의 이자율
1.60% | < | 기업의 이자율
1.95% | < | 가계의 이자율
3.00% |

(3년 만기 국채, 금융채, 회사채 및 가계 아파트담보대출 평균금리 기준)

시장 이자율의 변동 요인

시장 이자율을 변동시키는 요인은 매우 다양하다. 실업률이나 산업생산 같은 경기 상황을 나타내는 경제지표, 금리정책, 인플레이션, 국제금리, 환율, 유가 등 거시적인 요인부터 기업이나 가계의 소득수준, 시장의 유행, 언론 등의 미시적인 요인까지 손에 다 꼽을 수 없다. 게다가 단기적으로 시장 이자율이 변동하는 것은 예측 가능한 범위도 아니다. 따라서 시장 이자율에 직접적인 영향을 미치는 요인은 중앙은행의 금리정책 이외에는 논외로 삼는 것이 바람직하다. 중앙은행의 금리정책 이외에 거시적·미시적 요인은 '코에 걸면 코걸이, 귀에 걸면 귀걸이'이기 때문이다. 어떠한 변동 요인 때문이든 이자율의 본질이 '기회비용'과 '리스크 프리미엄'에 있다는 것은 변함이 없다. 시장 이자율의 변동 요인을 알기 위해서는 먼저 이자율 탄력성에 대한 이해가 바탕이 되어야 한다. 그리고 그 위에 중앙은행의 통화정책을 덧붙여야 한다.

이자율 탄력성: 정부·금융기관·기업·가계의 금리변동성

금융기관이 대출금리를 올릴 때는 재빠르게, 내릴 때는 슬금슬금 한다는 내용의 신문 기사나 뉴스를 본 적이 있을 것이다. 일반적인 시장 참가자인 국민 입장에서 볼 때는 매우 부당하게 느껴지는 일이라고 생각한다. 이것을 '금융기관의 이자율 공급 탄력성은 높고, 기업 및 가계의 이자율 수요 탄력성은 매우 낮다.'라고 표현할 수 있다. 이러한 이자율 탄력성은 정부에서 금융기관, 금융기관에서 기업 및 가계로 이어질수록 낮아지는 경향이 있다. 이자율 탄력성의 본질은 '돈줄을 누가 쥐고 있는가?'에 있다.

정부는 돈줄을 가장 강하게 움켜쥐고 있기 때문에 이자율의 공급 탄력성과 수요 탄력성이 매우 높다. 반대로 가계의 단계에서는 이자율의 공급 탄력성과 수요 탄력성이 매우 낮아 완벽한 을乙의 입장이 된다. 이런 이유로 금리가 상승해 기회비용이 증가할 때는 신속하게 이를 을에게 전가하고, 금리가 하락해 기회비용이 낮아질 때는 최대한 천천히 을에게 적용한다. 이를 금융시장에서는 '예대 마진(예금과 대출의 금리차이로 발생하는 금융기관의 수익)'과 비교해볼 수 있다. 예대 마진은 수수료 수입과 함께 금융기관, 특히 은행의 매우 중요한 수익원으로 현재 1.70~1.80% 수준이다. 가계가 예금을 가입해 은행에 돈을 빌려줄 때와 은행이 가계에 대출을 해줄 때의 금리 차이가 발생하는 이유는 이자율 탄력성의 차이 때문이다.

중앙은행의 통화정책: 금리 수준의 변화

중앙은행이 통화정책을 통해 금리를 인상한다고 가정해보자. 중앙은행이 금리 인상을 하면 연쇄적으로 정부, 금융기관, 기업을 거쳐 가계의 이자율이 상승한다. 반대로 중앙은행이 금리를 인하하면 연쇄적으로 금융기관, 기업, 가계의 이자율은 하락한다. 그러나 이자율 탄력성의 효과로 인해 금리 인상 및 인하에 따른 시장 참가자의 이자율 수준에 미치는 영향은 차이가 있다. 통화정책은 경기의 상태에 따라 시장에서 반응하는 것이 다르나, 일반적으로 호경기에서 불경기로 갈수록 금리 인하보다 금리 인상에 더 크게 반응하는 경향이 있으며, 리스크 프리미엄 또한 크게 상승한다.

따라서 최근같이 경기가 좋지 않을 때 금리 인상을 하게 되면 가계의 이자율은 큰 폭으로 상승한다. 물론 중앙은행이 극단적인 선택을 하지 않는 한 이런 일은 없을 것이다. 그러나 실물경제까지 경기 회복이 미치지 않았는데 물가상승을 우려해 중앙은행이 금리를 인상하게 되면, 가계가 느끼는 부담은 매우 커진다. 통화정책이 물가까지 미치는 시차가 길기 때문에 그 사이 가계는 높아진 이자 부담과 물가상승 부담을 동시에 짊어져야 하게 된다.

3일차 앞부분을 연계해서 보면 이를 이해하는 데 도움이 될 것이다. 우리나라의 경우 현재 금리 인하 사이클에 오래 머물고 있기 때문에 이러한 부담이 덜 느껴질 것이다. 그러나 향후 금리 인상 사이클로 접어들면 반드시 가계에 큰 부담을 주게 된다.

현재가치와 미래가치,
돈은 영원히 멈추지 않는다

돈은 영원히 멈추지 않는다. 멈추어 있다고 생각되는 것뿐이다.
지금도 돈은 이자율을 통해 무한한 영역으로 달려가고 있다.

금융시장만 존재한다면 돈은 우리가 먹고 자고 쉬는 중에도 끊임없이
24시간 365일 내내, 10년·20년이 지나도 계속해서 자신의 형태를 바꿔
간다. 눈에 보이지 않고 묵묵하게 나아가기에 우리는 돈이 멈춰 있다고
생각한다. 그러나 당신이 이 책을 보고 있는 이 순간에도 아주 조금씩 돈
은 무한한 영역으로 달려가고 있다. 아마 자본주의 시스템의 종말이 올
때까지 돈은 멈추지 않을 것이다. 앞에서 설명한 것처럼 모든 것의 시작
인 이자율이 존재하기 때문이다.

현재가치present value란 미래에 발생할 현금흐름의 화폐가치를 현 시점
의 화폐가치로 환산한 가격을 말하며, 미래가치future value란 특정 자산의

현재가치를 미래의 일정 시점에 평가한 가격을 의미한다. 이렇게만 봐서는 현재가치와 미래가치가 무엇인지 알쏭달쏭할 것이다. 현재가치와 미래가치를 구하려면 현재가치와 미래가치 사이를 이어줄 '이자율'만 있으면 된다. 즉 '현재가치×이자율=미래가치'다. 이 개념은 2일차부터 책이 끝나는 7일차까지 언급되는 모든 금융시장의 기본개념이니 기억하고 있는 것이 좋다.

현재가치와 미래가치의 이해

현재가치와 미래가치를 산정하기에 앞서 몇 가지 알아야 할 용어들이 있다. 바로 복리와 단리, 그리고 할인discount이다. 복리와 단리의 차이는 다음과 같다. 복리는 원금과 지급받을 이자 모두 일을 한 것으로 인정하는 것이고, 단리는 원금만 일을 한 것으로 인정하는 것이다. 만약 원금 100만원에 이자율 10%로 20년간 일을 하면 복리는 약 672만 7천원이 되고, 단리는 300만원이 된다. 똑같이 열심히 일했는데 복리와 단리 때문에 2배 이상 차이가 나는 것이다.

할인이라는 것은 미래가치를 현재가치로 바꿔주는 역할을 한다. 금융시장에서는 미래가치를 현재가치로 바꿔주는 이자율을 할인율discount rate이라고 한다. 참고로 실제 채권이나 외환 트레이드 데스크에서 이 할인율은 매우 중요하다. 왜냐하면 보통 기업 등의 고객은 6개월 후 1,500만달러의 자금이 필요하다는 식으로 주문을 하기 때문이다. 따라서 미래의 1,500만달러가 현재가치로 얼마 정도의 가격으로 환산될지 할인하는 작업이 해당 데스크의 수익을 좌우하기 때문에 이 할인율을 적정하게 산정하는 것이 채권이나 외환 데스크의 기본이다. 여기서는 일반적으로 관심이 많은 예금을 간단한 예로 다루어보겠다.

▶▶ **현재가치와 미래가치, 그리고 할인**

① 복리: 미래가치 = 100만원 × (1 + 10%) × (1 + 10%) ⋯ × (1 + 10%)

② 단리: 미래가치 = 100만원 + (100만원 × 10%) + ⋯ + (100만원 × 10%)

③ 할인: 현재가치 = 미래가치 ÷ (1 + 이자율)^{기간}

예금으로 살펴본 현재가치와 미래가치

예금은 현재가치와 미래가치의 산정에 있어 가장 대표적인 금융상품이며, 상호 간의 이해 충돌이 가장 없는 영역이다. 왜냐하면 예금을 100만원 가입한다고 했을 때 은행도 현재 100만원을 100만원이라고 생각하고, 고객도 현재 100만원을 100만원이라고 생각하기 때문이다. 또한 이자율은 은행과 고객 간에 명쾌하게 결정되는 부분이기 때문에 현재가치와 미래가치를 산정하는 데 아무런 갈등의 소지가 없다. 예금에서 중요한 부분은 이자율이 복리인지 단리인지를 결정하는 것이고, 두 번째로는 예금을 맡길 금융기관을 결정하는 일이다.

단리 예금이 있을까 싶지만, 인터넷을 검색해보면 제2금융권 중심의 단리 예금 상품이 꽤 많다. 간단한 셈만 할 줄 알아도 조건을 쉽게 비교할 수 있다. 예를 들어 100만원을 3년 만기로 가입한다고 했을 때 ○○은행의 복리 1.5% 정기예금과 △△저축은행의 단리 2.0% 정기예금을 비교해보자.

▶▶ **복리와 단리 예금 비교**

① 복리: 미래가치 = 100만원 $\times$ (1+1.5%) $\times$ (1+1.5%) $\times$ (1+1.5%)

$\qquad\qquad\qquad$ = 100만원 $\times$ (1 $\times$ 1.5%)³

$\qquad\qquad\qquad$ = 100만원 $\times$ 1.046

$\qquad\qquad\qquad$ = 104만 6천원

② 단리: 미래가치 = 100만원 + (100만원 $\times$ 2.0%) + (100만원 $\times$ 2.0%)

$\qquad\qquad\qquad$ + (100만원 $\times$ 2.0%)

$\qquad\qquad\qquad$ = 100만원 + 2만원 + 2만원 + 2만원

$\qquad\qquad\qquad$ = 106만원

○○은행과 △△저축은행의 3년 만기시 미래가치는 각각 104만 6천원과 106만원으로 1만 4천원 차이다. △△저축은행이 ○○은행의 약 1년 치 이자를 더 지급하는 것이다. 이자율로만 보면 '0.5% 차이구나.'라고 단순하게 생각하겠지만, 실제로는 ○○은행에 예금을 가입할 경우 1년의 시간을 더 묵혀두어야 한다. 그러나 앞에서 시장 이자율은 기회비용과 리스크 프리미엄의 합으로 결정된다고 했다. 즉 △△저축은행의 기회비용과 리스크 프리미엄의 합이 ○○은행보다 크다고 말할 수 있다. 제1금융권인 은행과 비교해 제2금융권의 신용위험이 더 높기 때문이다.

현재 제2금융권의 신용위험을 고려할 때, 제2금융권의 예금금리는 현재 수준보다 높아지는 것이 적절하다고 판단된다. 다시 말해 제2금융권이 대출고객에게 위험을 전가하는 비용은 높고, 예금고객이 제2금융권의 위험을 전가받는 비용은 저렴하다는 의미다. 1년 치 이자를 더 받을 것인지, 비교적 위험이 낮은 기관을 선택할 것인지를 선택하는 것은 예금 가입자의 몫이다.

인플레이션,
조금씩 빼앗기는 자산의 가치

인플레이션은 스테로이드다. 스테로이드는 몸집을 키워주지만
건강을 조금씩 앗아간다. 과도한 스테로이드는 대형 사고로 이어진다.

얼마 전 20년간 쓰던 일기장을 바꾸기 위해 서점에 들러 노트를 한 권
구입했다. 같은 브랜드의 노트였는데, 20년 전에 1,500원 하던 노트가
지금은 5천원이었다. 분명 지갑에 들어 있는 5천원은 20년 전이나 지금
이나 같은 5천원짜리 지폐다. 20년 전에는 노트를 사고 남은 돈으로 떡
볶이도 사 먹고 시원한 주스도 마실 수 있었는데, 지금은 노트를 사고 나
니 남는 것이 없었다. 도대체 무슨 일이 벌어진 것일까? 바로 인플레이
션inflation에 의해 5천원짜리 지폐의 가치가 줄어든 것이다.

어린 시절 가지고 놀던 그림카드를 생각해보면 쉽게 이해할 수 있다.
손에 쥔 그림카드가 많아지면 많아질수록 그림카드의 가치가 떨어지는

원리와 같다. 만약 현금만 보유하고 있으면 어떻게 될까? 또 가장 안전하다고 느끼는 예금으로만 전 재산을 보유하고 있으면 어떻게 될까? 만일 현금만 쥐고 있으면 해마다 자신의 자산가치는 인플레이션이 일어난 만큼 하락한다. 그러나 자본주의 시스템에서 적당한 인플레이션은 한 나라의 경제성장에 긍정적인 영향을 미친다. 화폐(돈)의 추가적인 공급을 통해 소득·소비수준이 증가해야 경제가 활력을 띠기 때문이다. 자본주의 시스템에서 인플레이션이 아예 발생하지 않는다면 경제는 아마 거의 멈추거나 심한 경우에는 후퇴할 수 있다. 따라서 자본주의 시스템에서 인플레이션은 '필요악'이다.

그러나 인플레이션 수준만큼 소득 부분이 보존되지 않는다면 실물경제는 조금씩 힘을 잃어간다. 즉 겉으로 보이는 몸집(경제 규모)은 커지지만 건강(실물경제)은 조금씩 나빠지는 것이다. 또한 인플레이션이 과도하게 확대되면 필연적으로 대형 사고가 발생한다.

왜 나는 계속 가난해질까? 인플레이션 텍스의 영향

한국은행에서는 매년 통화를 새로 발행하기 때문에 통화량은 증가하고 화폐의 가치는 떨어지게 된다. 즉 인플레이션이란 통화량의 증가로 화폐가치가 하락하고, 물가가 상승하는 경제현상을 말한다. 예금이나 임금인상률이 양의 값을 가지는 이자율이라면, 인플레이션은 음의 값을 가지는 이자율이라고 생각하면 된다. 일반적으로 소비자 또는 공급자 물가지수, GDP 디플레이터(포괄적인 물가지수, '명목 GDP ÷ 실질 GDP × 100')로 이를 측정한다.

평범한 직장인들끼리 모이면 늘 하는 이야기가 있다. "회사에서 뼈 빠지게 일하고 돈 벌어도 갈수록 살기가 어렵다." 이 말 속에는 인플레이션의 부작용이 담겨 있다. 돈을 벌어도 갈수록 살기 힘든 이유는 인플레이션은 매년 몇 퍼센트씩 돈의 가치를 갉아먹는데, 임금인상률은 인플레이션을 상쇄할 만큼 높아지지 않기 때문이다. 스테로이드를 맞았으니 몸집(경제)이 커지는 것은 당연한데, 그 몸집을 버틸 체력(소득수준)이 뒷받침되지 않는 것이다. 경제학에서는 이를 '인플레이션 텍스inflation tax'라고 말한다. 쉽게 말해 화폐가치의 하락이 실질적으로 국민의 소득을 줄이는 세금이 된다는 말이다. 현재가치와 미래가치로 인플레이션 텍스에 대해 알아보겠다.

▶▶ **현재가치와 미래가치로 풀어본 인플레이션 텍스 효과**

① 1만원의 미래가치 = 1만원 × (1 − 3.0%)^{23} (현재가치는 1만원이고, 2015년 소비자기대물가 3.0%, 23년 후의 미래가치를 계산함)

= 1만원 × 0.496

= 4,960원

② 임금의 미래가치 = 442만원 × (1 + 2.7%)^{23} (현재가치는 4인 가구 평균소득, 2015년 실질 임금인상률 2.7%, 23년 후의 미래가치를 계산함)

= 815만 7천원

③ 인플레이션을 고려한 실제 미래가치

= 임금의 미래가치 × 1만원의 미래가치(%)

= 815만 7천원 × 49.6%

= 404만 6천원

실질 임금인상률이 2.7%인 것을 고려하더라도 지금 회사에 취업한 신입직원이 정년퇴임을 할 시점에는 임금수준이 동일하다면 실질 미래 임금은 현재 임금에 비해서도 37만 4천원 감소하게 된다(442만원-404만 6천원). 체감 물가인상률이 2016년 1분기 기준으로 9.7%인 것을 고려하면 임금수준이 크게 증가하거나 돈의 증식 수단이 없는 한 삶의 질은 갈수록 하락할 수밖에 없다.

특히 체감물가 중 주거비의 체감 인상률이 7.8%인 것을 고려할 때, 보통 국민들의 주거에 대한 정책적 개선이 없다면 인플레이션은 경제에 긍정적 영향보다는 부정적 영향을 미칠 가능성이 높다. 또한 과거 1980년 대와 같이 이자율이 15~20%인 시절에는 예금금리가 인플레이션을 초과하기 때문에 예금이 훌륭한 투자 자산이었다. 그러나 최근같이 예금금리가 인플레이션보다 낮을 때는 매년 손해를 본다. 예금에 대한 인식의 전환이 필요한 시기라 할 수 있다.

과도한 인플레이션의 후폭풍

노벨 경제학상 수상자인 밀턴 프리드먼Milton Friedman은 1969년 '헬리콥터 머니helicopter money'라는 말을 언급하며 하이퍼-인플레이션hyper-inflation의 위험을 경고한 바 있다. 헬리콥터 머니란 말 그대로 중앙은행이 경기침체를 막기 위해 헬리콥터에 지폐를 잔뜩 싣고 마을 상공에서 뿌리는 돈을 말한다. 4일차와 연계해 보면 도움이 될 것이다.

여기서 문제를 하나 내겠다. 독일, 아르헨티나, 짐바브웨, 베네수엘라의 공통점은 무엇일까? 바로 과도한 인플레이션으로 금융시장이 붕괴되었었거나 진행중인 나라들이다. 앞서 과도한 인플레이션은 필연적으로 대형 사고로 이어진다고 말했다. 이러한 과도한 인플레이션을 '하이퍼-인플레이션'이라고 부른다.

하이퍼-인플레이션의 원인은 다양하지만 주로 부채 탕감이나 정부의 포퓰리즘populism이 원인이 되는 경우가 많다. 참고로 포퓰리즘은 꼭 야당의 전유물이 아니다. 집권 여당도 포퓰리즘을 사용한다. 다만 '그 대상이 누구인가'의 차이만 존재할 뿐이다.

히틀러는 전쟁의 상처만 남긴 것이 아니다

흔히 독일의 이미지를 생각해보면 잘 사는 나라, 아름다운 라인강, 맥주의 천국, 아름다운 고딕건축물, 자동차, 축구 등을 떠올리지만, 독일은 금융시장에 대해 매우 아픈 경험이 있다. 바로 제1차 세계대전 직후인 1923년의 하이퍼-인플레이션이다. 당시 독일은 패전배상금을 지불하기 위해 막대한 돈을 찍어냈다. 전체 인구의 10%, 영토의 13.5%를 잃은 것과 별개로 영국과 프랑스에 1,320억마르크(독일의 옛 화폐이름)를 배상해야 했다. 오늘날 우리 돈으로 환산하면 약 30조원에 가까운 돈이다.

당시 독일의 1년 세입이 60억~70억마르크였던 것을 고려해 계산해보면 1년 세입을 모두 써도 빚을 갚는 데 18~20년이 걸린다. 그러므로 엄청난 양의 돈을 찍어낸 것은 어찌 보면 당시 독일로서는 피할 수 없는 선택이었을 것이다. 그러나 무분별한 화폐의 발행으로 인해 독일은 1923년 222억%라는 믿기지 않는 하이퍼-인플레이션 현상이 발생했다. 독일의 금융시장은 완전히 붕괴했으며, 화폐가치의 폭락으로 1,320억마르크의 배상금 중 10억마르크밖에 갚을 수 없었다. 참고로 독일은 2010년에서야 비로소 제1차 세계대전의 채무를 완납할 수 있었다.

메시도 피해가지 못한 인플레이션

아르헨티나를 생각하면 축구의 신神 리오넬 메시Lionel Messi가 떠오른다. 아르헨티나는 1910~1940년대 남미 최대의 부국이자 세계 6대 부국중 하나였다. 소설 『엄마 찾아 삼만리』는 가난한 나라 이탈리아에 사는 마르코가 부자 나라인 아르헨티나로 일하러 간 엄마를 찾아가는 이야기다. 당시 아르헨티나는 프랑스나 독일보다 훨씬 부유한 국가였기 때문에 유럽인들도 아르헨티나 드림을 꿈꿨다. 심지어 아르헨티나는 1913년에 이미 지하철이 운행되고 있었다. 이렇게 부유했던 아르헨티나에 지난 100여 년간 무슨 일이 있었던 것일까?

아르헨티나는 1940년대 이후 극좌파 정권의 페론주의(복지 확대, 임금 인상 등)를 바탕으로 과도한 화폐 발행을 통한 포퓰리즘 정책을 추진했다. 그 결과 1980년대 후반 약 2만%의 하이퍼-인플레이션 현상이 발생해 지금은 칠레나 우루과이보다 못 사는 나라가 되었다. 1987년생인 메시는 아마 어린 시절부터 인플레이션의 폐해를 겪었을 것이다. 2001년 아르헨티나는 디폴트(국가 부도)를 선언했고, 메시가 FC바르셀로나에 입단한 2004년까지 7명의 대통령이 바뀔 만큼 정치와 경제는 마비상태였다. 현재도 25% 이상의 인플레이션을 겪으며 여전히 극심한 경제 불황에 빠져 있다.

우리나라 인플레이션의 역사

우리나라 인플레이션에 대해 이야기하자면, 우리나라의 통화정책은 '물가 안정(인플레이션 타기팅)'을 목표로 하고 있다. 우리나라의 인플레이션은 6·25전쟁(1950~1953년)을 거치며 크게 확대되었다. 이 시기에 인플레이션이 가장 높았던 때는 전쟁이 치열하게 진행되던 1951년이었다(210.4%). 이 시기는 물자의 심각한 공급 부족에 따라 소비자물가가 2배 이상 치솟았던 것이 원인이었다. 다시 말해 원하는 만큼 물자를 구입할 수 없었다는 의미다. 물자의 가격은 크게 치솟았고, 인플레이션이 과도해진 만큼 삶의 질은 떨어졌다. 전쟁으로 인해 소득은 없는 것과 마찬가지였기 때문에 인플레이션의 부작용이 매우 심했을 것으로 추정된다.

이후 우리나라의 인플레이션은 1960~1990년대 산업 발전과 함께 약 10%의 수준을 유지했으며, 2008년 금융위기 이후에는 0.6~3.5% 정도로 비교적 낮은 수준을 기록하고 있다. 글로벌 저금리 기조가 지속된 영

 조선시대에도 인플레이션이 있었을까?

인플레이션이 현대에만 일어나는 현상 같지만, 케네스 로고프 Kenneth Rogoff (하버드대학교 경제학과 교수)에 따르면 우리나라는 1700~1800년대에 20~40%에 가까운 인플레이션을 겪었다. 특히 1787년(정조 11년)에는 인플레이션이 143.9%에 달할 만큼 높은 수치였고, 가까운 중국(116.7%) 및 일본(98.9%)에 비해서도 월등하게 높은 수치였다. 정조가 재위에 있던 1776~1800년은 농업과 상업의 발달과 함께 중인과 역관의 경제적 지위가 크게 상승한 시기였고, 정조의 경제정책이 농업사회에서 산업사회로의 전환을 추구했던 것을 고려하면 납득 가능한 수치다. 인플레이션이 높아지면 국민들의 자산가치가 빠르게 떨어지는 부작용이 있는데, 당시 중인과 역관 등의 경제적 지위가 크게 상승했다는 기록을 바탕으로 추측하건대 인플레이션만큼 백성들의 보편적인 소득수준도 높아져 인플레이션의 부작용을 상쇄했을 것으로 추정한다. 현대사회에 빗대어보면 중산층이 두터워진 것이다.

향과 함께 경제의 회복이 더딘 결과다. 1960~1990년대는 높은 인플레이션이 발생한 만큼 경제가 발전하면서 소득수준도 크게 높아졌기 때문에 인플레이션의 부작용은 일정 부분 상쇄되었다. 그러나 2008년 금융위기 이후에는 과거보다 비교적 낮은 인플레이션도 감당하기 어려울 만큼 소득증가율이 낮아져 인플레이션의 부작용이 꾸준히 발생하고 있다.

현대 금융시장의 화폐는 금이 아니라 언제든지 쉽게 발행할 수 있는 '지폐'이기 때문에 인플레이션 관리에 더욱 유의해야 한다. 현재 우리나라의 공식적인 인플레이션은 GDP 디플레이터 기준으로 2.2% 수준이다. 참고로 한국은행에서 매년 1월과 7월 인플레이션 보고서를 발표하는데, 물가여건부터 물가동향 및 전망까지 심층적으로 작성되기 때문에 한 번쯤 관심 깊게 정독해볼 만하다.

시장의 비합리성을 이해하면
함정을 볼 수 있다

금융시장에는 누군가에게는 상식적으로 이해가 되지 않는 일들이 많다.
금융시장의 비합리성은 많은 것들을 상식에서 벗어나게 한다.

백화점이나 홈쇼핑에서 50% 세일을 한다고 하면 하나라도 좋은 물건을
더 싸게 구입하기 위해 사람들이 몰려든다. 마음에 드는 물건을 3개 구
입했다면 어떤 이들은 이렇게 말할 것이다. "와, 50%씩 저렴하게 샀으
니 150%를 절약했어! 오히려 150%의 돈을 번 거야!"라고 말이다. 아리
송한 반응이다. 실제로는 150%만큼 값을 지불한 것인데, 이걸 150%만
큼 절약했다고 생각하는 소비자가 제법 존재한다. 합리적인 소비자라면
먼저 그 물선이 정말 필요한지부터 고민했을 것이며, 그다음으로는 과연
3개가 필요한지 고민했을 것이다. 만약 그 3개가 다 필요한 것으로 판단
했다고 주장한다면, 왜 1주일 뒤에 후회하고 있는 자신을 발견하게 되

며, 홈쇼핑의 반품률은 15~20%에 달할까?

금융시장에도 마찬가지의 논리가 적용된다. 주식이나 채권, 각종 금융 상품도 가입할 당시에는 후회하지 않을 자신이 있어 매수하지만, 1주일 뒤에 반품하고 싶은 욕구가 샘솟기도 한다. 반대로 후회할 것 같아 사지 않았지만, 주위 사람들이 돈을 버는 것을 보니 갑자기 매수하고 싶은 충동이 들기도 한다. 이렇듯 금융시장도 시장 참가자들의 수많은 변덕이 존재하기 때문에 누군가에게는 상식적으로 이해하기 힘든 일들이 벌어진다. 그러나 그것이 바로 금융시장이다.

과신이 만든 시장의 함정

톰 피터스Tom Peters의 저서 『초우량 기업의 조건In Search of Excellence』은 시장 참가자들의 과신을 잘 보여준다. 자신이 다른 사람과의 대인관계가 얼마나 좋은지에 대한 설문조사에 무려 응답자의 100%가 자신의 능력을 상위 50% 이상으로 평가했으며, 응답자의 25%는 자신이 상위 1%에 포함된다고 응답했다. 노벨 경제학상 수상자인 대니얼 카너먼Daniel Kahneman은 저서 『생각에 관한 생각Thinking, fast and slow』에서 투자자들은 자신의 지식을 과대평가하고 위험을 과소평가하며, 자신의 통제력을 과대평가한다고 말했다. 실제 금융시장에서도 과신이 만드는 비합리적인 현상이 자주 발견된다.

이러한 현상은 일반적으로 '나는 시장보다 좋은 성과를 얻을 것이며, 시장의 함정에 대해 잘 대처할 것이다.'라는 믿음에 기인한다. 한 인터넷 사이트의 주식 게시판만 보더라도 "봐라, 내가 말했듯이 이 종목은 상한

가까지 갔다." "봐라, 내가 이제 고점이라고 하지 않았느냐?"라는 자화
자찬 식의 글들이 넘쳐난다. 반면 자신의 예상과 다른 경우 슬그머니 게
시글을 지우거나 혹은 "다음 주에는 상한가를 달성할 것이다. 당신들이
잘못 생각하고 있는 것이다."라는 식으로 사실을 인정하지 않거나 타인
을 비난하며 자신의 주장을 합리화한다.

　이는 주식뿐만 아니라 채권, 외환, 유가 등 모든 시장에서 반복적으로
일어나는 일이다. 많은 사람들은 타인의 생각보다 자신의 생각이 우월하
다고 믿곤 한다. 그러나 2015년 말 기준으로 개인투자자의 단 2.6%만이
수익을 냈다.

　사람들의 과신이 모이고 모여 금융시장은 버블 또는 패닉으로 간다.
2001년 IT 버블 당시 코스닥시장이 그랬고, 2008년 금융위기 때 주식·
외환·채권시장의 패닉이 그랬고, 2010년 미국의 신용등급 강등 사건 때
주식·외환시장의 패닉이 그랬으며, 현재는 미국의 금리 인상과 글로벌
경기둔화 우려와 함께 또 다른 과신을 만들어내는 중이다. 새로 다가올
버블 또는 패닉을 대비해 어느 쪽은 매수를 하고 있을 것이며, 어느 쪽은
하나하나 매도를 하고 있을 것이다. 어느 쪽이 맞을지는 아무도 모른다.
다만 자신을 지나치게 믿지 않는 사람은 어느 시점에는 자신의 실수를
인정하고 말없이 퇴장할 것이며, 자신을 지나치게 믿는 사람은 버블 또
는 패닉의 희생양이 될 것이다.

　우리는 함정을 보지 못한 것인가, 아니면 함정을 보고도 보지 않았다
고 생각하는 것인가? 어느 쪽이든 지나친 과신이 우리를 함정에 빠지게
한 것은 틀림없다. 많은 투자의 대가들이 '겸손'을 강조하는 데는 그만한
이유가 있다.

편견이 만든 시장의 함정

출근길에 운전을 하다보면 특정 차선이 유독 빨리 간다는 느낌을 받을 때가 있다. 지난 주에도 그랬고, 어제도 그 차선이 빨랐으며, 오늘도 그렇다면 내일은 반드시 그 차선으로 가야겠다고 마음먹는다. 그런데 무슨 이유인지 차선을 바꾸면 바꾸기 전에 원래 다니던 차선이 빨리 가는 것을 보고 묘한 패배감 같은 느낌이 들기도 한다. 그리고 다음 날 원래 차선으로 바꿨으나 또다시 다른 차선이 빨리 간다면 '난 운이 참 없다.'라고 한탄할지도 모른다. 차선의 딜레마에 빠진 것이다.

많은 사람들은 무의식적으로 특정한 발견 또는 규칙성을 찾고자 노력한다. 금융시장에서도 마찬가지다. 많은 시장 참가자들이 무의식적으로 규칙성을 찾기 위해 노력하는데, 대체로 그 규칙성은 자신의 편향된 판단에 기인한다.

금융시장에서 실제로 이러한 편견이 만드는 함정은 수없이 발견된다. 금융시장에서 특정한 규칙을 찾아 기법으로 소개하는 몇몇 사람이 파놓은 얄팍한 함정, 타인의 권위나 언론을 전적으로 신뢰하는 편견의 함정, 겨울이 오면 봄이 온다는 식의 경험에 의한 함정(금융시장은 겨울 뒤에 또다른 겨울이 올 수도 있다), 이것들은 모두 어느 쪽에 치우쳐 있든 편견이 만든 함정이다. 한쪽으로 치우친 생각은 사람을 조급하게 만들고 실수를 하게 하며 후회를 남긴다.

사람은 누구나 편견을 가지고 살 수밖에 없기에 금융시장에서도 편견의 함정에 빠지는 일이 반드시 생긴다. 편견의 함정에 빠지지 않는 방법은 없다. 다만 그동안 봐왔던 훌륭한 시장 참가자들은 편견의 함정에 빠졌을 때 자신의 가방을 던져주거나 심지어 자신의 한쪽 팔을 내주었다.

빠져나오지 못하는 것보다 어떻게든 빠르게 빠져나오는 것이 중요하다는 것을 알기 때문이다. 빠르게 빠져나왔기 때문에 여의도에서 같이 벚꽃 구경하며 아메리카노 한 잔 마실 수 있는 것이다.

대중이 만든 시장의 함정

대중의 심리라는 것은 경제학 교수인 조지 애커로프George Akerlof와 로버트 쉴러Robert Shiller가 『야성적 충동Animal Spirits』에서 말한 것처럼 '스스로 만들어낸 낙관주의에 의존하려는 인간의 불안정성'에 따른 결정의 산물이다. 금융시장이라는 정글 속에는 악어 떼와 같이 이를 역으로 이용하려 하거나, 이에 편승하려는 일부 탐욕주의자들이 금융시장을 왜곡시키고 대중의 광기를 만든다.

주식시장의 역사 속에 대중이 만든 버블은 주기적으로 발생했으나, 우리나라 주식시장의 역사상 IT 버블만큼 정책과 주가조작 세력, 대중이 결합된 버블은 없었다. 과거 1999~2000년 글로벌 IT 열풍과 정부의 벤처 활성화 정책 등이 맞물리며 코스닥시장은 과열을 빚었다. 당시 새롬기술(현재의 솔본) 및 한컴 등 IT 업종 32개 종목은 10~120배 폭등하며 코스닥지수를 76.40에서 256.14로 3배 이상 끌어올렸다. IT가 새로운 밀레니엄의 구원자가 된 듯 대중은 IT라면 너 나 할 것 없이 주머니를 털었다.

그러나 많은 사람들이 자신이 주인공이 아닌 '호갱'이었다는 사실을 아는 데는 1년이 채 걸리지 않았다. 미국의 나스닥 붕괴와 진승현 게이트(정계가 얽힌 불법 대출 및 주가조작) 등이 잇달아 터지며 버블이 무너지기 시작한 것이다. 재밌는 것은 지금도 그렇듯이 당시에도 일부 언론이나 금융기관은 '일시적 하락이다.' '여전히 저평가다.' '호재가 있다.'라며 자신 있게 이야기했다. 일부 사람들은 그 사실에 안심을 느끼며 더 많은 돈을 투자했다. 버블이 붕괴하고 있는 순간에도 그것이 똥인지 된장인지 구별하지 못하는 사람들이 제법 많다. 과거에도 그렇고, 지금도 이 사실은 변함이 없다.

시장의 함정을 피하는 방법

투자의 대가들이 제시하는 함정을 피할 수 있는 2번의 기회가 있다. 첫 번째 기회는 그 선택에 부정적이었던 자신의 생각이 긍정적으로 변했을 때, 주변의 지인들이 확신에 차서 나에게 그 이야기를 건네

줄 때, 언론에서 그 이야기를 1면으로 끌어올릴 때다. 이 3가지 모두 관심에서 확신 단계로 넘어갈 때다. 이때는 매우 주의를 기울여야 하며, 아직까지는 가방 정도 던져주고 함정에서 나올 수 있다.

두 번째 기회는 그 선택에 부정적이었던 내가 타인에게 그 선택을 하라고 주입시킬 때, 가족이 나에게 그 이야기를 건네줄 때, 해당 시장이 더이상 상승하거나 하락하지 않을 때. 이 3가지 모두 확신에서 과신 단계로 넘어갈 때다. 이때는 팔 하나 내어주고라도 함정에서 빠르게 나와야 한다.

투자의 대가 앙드레 코스톨라니는 뱀에게 팔을 물렸을 때 독이 온몸에 퍼지기 전에 그 팔을 자를 수 있는 사람은 100명 중 5명에 불과하다고 말한다. 개인적으로도 팔을 자를 기회를 놓쳐 허우적거렸던 경험이 여러 번 있으며, 지금은 거래소에서 나머지 95명의 상담 전화를 받고 있다.

세계 금융시장의 연계성을
이해해야 뉴스가 보인다

금융시장은 하나의 거대한 유기체다. 인종과 언어는 달라도 금융시장은
하나의 시장이다. 전 세계 금융시장의 연결고리를 알면 뉴스가 보인다.

지난 2015년 12월 한국은행이 국회에 제출한 금융안정보고서에 따르면
우리나라가 금융위기에 직면할 확률이 23.2%이며, 중국 경기둔화에 따
른 신흥 시장국의 경제 불안이 커지는 경우는 48%, 미국의 금리 인상 충
격이 더해지면 75%까지 급등하는 것으로 나타났다. 현재 중국과 신흥
시장국의 경제성장률 상관계수가 0.992 수준인 것을 고려하면 미국·중
국 등 G2국가의 금융시장 안정성이 우리나라에 큰 영향을 미친다는 사
실을 알 수 있다.

　우리나라는 무역 규모로는 세계 11위의 국가이지만, 금융시장에서는
여전히 신흥국(이머징 마켓)으로 인식된다. 우리가 생각하는 우리나라의

국제적 위상과 달리 금융시장에서는 여전히 마이너리그다. 그러나 빅리그든 마이너리그든 서로 유기적으로 이어져 있다. 다만 마이너리그이기에 빅리그에 조금 더 관심을 가져야 한다. 이러한 유기적 연계를 이해하지 못하면 뉴스는 단순한 텍스트에 불과하다.

세계 금융시장은 어떻게 연결되어 있을까?

금융시장의 출발점에는 돈과 이자가 있다. 돈은 최초 중앙은행이 생산하고 금융기관·기업·가계를 거쳐 재생산되며 이자를 통해 그 몸집을 키워간다. 이렇게 몸집을 불려간 돈은 찻잔을 가득 담고, 어느덧 국경을 넘어 흐르기 시작한다. 바다가 쿠로시오·북태평양·북대서양 해류를 따라 이동하듯, 돈도 세계 금융시장 간의 보이지 않은 해류를 타고 계속 이동한다. 누군가의 빈 찻잔을 채워주기도 하고, 다시 넘쳐흘러 다른 곳으로 흘러 들어가기도 한다. 따라서 세계 금융시장의 연계성을 알기 위해서는 돈의 출발점과 재생산, 지역 또는 국가별 찻잔의 크기와 성격을 알아야 한다. 그리고 어떤 해류를 타고 이동을 하는지도 알아야 한다. 2일차와 6일차 내용을 연계해 보면 더 도움이 될 것이다.

돈의 출발점과 재생산

돈의 출발과 생산에서 돈의 출발은 '본원통화량'을 의미하며, 재생산된 돈은 '광의통화량M2'을 뜻한다. 금융시장에서 광의통화는 '시중통화' 또는 '유동성'이라고 부른다.

현재 유동성의 규모가 큰 나라는 미국(약 11조달러)과 중국(약 23조달러), 유럽(약 34조달러), 일본(약 10조달러)이다. 따라서 규모가 큰 돈의 출발점인 미국·중국·유럽·일본의 중앙은행을 유심하게 지켜보아야 한다. 이들 중앙은행을 미국은 FRB(Federal Reserve Bank, 연방준비은행), 중국은 PBOC(People's Banks of China, 중국 인민은행), 유럽은 ECB(European Central Bank, 유럽중앙은행), 일본은 BOJ(Bank of Japan, 일본은행)라고 부른다. 참고로 우리 중앙은행은 한국은행Bank of Korea이며, 외환시장에서는 '복집(BOK+집)'이라고 부른다. 언론이나 금융시장에서 글로벌 중앙은행을 유심히 관찰하는 이유는 금융시장의 출발점인 돈이 가장 많이 공급되거나 흡수되는 곳이기 때문이다. 우리나라의 경우 시중 유동성은 2,300조원(약 2조달러) 수준이다. 파급력에 있어서 미국·중국·유럽 등과 게임이 되지 않을 수밖에 없다.

찻잔(내수)의 크기와 성격

금융시장에서 찻잔의 상당 부분은 '내수(국내 수요)'로 채워진다. 세계 금융시장에서 찻잔이 가장 큰 나라는 단연 미국이다. 미국은 2015년 기준으로 세계 GDP 1위(18조 1,247억달러) 국가다. 그 뒤를 중국(11조 2,119억달러), 일본(4조 2,103억달러), 독일(3조 4,134억달러)이 잇고 있다. 우리나라는 1조 4,351억달러로 세계 11위다. 언론을 통해 글로벌 경기 둔화 속 내수 부진으로 한국 경제가 크게 우려된다는 말을 종종 들을 수 있다. 이는 우리나라와 같은 수출 중심의 마이너리그 국가의 고질적인 문제로, 우리나라를 비롯해 대만·인도·브라질 등 신흥국에서 이러한 현상이 자주 나타난다. 국내에서의 수요만으로도 찻잔이 가득 채워져야 물을 가두거나 흘려보낼 수가 있는데, 찻잔의 물을 외부에 의존하니 문제가 되는 것이다.

그러나 미국·중국·일본·독일 등 선진국의 경우 내수가 탄탄해 일시적인 충격은 흡수가 가능하다. 국가 자체적으로 완급을 조절할 수 있다는 의미이기도 하다. 이것을 금융시장에서는 '펀더멘털fundamental(금융시장의 기초체력)'이라고 부른다. 일반적으로 펀더멘털이 강한 나라들은 유동성이 풍부하고, 찻잔의 크기가 크다. 따라서 다른 나라의 찻잔을 어렵지 않게 채워줄 수 있으며, 반대로 자신의 찻잔이 비워지면 자신의 돈을 어렵지 않게 빼내온다.

글로벌 자금은 어떤 해류를 타고 이동할까?

자금이 어떤 해류를 타고 이동하는지에 대해 알아보겠다. 엘니뇨El Nino와 라니냐La Nina는 해류의 이상 현상으로 인해 발생하는 수온의 변화를 말한다. 바다와 금융시장의 해류의 차이점은 바다에서는 엘니뇨나

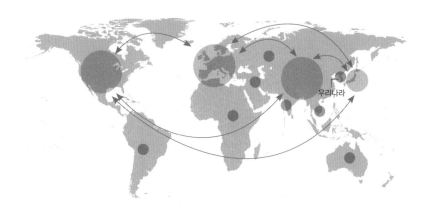

라니냐가 가끔씩 발생하는 이상 현상이지만, 금융시장에서는 이 현상이 수시로 일어나는 자연스러운 현상이라는 것이다. 그렇다면 공통점은 무엇일까? 엘니뇨 현상은 페루 연안의 해류에서 출발한다. 마찬가지로 금융시장의 해류의 큰 변화도 대규모 돈의 출발점과 찻잔이 큰 나라의 변화에서 찾아온다. 이 현상을 알면 '중국이 기침을 하면 우리나라는 골병을 앓는다.'라는 말도 쉽게 이해될 것이다.

찻잔을 넘어서 물은 글로벌 펀드나 해외 국부펀드 등을 타고 흘러 들어가고 나온다. 글로벌 펀드와 해외 국부펀드의 순자산 규모는 우리나라 금융시장의 10배 수준이다. 따라서 이들은 우리 입장에서는 매우 골치 아픈 손님임에 틀림없다. 살짝 스쳐 지나가기만 하는데도 후유증이 클 수밖에 없다. 언제든지 진상으로 바뀔 수 있는 VIP라고 생각하면 적절할 것 같다.

금융시장에서는 글로벌 펀드의 흐름을 짐작하기 위해 MSCI(모건스탠리 캐피털 인터내셔널 지수), FTSE(파이낸셜 타임즈 스톡 익스체인지)와 같은 글로벌 펀드들의 벤치마크 추이를 살펴보거나, 글로벌 리서치 기관인 EPFR(이머징 포트폴리오 펀드 리서치)을 통해 글로벌 MMF(머니마켓 펀드) 흐름 등을 참고한다. 일반적으로 이러한 리서치나 통계자료는 정보 이용료가 발생하기 때문에 일반투자자 등의 경우는 접근하기가 어렵다. 다만 관련 소식은 인터넷 기사를 통해 1주일 단위로 충분히 검색할 수 있다. 또한 금융투자협회 홈페이지의 '정보센터' 또는 한국은행 보도자료, 국제금융센터 리서치 등 공신력 있는 기관을 통해 무료로 리서치 자료를 제공받을 수 있다. 10분만 시간을 내 즐겨찾기에 추가하기만 하면 된다. 딜러나 애널리스트가 아닌 이상 이 정도 노력만 해도 충분하다.

뉴스를 어떻게 보아야 할까?

지난 2016년 2월 독일 도이치뱅크의 대규모 적자(62억유로)에 따라 도이치뱅크가 발행한 코코본드(우발전환사채)에 대한 이자 미지급 가능성이 뉴스로 보도되었다. 다음 날 우리나라의 주가는 이틀간 4.31%(은행주는 최대 7.8%) 하락했다. '도대체 8,500km나 떨어진 은행 부실 소식이 뭐라고 주가가 이렇게 반응하지?' 하는 생각을 했을 수도 있다.

먼저 도이치뱅크는 유럽의 중심인 독일의 대표적인 은행이자 세계 5위권의 세계적인 은행이다. 참고로 우리나라의 은행을 살펴보면 현재 KB국민은행 68위, 신한은행 69위, 우리은행 75위, KEB하나은행 84위 등으로 시장의 변방이다. 세계 4대 돈의 출발점 중 하나인 유럽, 그 중에서도 유럽의 경제를 좌우하는 독일의 대표적인 은행의 부실 가능성은 금융시장에서 민감하게 받아들일 만한 이슈다. 그다음으로 해당 금융시장의 내수 또는 펀더멘털을 살펴보면 현재 유럽은 대규모 경기부양 정책에도 불구하고 좀처럼 경기가 나아질 기미가 보이지 않는다. 심지어 마이너스 금리까지 도입했다. 따라서 위급한 상황이 발생한다면 언제든지 해외로 흘려보낸 돈을 빠르게 회수할 가능성이 있다고 판단할 수 있다. 마지막으로 사건 보도 이후 1주일 뒤에 언론에 공개된 EPFR의 펀드 자금의 이동을 보면 북미 지역에서 57억 3천만달러, 아시아 지역에서 4억달러가 순유출되었다. 실제로 글로벌 자금들은 이 이슈에 대해 민감하게 반응하며 자금을 회수해갔다.

여기서부터는 시장 참가자 각자의 판단 영역이다. 이 이슈를 일시적인 것으로 판단한 시장 참가자는 새롭게 진입할 것이고, 이 이슈가 계속 곪아가고 있다고 판단한 시장 참가자는 조심스럽게 움직일 것이다. 중요한 것은 뉴스를 읽었을 때 이 사건의 '시발점'이 어디인지, 어떤 '파급력'을 줄 것인지 고려해야 한다는 것이다. 단순하게 '아, 도이치뱅크가 부실한 것이 문제라고 하니 그럴 수도 있겠구나.'라고 읽으면 그 뉴스는 의미가 없다. 시장의 연계성을 이해하는 투자자는 '우리나라는 금융시장의 마이너리그니까 대외 이슈에 더 민감하다 → 미국·중국·유럽·일본의 이슈는 중요하다 → 실제로 자금이 이렇게 흘러갔다 → 앞으로 계속 주목해야겠다.'라는 식으로 관련된 생각을 넓혀갈 수 있을 것이다. 앞서 언급한 금융투자협회 홈페이지의 정보센터와 한국은행 보도자료, 국제금융센터 리서치 등을 같이 본다면 더할 나위 없다.

시장의 유행을 알아야
금융시장이 보인다

"사람이 유행이라고 부르는 것은 순간적인 전통이다.
그리고 모든 전통은 유행을 따르려는 일종의 필연성을 가지고 있다." – 괴테

20년 전 힙합 바지가 유행하던 시절이 있었다. 당시 최고 인기를 누리던 그룹 H.O.T.가 힙합 바지를 입고 노래를 부르며 춤추는 모습은 모든 10~20대를 힙합 바지의 세계로 이끌었다. 개인적으로도 친구들과 힙합 바지를 질질 끌고 다니며 길거리 청소를 많이 했다. 최근 인기를 끌었던 스키니진을 그 당시에 입고 다녔다면 많은 사람들의 수군거림을 들었어야만 했을 것이다. 이처럼 유행은 대중들로 하여금 그것을 따르게 하는 묘한 '집단주의직 사고'를 만든다. 유행은 선구자적인 일부 사람들로부터 서서히 시작되며, 많은 사람들이 이를 따르면서 비로소 유행이라고 불리게 된다. 유행의 절정기에는 또 다른 유행이 서서히 시작된다.

금융시장에도 마찬가지로 '유행'이라는 것이 있다. 어디서부터 시작된 것인지는 모르지만, 어느새 금융시장의 주요 이슈로 무언가가 떠올라 있기 마련이다. 또한 시간이 지나면 또 다른 이슈로 인해 지금까지 주요했던 이슈는 주요하지 않은 이슈가 되기도 한다.

유행을 관심 깊게 보아야 하는 이유

2015~2016년 초 120달러에서 30달러 수준까지 하락한 유가는 시장의 가장 큰 이슈였다. 유가의 하락세가 진정되며 유행도 끝나가는 것 같지만, 아직 봉합은 덜 된 듯하다. 일반투자자는 사실 유가에 관련된 금융상품은 대부분 가입해본 적도 없다. 그러나 언론에서 유가에 대한 이슈가 계속 불거져 나오면서 자연스럽게 유가가 대중의 주된 관심사가 되었다. 나도, 옆 사람도, 언론도, 정부도, 미국 연방준비제도 의장인 재닛 옐런Janet Yellen도 유가를 보고 있다. 유가는 전 세계적인 유행이 된 것이다. 최근 같이 유가에 시장의 모든 관심이 쏟아졌던 때는 배럴당 120달러를 넘나들었던 2011~2012년부터, 멀리는 제2차 오일쇼크가 있던 1973년 정도일 것이다.

이렇듯 금융시장에 유행이 나타나게 되면 금융시장의 움직임은 유행에 따라 움직이기 시작한다. 참고로 유가는 우리나라를 비롯해 남미나 중동, 미국의 경제에서 매우 중요하기 때문에 금융시장에서 중요한 변수 중 하나지만, 최근처럼 모든 시장을 들었다 놨다 할 정도는 아니었다. 그러나 유행의 절정기에는 유행이 금융시장의 최우선 변수가 된다. 단적인 예로 유가의 하락세가 절정이었던 2015~2016년 초에는 채권 등 안전자산 선호 심화, 주가지수 하락, 미국 금리인상 주저, 소비심리 악화 우려 등 거의 모든 경제상황의 원인을 유가 하락으로 보았다. 2015년은 '유가 하락'이 고유명사로 불려도 손색이 없을 정도였다.

조금 깊게 들어가보면 '유가 하락 → 달러가치 급등, 중동 및 남미 경기둔화 급격한 확대 → 세계 무역 및 신흥국 경기둔화 → 선진국 등 글로벌 경기둔화' 등 나름 논리적인 이유가 있다. 그러나 중요한 것은 금융시장에 새로운 유행이 나타나면 과거에는 관심 없던 것이라도 반드시 관심을 가지고 보아야 한다는 것이다. 왜냐하면 모든 시장의 눈이 그곳에 가 있으며, 그 유행의 움직임에 따라 시장이 움직이기 때문이다.

 Tip· 국내 주식시장에도 유행이 있다

국내 주식시장에서의 유행을 우리는 흔히 '테마'라고 한다. 금융기관에서 사용하는 툴Tool 중에 블룸버그Bloomberg라는 데이터 분석 툴이 있다. 금융시장에서는 흔히 '불대리'라고 부른다. 장비 이용료가 대리 수준의 월급만큼 비싸서 붙은 별명이다. 실제로는 월 200만원 수준이며 대리급 월급보다는 낮다. 블룸버그에서 'RRG'라는 명령어를 입력하면 국가마다 주식시장의 업종별 흐름이 나온다. 재밌는 것은 주식시장에서의 유행은 기타 금융시장의 유행과 다르게 순식간에 형성되며, 또 순식간에 사라진다는 것이다. 일반적으로 유행이라 불릴 만한 것들은 1개월 안에 형성되고, 1~2개월 안에 사라진다. 그리고 유행이 다시 생길 몇 년 뒤를 기약해야 한다.

유행을 관찰하는 방법

　　세계 금융시장의 돈은 큰 물줄기에서 작은 물줄기로, 또는 작은 물줄기에서 큰 물줄기로 돌고 돈다. 하루 종일 금융시장만 파고 있는 사람이거나 금융 분석이 전문 영역이 아닌 경우, 글로벌 자금의 이동이나 이슈의 발생을 초기에 발견하기는 어렵다. 따라서 일반적으로 금융시장의 연계성을 고려한 유행은 언론을 통해 찾을 수밖에 없다. 과거에는 종이신문이었기 때문에 지면이 한정된 이유로 확실하게 이슈가 되는 기사만 담을 수밖에 없었다. 그러나 인터넷이 보급된 이후 온라인에 많은 기사를 공급할 수 있게 되면서 과거에 비해 언론매체의 후행성이 많이 감소했다. 이것은 국내뿐 아니라 세계적 추세로 〈뉴욕타임즈The New York Times, NYT〉, 〈파이낸셜 타임즈Financial Times, FT〉, 〈로이터Reuters〉 등의 글로벌 언론매체도 마찬가지다.

　　따라서 글로벌 금융시장의 큰 축인 미국·중국·유럽·일본에 관한 기사를 검색한 뒤 반복되고 자주 언급되는 내용을 찾아 금융시장에 미칠수 있는 이슈들을 필터링한다. 금융시장이 익숙하지 않다면 금융기관에 다니는 친구에게 물어보거나 필자에게 개인적으로 메일을 보내도 좋다. 금융시장에서 조금이라도 수익을 얻고자 한다면 최소한 이 정도 노력은 해야 한다.

　　지난 2016년 4월의 경우 '미국 금리 인상' '힐러리·트럼프' '영국 EU 탈퇴' 등이 많이 검색되었다. 즉 4월까지의 글로벌 이슈는 경기둔화 속에서 경기를 부양하기 위한 선진국의 노력을 바탕으로 미국 대선 이슈와 추가 금리 인상, 영국의 EU 탈퇴 등이 잠재적 변수로 발견된 것이다. 최근까지 인기가 많았던 '유가' 이야기는 빈도수가 많이 줄었다. 이 중에서 시간이 흐를수록 언론의 1면이나 기획기사 등을 차지하는 이슈들이 나타날 것이다. 이 단계는 대부분 관심에서 확신 단계로 진입하고 있다는 것을 의미한다. 다시 말해 유행이 될 만한 이슈가 거의 추려졌다는 이야기다.

이 단계를 거치며 대부분의 사람들은 이 이슈를 알게 되며, 새로운 유행을 만들게 된다. '힐러리·트럼프'의 경우 이들의 공약을 토대로 투자 판단을 해보면 도움이 될 것이다. 참고로 '빅 데이터'에 대한 추출 능력이 있다면 앞으로는 금융시장에서도 다른 사람보다 한발 더 앞서 갈 수 있을 것이라 판단된다.

시장의 유행을 초기에 발견하는 것은 매우 어려우며, 발견할 수 있는 사람은 100명 중 1~2명에 지나지 않는다. 그렇다면 100명 중 10~20명 안에는 들어가야겠다고 생각하는 편이 현실적이다. 2015년 미국의 금리 인상이 유가와 더불어 시장의 큰 관심을 끌었던 때를 예로 들어보자. 2014년 10월 양적완화가 끝난 직후부터 1~2명은 미국 금리 인상 시점에 대해 관심을 가졌을 것이다. 또한 시장 참가자 중 3~50명은 언론에 지속적으로 노출된 2015년 중반 이후에 관심을 가졌을 것이다. 또한 나머지 51~90명은 금리 인상이 단행된 2015년 12월에 가서야 관심을 가졌을 것이다. 그리고 남은 10명은 여전히 모르고 있을 것이다.

실제로 유행이라고 말할 수 있는 단계는 지난 2015년 5월 이후이며, 2016년에 들어서도 여전히 진행되고 있는 모습이다. 참고로 옐런 미연준 의장을 검색하면 2014년 8월~2015년 5월의 기간 동안 네이버 페이지 수가 월평균 12페이지(주요 16개 언론사 기준) 나왔다. 그러나 2015년 5월 이후에는 월평균 32페이지로 크게 상승했다. 이는 시장의 관심이 크게 높아졌다는 것을 의미한다. '미국 금리 인상'이라는 유행도 금리 인상이 앞으로 1~2년 즈음 진행된 이후에는 소멸될 것이며, 몇 년 뒤 금리 인하가 필요한 어느 시점에 다시금 서서히 유행을 탈 것이다.

이런 방법은 유행을 관찰하는 몇 가지 방법 중 일반 시장 참가자들도 비교적 손쉽게 접근할 수 있는 방법이다. 중요한 것은 100명 중 10~20명 혹은 50명 안에라도 들어가는 것이다. 참고로 필자는 옐런에 대한 과거 기사를 검색하는 데 15분이 걸렸다. 산수만 조금 더 잘 했으면 10분 안에 검색할 수 있었을 것 같다.

미국과 중국발 경제지표는
매우 중요하다

경제지표는 경제와 시장의 미래에 대한 중요한 단서를 제공한다.
가장 중요한 사실은 금융시장은 경제지표에 매우 민감하다는 것이다.

메일함을 열어보면 누구나 공통적으로 받아본 메일이 있을 것이다. 바로 금융기관에서 보내준 신용카드 사용내역이다. 그 내역을 살펴보면 교통·외식·의류 등 다양한 소비의 흔적들이 나온다. 언제 이런 것들을 샀나 싶지만 사용내역에 지난 한 달간의 흔적이 모두 남아 있다. 또한 자신의 소비패턴에 대한 구조적인 변화가 없다면 다음 달도 비슷한 사용내역을 받게 될 것이다. 이처럼 경제지표에도 경제의 지난 흔적들이 모두 남아 있고, 앞으로 경제가 어떻게 나아갈지에 대한 단서를 제공한다.

신용카드 사용내역을 보고 그냥 넘기는 사람도 있고, 바로 휴지통으로 버리는 사람도 있고, 꼼꼼하게 살펴보는 사람도 있다. 경제지표도 마찬가지로 그냥 읽는 사람도 있고, 보지 않는 사람도 있고, 세부 내용을 꼼꼼히 살펴보는 사람도 있다. 그런데 경제지표는 금융시장에서 유일하게 말이 아닌 숫자를 통해 모든 시장 참가자들과 소통하는 창구이며, 가장 많은 시장 참가자들의 신뢰를 받는 정보이기에 중요하다. 게다가 무료로 제공된다.

통계의 정확도에 관계없이 시장은 경제지표에 민감하다

　　　　　마크 트웨인의 말처럼 세상에 있는 3가지 거짓말 중 하나가 통계라고 하더라도 중요한 것은 시장은 통계로 만들어진 경제지표에 민감하게 반응한다는 것이다. 따라서 우리는 금융시장의 흐름을 읽기 위해 경제지표라는 좋은 정보를 활용해야 하며, 특히 미국과 중국의 경제지표를 매우 중요하게 보아야 한다. 유럽과 일본의 경제지표도 중요하지만, 미국과 중국의 경제지표에 비하면 그 파급력은 낮은 편이다.

유럽의 경우 여러 정부가 유로화라는 단일 통화를 사용하는 '통화 공동체'의 형태에 제한된다. 즉 통화의 파급력 이외에 기타 요인들은 영향력이 크지 않다는 것이다. 다만 독일은 사실상 유럽의 패권을 쥐고 있기 때문에 관심을 가질 필요는 있다. 또한 일본의 경우 국가의 경쟁력이 과거에 비해 약해져 그 역할의 많은 부분을 중국에 넘겨주었다. 현재는 통화정책 이외에 국제적으로 파급력이 있는 지표들이 부재한 편이다.

미국과 중국은 단일 국가이면서 무역과 군사력 등에서 세계 1, 2위를 다툴 만큼 세계 금융시장에 직접적인 영향을 줄 수 있는 요소가 많다. 많은 금융 전문가들은 이들 지표가 나오는 저녁 9시~새벽 2시(한국 시간),

오전 10~12시(한국 시간)가 되면 긴장한다. 왜냐하면 이 시간에 미국과 중국의 주요 경제지표들이 발표되기 때문이다. 이 시간에 발표된 주요 경제지표에 따라 주식·채권·외환·유가 등이 크게 반응하며, 그 여파는 우리나라를 비롯한 아시아 금융시장에 영향을 미친다. 따라서 많은 금융 전문가들은 이들 경제지표의 발표와 해외 금융시장의 반응을 살피고, 우리나라 금융시장에 미칠 영향을 가늠한다.

주요 경제지표 발표를 앞두고 시장은 치열한 눈치작전을 펼치면서 자신의 포지션(보유하고 있는 자산)을 없애거나 축소시키기도 하고, 추가적으로 확대하기도 한다. 앞에서 수요와 공급과 관련지어 설명한 것처럼 선제적으로 준비하는 것이다. 일반적으로 금요일(우리나라 시간으로 금요일 밤에서 토요일 새벽)에 발표되는 주요 경제지표 등을 앞두고는 공격적인 포지션은 자제하는 편이다. 미국의 주요 지표가 발표되는 금요일에 우리나라는 이미 휴일에 접어든 관계로 대응할 수 없기 때문이다. 여기에서는 시장에서 주목하는 주요 경제지표를 소개하겠다.

미국의 고용지표

미국에서 가계지출은 전체 경제활동의 2/3에 달한다. 고용지표는 가계지출에 직접적인 영향을 주기 때문에 매우 중요하다. 미국의 고용지표는 매달 첫 번째 금요일(미국 동부시간 오전 8시 30분) 미국 노동부 산하 노동동세청에서 발표한다. 이 지표의 초점은 실업률과 비농업부문 고용자다. 미국의 고용지표는 매달 농업종사자, 비농업종사자, 자영업자, 가정도우미, 멕시코나 캐나다로 출퇴근하는 미국 거주자 등 6만여

가구와 40만 개의 기업 등을 대상으로 전화 또는 이메일 인터뷰 등을 통해 산출되기 때문에 실물경제를 보다 정확하게 반영한다.

질문의 내용은 다음과 같다. "당신은 지금 일하고 있습니까?" "정규직입니까, 비정규직입니까?" "비정규직인 이유는 무엇입니까?" "얼마나 오랫동안 실업 상태에 있습니까?" "지난 4주 동안 일자리를 찾으려고 노력했습니까?" 등이다.

실제 금융 관련 기관의 매달 첫 번째 금요일 오전 회의에는 미국 고용지표에 대한 이야기가 반드시 나온다. 일반적으로 비농업부문 고용자의 영어 표현인 non-farm payroll을 줄여서 '논팜non-farm'이라고 부른다. "오늘 논팜이 좀 불안한데 포지션이 무겁지 않아?"('포지션이 무겁다'는 보유자산이 많거나 규모가 크다는 뜻임) 이런 식의 대화를 나눈다. 실업률보다 논팜에 더 관심을 가지는 이유는 실업률은 15~64세의 조금 더 포괄적인 대상을 바탕으로 하지만, 논팜은 우리가 흔히 Job이라고 부를 만한 사업장 설문을 바탕으로 이루어지기 때문이다.

이러한 미국 고용지표의 월간 고용 변화는 주식·채권·외환시장에 직접적인 영향을 준다. 일반적으로 고용지표가 호조를 보이면 채권시장은 인플레이션과 이자율 상승의 전조로 받아들이는 경향이 있어 채권가격은 하락 압력을 받는다. 반면 고용지표의 호조는 주식시장에서 호재로 받아들여지는 경향이 있다. 고용의 증가는 소비수요의 상승으로 이어지기 때문에 기업의 매출과 이익이 향상되리라는 기대감을 갖는 것이다. 반면 경기가 좋지 않을 때는 고용지표의 악화에 민감하게 반응하는 경향이 있다. 특히 최근같이 미국 통화정책의 결정이 고용지표의 호조에 달려 있을 때는 시장의 눈이 더욱 쏠리기 때문에 주목해서 보아야 한다. 미국 고용지표의 영향을 상쇄할 만한 사건이 나오지 않는다면 우리나라 금융시장에도 같은 영향을 미친다.

　대부분의 언론에서 미국 고용지표는 발표 즉시 보도하기 때문에 인터넷에서도 쉽게 찾아볼 수 있으며, 구체적인 내용이 궁금하다면 미국 노동통계청 홈페이지(stats.bls.gov/news.release/empsit.toc.htm)를 검색하면 원문을 확인할 수 있다. 참고로 번역기를 사용하면 외계어가 나오니 네이버 영어사전이 더 도움이 될 것이다.

・ 미국 고용보고서 ・

자료: 미국 노동통계청

미국의 소매판매

앞서 설명한 것처럼 가계지출은 전체 경제활동의 2/3를 차지한다. 이 중 소매판매가 차지하는 비중은 1/3이다. 최신 매출 자료를 토대로 하기 때문에 소매판매는 소비자 지출패턴 변화의 가장 뛰어난 지표로 여겨진다. 또한 소매판매는 소비와 관련해 매달 가장 처음 발표되는 지표이기 때문에 시장의 큰 관심을 받는다. 소매판매는 미국 상무부 산하 센서스국에서 미국 전역의 대규모 및 소규모 소매업자 1만 3천 명을 대상으로 2차에 걸쳐 설문조사(설문지 방식)를 하며 매달 중순경(12~15일경, 미국 동부시간 오전 8시 30분) 발표된다.

소매판매는 서비스산업에 대한 지출은 포함하지 않으며, 계절 변동요인(계절에 따른 소비의 착시현상)을 반영하지 않기 때문에 매달 나오는 수치보다는 3~6개월의 추이를 살펴보는 것이 일반적이다. 소매판매는 채권시장보다 주식시장에 더욱 큰 영향을 주는 경향이 있다. 일반적으로 경기에 상관없이 소매판매의 호조는 주식시장에서 호재로 받아들여지며, 채권시장에서는 경기가 좋은 때보다 좋지 않을 때 소매판매의 발표에 민감하게 반응하는 경향이 있다. 소매판매가 증가했다는 것은 결국 기업의 매출과 이익이 상승한다는 것을 의미하기 때문이다. 참고로 소매판매의 약 25% 수준이 산업재와 관련된 소비이기 때문에 특히 자동차나 자동차 관련 기업의 경우 조금 더 민감하게 반응한다.

미국 소매판매도 발표 즉시 보도되며, 구체적인 내용은 미국 상무부 홈페이지(www.census.gov/svsd/www/advtable.html)에서 확인할 수 있다.

• 미국 소매판매 보고서 •

U.S. Census Bureau News

U.S. Department of Commerce · Washington, D.C. 20233

FOR IMMEDIATE RELEASE
WEDNESDAY APRIL 13, 2016, AT 8:30 A.M. EDT

Rebecca DeNale
Economic Indicators Division
(301) 763-2713

CB16-58

ADVANCE MONTHLY SALES FOR RETAIL AND FOOD SERVICES
MARCH 2016

Intention to Revise Retail Estimates: Monthly retail sales estimates will be revised based on the results of the 2014 Annual Retail Trade Survey and the final results from the 2012 Economic Census. Revised not adjusted estimates and corresponding adjusted estimates are scheduled for release on April 29, 2016 at 10:00 a.m. EDT.

The U.S. Census Bureau announced today that advance estimates of U.S. retail and food services sales for March, adjusted for seasonal variation and holiday and trading-day differences, but not for price changes, were $446.9 billion, a decrease of 0.3 percent (±0.5%)* from the previous month, and 1.7 percent (±0.7%) above March 2015. Total sales for the January 2016 through March 2016 period were up 2.8 percent (±0.5%) from the same period a year ago. The January 2016 to February 2016 percent change was revised from down 0.1 percent (±0.5%)* to virtually unchanged (±0.2%)*.

Retail trade sales were down 0.2 percent (±0.5%)* from February 2016, and up 1.3 percent (±0.5%) from last year. Building material and garden equipment and supplies dealers were up 10.8 percent (±2.5%) from March 2015, while gasoline stations were down 15.6 percent (±1.6%) from last year.

The advance estimates are based on a subsample of the Census Bureau's full retail and food services sample. A stratified random sampling method is used to select approximately 4,700 retail and food services firms whose sales are then weighted and benchmarked to represent the complete universe of over three million retail and food services firms. For an explanation of the measures of sampling variability included in this report, please see the Reliability of Estimates section on the last page of this publication.

Percent Change in Retail and Food Services Sales

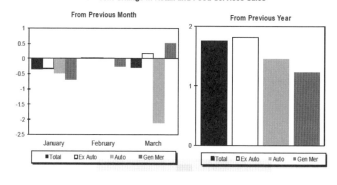

자료: 미국 상무부 센서스국

중국의 산업생산

중국의 통계는 전 세계적으로 유명하다. 그 신뢰성에 대해 끊임없이 의문이 제기되기 때문이다. 중국의 전 수상인 주룽지朱鎔基는 논평을 통해 오류와 과장이 만연하는 중국 경제보고서의 폐해를 지적하기도 했다. 그럼에도 불구하고 세계 2위의 경제대국이라 평가받는 중국의 경제지표는 시장에서 중요하게 받아들여진다. 특히 세계의 굴뚝으로 평가받는 중국의 산업생산은 매우 중요하다. 미국·유럽 등 선진국이 0.1~1.0% 내외의 변화를 보일 때 중국은 10%에 가까운 놀라운 변화를 보이기 때문에 지표를 보는 재미도 쏠쏠하다. 우리나라와 주요 선진국이 항목별 가중치 등을 통해 지수index로 산업생산을 산출하는 반면, 중국은 모든 산업활동의 부가가치 총액을 합산하기 때문이다. 따라서 통계 자체의 오류가 반영될 가능성이 높다.

중국 산업생산은 매달 중순경 오전 11시(한국 시간) 중국 국가통계국이 발표하며, 산업생산 결과에 따라 우리나라의 주식·채권·외환 시장도 민감하게 반응한다. 중국은 미국·유럽 등 다른 나라와 달리 우리나라와 시차가 1시간밖에 나지 않기 때문에 중국의 경제지표는 우리나라 금융시장에 그 영향이 직결된다. 큰 변화가 없는 경우나 시장이 미리 예상을 하고 있는 경우에는 큰 영향을 주지 않으나, 갑작스러운 변화나 시장의 예상을 빗나가는 경우 금융시장은 매우 민감하게 반응하는 경향이 있다. 시장의 예상범위를 넘어가면 선제대응을 하지 못한 시장의 대응이 한 번에 쏠리기 때문이다.

중국의 산업생산 역시 발표 직후 속보로 바로 보도되며, 구체적인 자료는 중국 국가통계국(www.stats.gov.cn)에서 확인이 가능하다. 그러

• 중국 산업생산 보고서 •

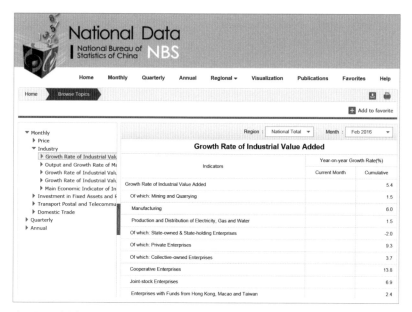

자료: 중국 국가통계국

나 영어 버전은 바로 나오지 않기 때문에 중국어에 능통하지 않다면 언론 보도를 참고하는 것이 좋다.

미국 및 중국의 GDP

GDP(국내총생산)는 사람들에게 가장 많이 알려진 경제용어다. 분기마다 발표되는 경제지표 중 가장 중요하며, 흔히 GDP 성장률을 경제성장률이라고 부른다. 『세계 경제지표의 비밀The Secrets of Economic

Tip· 실질 GDP가 중요하다

경제성장률이란 일정 기간(분기, 연간) 동안 한 나라의 경제 규모의 변화를 의미한다. 간단한 수식으로 연간 경제성장률을 구해보면 '[(올해 경제 규모 − 전년 경제 규모)÷전년 경제 규모]×100'으로 표현된다. 총량적인 측면에서 경제성장률이 양(+)의 값을 가지면 경제 규모가 커진 것이고, 반대로 음(−)의 값을 가지면 경제 규모가 작아진 것을 의미한다. 일반적으로 경제성장률은 GDP의 변화로 나타낸다. 그러나 경제 규모의 실질적 변화를 관찰하기 위해서는 실질 GDP를 참고해야 한다. 생산물의 수량이 증가하지 않은 경우에도 명목 GDP는 물가가 오른 만큼 커지지만, 실질 GDP는 물가상승분이 반영되지 않아 생산물이 실질적으로 증가하지 않으면 커지지 않기 때문이다. 언론에서 볼 수 있는 경제성장률은 일반적으로 실질 GDP를 의미한다.

Indicators』의 저자인 버나드 보몰Bernard Baumohl의 말처럼 GDP는 경제의 등락에 대한 기준이 되기 때문이다. 따라서 전 세계 기업·정부·금융기관들은 GDP 보고서를 가장 신중하게 분석한다. 한국은행이 '올해 경제성장률을 3.0%에서 2.8%로 하향 조정했다.' '두 달 만에 2.8%에서 2.6%로 하향 조정했다.'라며 굳이 제 살을 깎아가면서 발표하는 이유가 바로 이 때문이다. 해마다 IMF나 글로벌 투자은행 등 국제 금융기관은 전 세계 국가들의 GDP를 예상하고, 이를 통해 정책이나 투자의 방향을 결정한다.

미국은 미국 상무부 경제분석국에서, 중국은 중국 국가통계국에서 1·4·7·10월에 GDP를 발표한다. 우리나라 금융시장은 미국과 중국의 GDP 발표에 즉각적으로 반응하며, 특히 장중(한국 시간 오전 11시)에 발표되는 중국의 GDP는 그 파장이 크다. 예를 들어 미국의 GDP 발표가 연안에서 발생하는 지진이라면, 중국 GDP는 내륙에서 발생하는 지진과 같다. 한편 미국과 중국의 GDP 발표 이후 언론의 기사를 보면 '작년 GDP 몇 % 성장' '시장 예상치 부합' '몇 년 만에 최저치' 등의 방식으로 보도한다. 다시 말해 '예상 가능한' 범주 내에 있는지 '예상을 벗어난' 결과인지가 중요하다는 의미다.

시장의 예상보다 경제지표가 낮은 수치를 기록해 시장이 당황하고 있는데, 자기 혼자 룰루랄라 하면서 매수를 외치는 것은 불 속에 뛰어드는 불나방과 같다. "나는 내 길을 가겠다!"라는 말도 상황을 보면서 외쳐야 한다. 이들 국가의 (시장의 예상을 넘는) GDP 호재나 (시장의 예상에 미치지 못하는) 악재는 단기적으로 반드시 시장에 영향을 미친다. 따라서 뉴스를 볼 때 전후 관계를 통해 시장의 반응을 살펴보고, 이후에 벌어질 일들에 대해 대응해야 한다.

금융시장의 모든 돈은
신용이다

"인플레이션은 통화량의 증가에 달려 있다. 그러나 금융시장의
모든 버블은 신용의 증가에 달려 있다." – 찰스 킨들버거

중앙은행은 무한정 돈을 발행할 수 없다. 인플레이션의 후폭풍이 존재하기 때문이다. 그래서 금융시장은 중앙은행에서 공급된 돈을 가지고 새로운 돈을 만들어내기 시작한다. 새로운 돈은 신용을 바탕으로 만들어진다. 신용credit은 다른 말로 하면 빚debt이다. 이렇게 빚을 통해 팽창하기 시작한 돈은 갈수록 실체가 모호해진다. 실제로는 없는 것을 있다고 치고 만들어내기 때문이다.

현재 전 세계에 존재하는 돈의 95% 이상은 모니터 속에만 존재한다. 신용의 팽창은 자본주의 시스템이 그 외형을 확대해가고 새로운 것을 창출해내는 것을 돕기 때문에 일정 수준으로 유지가 된다면 경제성장에

많은 도움이 된다. 그러나 이것이 지나치게 확대되어 모든 것이 환상이 었다는 사실을 깨닫게 되면 모든 것은 한순간에 무너진다. 즉 경제가 와르르 무너지면 실제로 손에 쥘 수 있는 지폐는 5%밖에 없고, 95%는 없어지는 것이다.

신용창조, 1억원이 10억원으로 되는 마법

중앙은행이 시중에 1억원을 은행에 공급하면 시중 유동성은 1억원이다. 그러나 은행은 대출을 해준다. 신용창조에 대해 이해하려면 지급준비율을 이해해야 한다. 지급준비율이란 은행이 고객의 인출 요구에 대비해 중앙은행 또는 은행에 준비하고 있어야 하는 일종의 비상금의 비율이다. 은행은 이 지급준비율만 지키면 나머지 돈은 시중에 대출로 뿌려줄 수가 있다.

이렇게 시중으로 풀린 돈은 다시 서로 간의 금융거래를 통해 돌고 돌게 된다. 예를 들어 지급준비율이 10%이고 1억원 중 9천만원이 시중에 풀려 돌기 시작한다. 이를 산술적으로 계산하면 '1억원÷10% = 10억원'이므로 결국 10억원이 유통될 수 있다.

만약 중앙은행이 지급준비율을 낮추면 시중의 유동성은 증가하고, 지급준비율을 높이면 유동성이 감소한다. 현재 우리나라는 2.0~7.0%의 지급준비율을 지정하고 있다. 즉 한국은행이 1억원을 풀면 15억~50억원이 신용창조를 거쳐 시중에 유통된다.

지나친 신용팽창의 부작용

『광기, 패닉, 붕괴 금융위기의 역사Manias, Panics and Crashes: A
History of Financial Crisis』의 저자 찰스 킨들버거Charles Kindleberger는 "버블
은 그 의미 자체로 지탱할 수 없는 가격변동이나 현금흐름을 동반하기
때문에 항상 터지기 마련이다."라고 말했다. 버블은 터지게 되면 쓰나미
같이 모든 것을 쓸어버린다. 5일차 주식시장의 역사 부분을 참고하면 더
도움이 될 것이다. 역사적으로 신용의 팽창에 의한 버블은 늘 반복되어
왔으며 그 끝은 언제나 같았다. 모든 것은 사라졌고, 모든 것을 처음부터
새롭게 쌓아나가야만 했다.

역사적으로 보았을 때 지나친 신용팽창은 주식이나 부동산 등 특정한
자산에 대한 쏠림 현상이 원인인 경향이 있다. 금융시장은 본질적으로
시장의 자율성에 따르기 때문에 정부의 정책이나 규제가 이런 현상을
제어해주기는 매우 어렵다. 다시 말해 은행이 빌려준다고, 또는 빌릴 수

있다고 해서 냉큼 받아먹다가는 체한다는 말이다.

　최근 들어 가계부채 문제가 심각하게 대두되고 있다. 사실은 몇 년간 지속되어온 문제인데, 시장 전반적으로 심각한 문제라고 인식한 것은 최근이다. 시장 전반적으로 인식했다는 말은 이제 가계부채가 절정기를 향해 나아가고 있다는 말과 같다. 단순히 가계부채가 '1,200조원을 넘었다.'의 문제가 아닌, 최근 3년간 가계부채비율이 9%p 증가하는 동안 '상위부채 가계의 부채증가율이 30%p 증가'했다는 데 큰 문제가 있다.

　신용은 곧 빚이라고 했다. 버블이 무너진다는 것은 더이상 빚을 낼 곳이 없거나 빚을 낼 사람이 없다는 말과 같다. 어느 시점에서 중앙은행이나 시중은행이 돈줄을 막게 되면 더이상 빚을 낼 곳이 없는 사람부터 연쇄적으로 와르르 무너질 수 있다. 산불이 나면 소방관이 저지선을 마련하고 바람이 부는 방향 앞쪽의 산림을 태워 불을 저지하지만, 금융시장에서는 내 한 몸 불살라 저지선을 만들어줄 사람은 없다. 자신이 있는 곳까지 불길이 오지 않기를 기도할 뿐이다.

　이 단계에서는 신용의 팽창이 금융시장의 연금술사가 아닌 금융시장의 사기꾼 또는 범죄자로 불리게 될 것이다. 따라서 최근같이 신용이 지나치게 확대되고 있을 때는 디레버리징(부채 축소)을 통해 미리 위험에 대비하는 것이 필요하다. "경기가 좋지 않으니 금을 살까요? 달러를 살까요?"는 그다음 문제다. 또한 신용(빚)을 확대해야 하는 타이밍은 지금이 아닌 모든 것이 무너진 뒤다. 많은 금융의 역사가 이를 증명한다.

금융정책의 원투펀치,
재정정책과 통화정책

금융정책의 핵심은 재정정책과 통화정책의 긴밀한 파트너십이다.
어느 한쪽도 혼자서는 금융정책을 효율적으로 이끌어갈 수 없다.

수영을 배우면 가장 어려운 것이 호흡법이듯 금융시장이 호흡을 제대로
하기 위해서는 금융시장의 호흡법, 즉 '금융정책'이 잘 작동되어야 한다.
금융정책은 재정정책과 통화정책의 투트랙two track으로 이루어진다. 재
정정책과 통화정책을 이해하기에 앞서 알아야 할 것은 정부와 중앙은행
인 한국은행은 그 기능이 다르다는 것이다.

많은 사람들이 '정부=한국은행'으로 오해하는 경우가 많다. 그러나
금융시장에서 국채 발행과 예산을 집행하는 정부는 기획재정부다. 그리
고 통화정책을 집행하는 기관은 중앙은행인 한국은행이다. 다만 기획재
정부의 국채 발행을 한국은행이 대행할 뿐이다. 따라서 금융정책을 제대

로 펼치기 위해서는 정부와 한국은행의 파트너십이 매우 중요하다고 할
수 있다.

재정정책, 채권 발행과 세금

재정정책은 일반적으로 국채 발행과 세금정책 등을 통해 시
행한다. 이를 금융시장에서는 확장 재정정책 또는 긴축 재정정책이라고
한다. 확장 재정정책은 정부의 지출을 늘려 경기를 부양하는 재정적자
정책을 의미하며, 긴축 재정정책은 정부의 수입을 늘려 경기의 과열을
방지하는 재정흑자 정책을 의미한다. 이렇듯 재정정책의 목표는 경제가
불황 또는 과열로 인한 인플레이션(물가상승)이 발생했을 때 이를 방지
함으로써 경제 안정을 기하는 데 있다.

일반적으로 확장 재정정책은 채권 발행 증가, 세금 인하를 통해 경기
를 부양하며, 긴축 재정정책은 채권 발행 감소, 세금 인상을 통해 경기의
과열을 안정시킨다. 그러나 정부의 국채 발행 증가는 결국 정부의 빚이
므로 무한정 발행할 수는 없다. 정부라고 돈이 어디서 샘솟듯 나오는 것
은 아니기 때문이다. 따라서 정부가 재정정책을 펼칠 때는 통화정책을
담당하는 한국은행과의 긴밀한 협조가 필요하다. 예를 들어 정부와 한국
은행 사이에 정책 엇박자가 생겨 한국은행은 기준금리를 인상해 물가안
정을 도모하는 반면, 정부는 세금을 인하해 시중에 돈을 푼다면 기준금
리는 기준금리대로 높아지고 시중에 돈은 돈대로 풀려 물가도 잡지 못
할 수 있다.

통화정책, 금리와 유동성 조절

통화정책이라고 하면 흔히 금융통화위원회(금통위)가 결정하는 기준금리가 떠오르는데, 이를 조금 더 세분화해볼 필요가 있다. 통화정책은 크게 3가지로 구분된다. 공개시장운영, 여수신제도, 지급준비제도다. 이를 통해 시중의 통화량을 조절하고, 실물경제까지 돈이 흘러들어가도록 유도한다.

공개시장 운영: 채권 매매를 통한 유동성 조절

공개시장 운영은 한국은행이 금융기관을 상대로 국고채·통화안정증권(이하 통안채) 등을 사고팔아 유동성과 금리에 영향을 미치게 하는 대표적인 통화정책 수단이다. 2015년까지는 '공개시장 조작'이라고 칭했으나 어감이 좋지 않다고 해서 2016년부터 '공개시장 운영'으로 명칭이 변경되었다. 공개시장 운영을 통해 한국은행이 국채·통안채 등을 사들이면 이에 상응하는 돈이 시중에 공급되며, 반대로 팔면 시중의 돈이 흡수된다. 공개시장 운영이 중요한 이유는 한국은행과 금융시장의 첫 연결고리인 자금시장이 만나는 곳이기 때문이다. 흔히 우리가 기준금리라고 말하는 것과 관련이 깊은 제도다. 3일차 내용과 연계해서 보면 도움이 될 것이다.

여수신제도: 시중은행에 대한 대출금리 조절을 통한 유동성 조절

여수신제도는 한국은행이 금융기관을 상대로 대출을 해주거나 예금을 받는 정책이다. 쉽게 말해 은행이 돈을 빌리는 역할을 한다. 미국에서는 재할인율 제도가 유사한 역할을 한다. 지난 2008년 콜금리에서 RP금리(3일차 기준금리 참고)로 우리나라의 기준금리를 바꾸며 도입한 제도다. 은행도 급전이 필요하거나 남는 경우가 있기 때문에 여수신제도는 은행의 유동성을 조절하는 기능을 한다. 아래 이어질 지급준비금을 맞추기 위한 용도로도 활용된다.

지급준비제도: 신용창조의 핵심

지급준비제도란 금융기관으로 하여금 일정 비율(지급준비율 2.0~7.0%)에 해당하는 금액을 중앙은행에 지급준비금으로 예치하도록 의무화하는 제도다. 줄여서 흔히 '지준'이라고 불린다. 한국은행은 지급준비율을 조정해 금융기관의 자금사정을 변화시킴으로써 시중 유동성을 조절하고 금융안정을 도모한다. 지급준비율을 올리면 은행들은 더 많은 자금을 지급준비금으로 예치해야 하기 때문에 대출 취급이나 유가증권 매입 여력이 축소되고, 결국 시중에 유통되는 돈의 양이 줄어들게 된다. 따라서 금융기관의 과도한 대출 증가로 인한 금융 불안 가능성을 방지하는 중요한 역할을 한다. 반대로 지급준비율을 내리면 시중에 유통되는 돈의 양이 증가한다. 한편 한국은행은 매월 1회 지급준비금을 은행과 맞추는데, 이날을 '지준일'이라고 부른다. 지준일에 지급준비금이 부족하게 되면 단기자금시장(3일차 자금시장 참고)에서 돈을 끌어와서 맞추어야 하기 때문에 단기금리를 상승시키는 영향이 있다.

한국은행의 통화정책 목표는 무엇인가?

한편 현재 한국은행의 통화정책 목표는 물가안정(물가타기팅)이다. 즉 한국은행은 통화량의 총량보다는 정책의 최종목표인 물가상승률 자체를 목표로 설정하고 통화정책을 운영한다. 한국은행은 경기의 상태를 고려하기는 하지만, 물가가 지나치게 상승하면 경기의 회복이 더뎌도 기준금리를 인상할 수도 있다. 이는 반대로 말하면 물가가 지나치게 낮은 수준을 유지하면 호경기가 지속되어도 기준금리를 더 인하할 수도 있다는 말이다.

현재 한국은행이 기준금리를 지속적으로 인하할 수 있는 것은 물론 경기의 회복을 위해서지만, 공식적인 물가 상승폭이 제한되고 있기 때문이다. 2016년 물가안정목표는 소비자물가 상승률 기준 2.0%다. 통화신용정책보고서는 한국은행 홈페이지에서 확인할 수 있다. 국내경제부터 세계경제까지 어지간한 금융자료나 기획기사보다 훨씬 정리가 잘 되어 있기 때문에 한 번쯤 보기를 추천한다.

한편 금융통화위원회에는 기준금리 발표 후 기자간담회를 하는데, 기자간담회에서는 한국은행 총재가 직접 답변을 하기 때문에 기사로 보는 것과 라이브로 이를 지켜보는 것은 체감적으로 차이가 있다. 실제 딜러나 트레이더들은 금융통화위원회 발표가 있는 날에는 오전부터 방송을 틀어놓고 발표에 촉각을 기울이며, 점심 약속도 가능하면 잡지 않는다. 인터넷에서도 이를 쉽게 시청할 수 있는데 한 번 정도는 꼭 라이브로 시청해보기를 추천한다. 금융통화위원회는 보통 매월 두 번째 목요일 오전 9시 30분~11시 30분에 개최되며, 연합인포맥스를 통해 시청하면 된다. 여유가 없다면 이후에 한국은행 전자도서관 홈페이지(VOD → 총재기자간담회)를 통해 녹화된 간담회를 볼 수 있다.

Tip 기준금리를 결정하는 금융통화위원회

우리나라의 기준금리를 결정하는 곳을 금융통화위원회(의장은 한국은행 총재)라고 부른다. 많은 사람들이 금융위원회·금융감독원·금융통화위원회를 헷갈려하는데, 금융위원회는 쉽게 말하면 행정고시(또는 국가직 공무원시험)를 합격한 재경직 공무원, 금융감독원은 금융감독원 입사시험을 통해 직원을 채용하는 금융위원회 산하 특수법인이다. 금융통화위원회는 대통령이 임명한 한국은행 총재를 의장으로 한 6인의 위원으로 구성된다. 기준금리 결정은 경제 전반에 미치는 영향이 크기 때문에 위원들의 책임도 상당히 요구된다. 따라서 위원들은 2억 6,600만원의 높은 연봉과 차관급에 준하는 의전을 제공받는다.

금리가 없다면 금융시장은 존재하기 어려울 것이다. 돈에 대한 대가가 없다면 금융거래를 할 유인이 없어지기 때문이다. 따라서 금융시장의 모든 돈은 금리로 시작해 금리로 끝난다고 할 수 있다. 금리를 본다는 것은 돈이 흐르는 물줄기의 높낮이와 모양, 깊이 등을 보는 과정과 같다. 물이 높은 곳에서 낮은 곳으로 흘러가듯 돈도 금리라는 물줄기를 따라 흘러간다. 물이 제대로 흘러가지 않는다는 것은 문제가 생겼음을 의미한다. 그곳에 새로운 위기와 기회가 있다.

· 2일차 ·

금리, 모든 금융시장을
흘러가는 물줄기다

기준금리에서 출발하는
통화정책의 파급경로

통화정책은 반드시 실물경제에 영향을 미친다. 그러나 금융시장의
신뢰를 얻지 못하는 통화정책은 정상적인 경로로 파급될 수 없다.

금융시장의 첫 단추인 자금시장은 한국은행의 '기준금리'에서 출발한다.
통화정책은 당장 그 효과가 나타날 수도 있고, 1~2년의 기간이 지나 반
영될 수도 있다. 그러나 중요한 것은 먼 바다에서 쓰나미가 발생하면 그
속도와 파급력에 따라 차이는 있지만 반드시 해안에 다다른다는 것이다.
이자율이 변한다면 금융시장의 모든 것이 달라질 수밖에 없다.

　일반적으로 통화정책의 경로는 금리·신용·인플레이션·자산·환율 경
로 등으로 분류한다. 그러나 시험공부가 목적이 아니라면 금리·신용 경
로를 하나의 맥락에서 이해하고, 인플레이션·자산·환율 경로는 논외로
삼는 것이 낫다. 금리·신용 경로는 기준금리가 직접적으로 영향을 미치

는 영역이기에 그 효과가 거의 반영되지만, 나머지 경로는 간접적으로 영향을 받아 어디로 튈지 알 수가 없기 때문이다. 특히 환율경로에 대해서는 개인적으로 상당히 의문이 남는다. '금리 상승 → 해외자본 유입 → 환율 하락(절상)'의 논리는 미국 등 선진국 중심의 경제이론 냄새가 지나치게 강하다. 해외자본 유입은 우리나라 등 신흥국의 금리수준보다는 글로벌 자금의 성격에 달려 있다고 보는 것이 적절하다. 만약 이론적인 내용을 알고 싶다면 그레고리 맨큐Gregory Mankiw의 『맨큐의 경제학Principles of Economics』을 보는 것이 도움이 될 것이다.

금리·신용 경로로 살펴본 통화정책의 파급경로

만약 기준금리를 인상하면 금리경로를 통해 콜·CD·RP 금리 등 단기시장금리(3일차 자금시장 참고)는 즉시 상승한다. 또한 은행 예금 및 대출금리도 대체로 상승하며, 장기시장금리도 상승압력을 받는다. 시장과 소통할 이자율이 달라졌기 때문인데, 달라진 이자율에 자극을 받은 자금시장은 예금 및 대출시장에 직접적인 영향을 준다. 이 단계까지는 확실하게 영향을 주지만, 다음 단계부터는 상황에 따라 다르다. 일반적으로 금리 상승은 신용경로에 영향을 미쳐 기업과 가계의 투자와 소비를 감소시킨다. 돈줄을 조이기 때문이다.

경기가 좋을 때는 금리경로에 이어진 신용경로의 효과는 다소 제한되지만, 돈줄은 조금씩 감소하기 시작한다. 그러나 경기가 좋지 않을 때는 분명히 돈줄이 막힌다. 최근같이 경기가 좋지 않을 때 은행에 대출을 받으러 갔는데 만약 대출이 잘 나온다면 '나는 신용경로의 영향은 받지 않

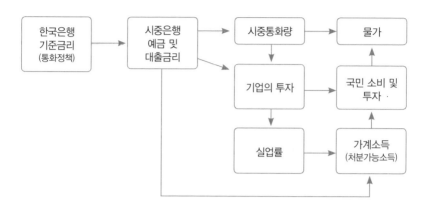

느구나. 좋은 직장에 다니는구나.'라고 생각하면 된다. 본론으로 돌아와 시장에 돈이 사라지기 시작하면 기업과 가계의 소득수준과 소비수준이 낮아지고, 궁극적으로 물가를 붙잡게 된다.

이러한 금리효과는 시차를 거쳐 기업 및 가계와 물가에 영향을 준다. 따라서 경기에 따른 시차가 존재하기는 하지만, 기준금리를 인상하면 금리·신용 경로를 통해 시장의 전반적인 이자율은 상승하고, 시중통화량이 감소해 공식적인(체감 물가는 논외) 물가를 안정시키는 효과가 있다.

통화정책이 흔들리면 시장이 제멋대로 움직인다

일반적으로 통화정책이 정상적으로 시장에 반영된다면, 금리를 인상할 경우 금리·신용 경로를 통해 콜·CD·RP 등의 자금시장은 즉각적으로 금리가 인상되고, 그와 더불어 채권시장도 금리가 동시에 상승하며, 대출 부분은 늦어도 보름 안에 금리 인상분을 반영한다. 참고로 예금에 대한 인상 적용은 최대한 늦게 반영되며, 심지어 반영되지 않을 수도 있다. 또한 주식시장은 개별 종목으로 구분하면 상승하는 종목도 있으나, 주가지수는 금리 인상에 대한 우려에 '하락'으로 답하는 경향이 있다. 돈줄을 조이기 때문이다.

정리하자면 통화정책이 신뢰를 받고 있다면 아무리 시장이 선제적으로 대응하고 있더라도 금융시장은 정상적인 경로를 통해 반응한다. 중앙은행이 "늑대다!"라고 외치면 실제로 늑대가 올 것이라고 시장이 믿기 때문이다. 그러나 통화정책의 파급경로에서 어느 한 군데라도 흐름이 막혀 제대로 파급이 전달되지 않으면 통화정책은 정책대로 남발하고, 물가나 실물경제는 어리둥절해한다. 이는 중앙은행에 대한 시장의 신뢰도에 따라 달라진다. 양치기 소년같이 "늑대다!"를 계속 반복해 외치면 더이상 신뢰받지 못하는 것과 같다. 그래서 중앙은행의 통화정책은 매우 신중하게 결정되어야 하며 적시성이 중요하다. 시장의 신뢰를 얻지 못하면 시장은 자기 스스로 예상하고 정책의 목표와 다르게 반응하기 때문이다.

안타깝게도 이런 일은 종종 일어난다. 대표적인 예가 중국이다. 중국은 해외자본 유·출입 규모가 세계 1, 2위를 차지할 만큼 큰 시장이기 때문에 자본의 유·출입은 단기자금시장에 직접적으로 영향을 준다. 만약 돈이 급하게 해외로 빠져나가려고 한다면 당장 필요한 것은 급전이다. 금융시장에서 급전은 자금시장에서 나온다. 시장에 급전이 필요한 상황이라 할지라도 중앙은행이 신뢰를 받지 못하는 상황이라면 중앙은행의 통화정책과는 별개로 시장이 대응을 한다.

지난 2016년 1~2월 중국 인민은행은 시장에 대규모 유동성(돈)을 공급하며 불안한 금융시장을 달래기 위해 무던히 노력했다. 그러나 중국 단기자금시장은 하루 사이 금리가 2~10%나 뛰어오르는 등 매우 불안한 양상을 보였다. 또한 단기자금시장 쇼크는 중국 증시까지 이어져 증시가 6% 이상 급락했다. 중앙은행이 이렇게 대대적으로 금융시장의 안정을 도모하는데도 금리가 급등하는 것은 중앙은행의 신뢰에 문제가 있다고 볼 수 있다.

　중국의 사례에서 볼 수 있듯이 금융시장의 출발점인 통화정책이 신뢰받지 못한다면 시장은 각개전투를 한다. 2016년 6월 우리나라도 기습적인 금리 인하가 이루어졌다. 그러나 통화정책은 이러한 극적인 '신의 한 수'보다는 시장이 전반적으로 따라갈 수 있는 안정적인 정책방향이 더욱 긍정적인 효과를 준다.

기준금리·시장금리·가산금리, 그리고 1차선과 4차선

기준금리는 차선의 중앙선과 같고, 시장금리는 각각의 차선과 같다.
그리고 차선의 위치를 결정하는 것은 가산금리다.

금융시장에서 "금리가 얼마예요?"라고 물어보면 "어떤 금리요?"라는 답변을 듣게 될 것이다. 금리의 종류는 다양해서 어떤 금리인지 콕 집어 물어보지 않으면 정확한 답변을 들을 수 없다. 인터넷에서 '금리'라는 단어를 검색하면 대출·채권·변동·고정·기준·마이너스 금리 등 다양한 금리들이 나온다. 그러나 아무리 종류가 많아도 구조를 알면 간단히 구별할 수 있다. 바로 기준금리와 가산금리, 그리고 이들의 합인 시장금리를 알면 된다. 어떤 금리도 기준금리와 가산금리, 시장금리를 벗어날 수 없다. 금리는 무질서하지 않다. 금리가 이루어지는 구조를 이해하면 전반적인 금리가 어떤 변화를 보일지, 혹은 어떤 변화를 보여야 할지 알 수 있다.

금리의 구조

금리는 기준금리와 가산금리, 그리고 시장금리로 이루어져 있다. 금리의 본질은 다음과 같다. 1차적(기회비용의 대가)으로 돈을 빌려주는 사람은 돈을 빌려주는 대신 그 돈을 활용할 수 있는 다른 기회들을 포기해야 한다. 그리고 2차적(리스크 프리미엄)으로 돈을 빌려주는 기간이 확대되거나 돈을 빌려준 참가자에 대한 신뢰수준이 낮을수록 돈을 갚지 못할 가능성이 상승함을 반영한다.

금리의 기준이 되는 기준금리

기준금리base rate란 특정한 금리에 대해 기준이 되는 금리를 말한다. 쉽게 생각하면 도로 위의 노란 중앙선과 같은 것이다. 시장의 대표적인 기준금리는 한국은행 기준금리, CD(양도성예금증서)금리, 코픽스COFIX 금리가 있다. 한국은행 기준금리는 모든 금리의 기준금리로 사용되며, CD금리는 금융기관 간 거래의 기준금리, 코픽스금리는 가계대출의 기준금리로 활용된다.

이 중 금융시장에서 포괄적으로 지칭하는 기준금리는 한국은행의 기준금리다. 해외 금융시장에서는 통상 '라이보LIBOR(런던은행 간 제공금리)'를 기준금리로 사용한다.

· 금리의 결정원리 ·

기회비용	+	리스크 프리미엄	=	금리
1차적 본질		2차적 본질		

기준금리에 부과되는 리스크 프리미엄

가산금리란 기준금리에 부과되는 리스크 프리미엄이다. 신용에 대한 위험이 반영된 금리라고 이해하면 된다. 리스크 프리미엄은 신용도에 따라 달라지기 때문에 돈을 조달하는 주체마다 모두 다르다. 차선에 비유할 때 중앙선이 기준금리라면, 금융기관은 1차선이고, 기업은 2차선, 가계는 3~4차선이라고 할 수 있다. 금융기관과 가계의 신용위험이 다르기 때문에 우리는 절대로 1, 2차선을 탈 수 없다. 이것이 1차선에 위치한 금융기관의 예금금리와 3, 4차선에 위치한 가계의 대출금리가 차이 나는 이유다.

기준금리에 리스크 프리미엄을 합한 시장금리

시장금리란 최초 정부나 중앙은행의 손을 떠나 시장에서 결정되는 금리를 말한다. 금리의 구조로 이해하자면 시장금리는 기준금리에 리스크 프리미엄(가산금리)을 더한 금리다. 기준금리를 제외한 모든 금리는 시장금리라고 할 수 있다. 따라서 채권금리는 '기준금리+가산금리', 대출금리는 '코픽스·CD 금리+가산금리', 마이너스 금리는 '기준금리−가산금리'로 풀어 쓸 수 있다. 여기에 금리 변동 유무에 따라 변동금리·고정금리로 분류하면 된다. 즉 변동하는 시장금리를 변동금리, 변동하지 않는 시장금리를 고정금리라고 말한다. 예를 들어 '코픽스금리+가산금리'로 이루어진 대출금리를 변동으로 약정하면 변동대출금리, 고정으로 약정하면 고정대출금리가 되는 것이다.

한편 시장금리는 시장의 자율성에 따라 결정되므로 기준금리와 다르게 실시간으로 변동한다. 그러나 기준금리라는 벤치마크가 있기 때문에 시장금리는 기준금리를 늘 곁눈질하면서 움직인다. 예를 들어 시장금리가 크게 변동하는 경우를 생각해보자. 만약 기준금리가 변동하지 않았음에도 불구하고 1~4차선의 시장금리가 기존 차선의 위치를 크게 벗어나 높은 금리수준을 형성하고 있다면 가산금리가 지나치게 많이 더해져 있다는 의미다. 이는 시장의 심리가 이미 변화했거나 변화하고 있음을 말해준다.

· 시장금리의 결정원리 ·

기준금리(정책금리)	+	가산금리	=	시장금리
중앙선		1~4차선		나의 차선

반대의 경우도 같은 원리다. 또한 기준금리가 변했음에도 불구하고 기준금리의 변동보다 시장금리의 변동이 적다면 이 역시 시장의 심리에 변화가 있음을 말해준다. 중앙선이 움직였는데 차선의 위치가 적절하게 변하지 않는다는 것은 어떤 이유든 시장이 변하고 있다는 뜻이기 때문이다. 뒤쪽에 나올 '시장금리' 부분을 같이 본다면 많은 도움이 될 것이다. 참고로 금융권에서는 금리의 단위로 'bp(basis point)'를 사용한다. 예를 들어 0.01%는 1bp가 되는 것이다. 은행에 가서 "제 가산금리가 몇 bp인가요?"라고 물어보면 제법 전문적으로 보일 수 있다.

 Tip 경기가 어려울 때는 중앙선이 침범당하기도 한다

가산금리가 붙는 시장금리는 기준금리를 좀처럼 하회하지 않으나 최근처럼 경기가 어려울 때는 국채금리나 콜금리(초단기 자금 조달금리) 등 시장금리가 기준금리를 하회하는 경우도 발생한다. 이런 현상은 한국은행이 기준금리를 인하할지 모른다는 시장의 기대감이 반영되기 때문에 발생한다. 반대로 기준금리를 인상할지 모른다는 기대감이 반영되면 평소에 비해 더 상승하기도 하는데, 시장은 언제나 선제적으로 움직이기 때문이다.

고정금리와 변동금리,
금리 선택은 신중하게 해야 한다

약속에는 2가지 종류가 있다. 확실한 약속과 상황에 따라 변하는 약속이다.
고정금리와 변동금리도 이와 같다. 장기 대출에 변동금리는 베팅의 영역이다.

"오늘 저녁 7시에 보자." "상황을 봐야 할 것 같아. 그때 가서 정하자."
"그래, 그러자." 대부분의 약속은 이런 식의 대화를 거쳐 결정된다. 7시
로 약속시간을 정하는 것은 약속을 확정한 것이기에 다른 일들을 처리
할 때 그 약속을 고려해야 한다. 반면에 그때쯤 되어서 정한다면 약속이
확정되지 않은 것이기에 상황에 따라 결정하게 된다.

　고정금리와 변동금리도 마찬가지다. 고정금리는 "오늘 저녁 7시에 보
자."에 해당하고, 변동금리는 "그때 가서 정하자."에 해당한다. 어느 쪽이
든 장단점이 있으니 선택은 신중하게 해야 한다.

고정금리와 변동금리

　　　　고정금리란 금융상품 가입 당시에 약속한 금리가 만기까지 변하지 않는 금리를 의미한다. 고정금리의 대표적인 예로 채권표면금리, 예·적금 등이 있다. 시장금리가 아무리 큰 폭으로 변동해도 한국은행 기준금리, CD금리, 코픽스금리 등에 가산금리를 더한 약속된 금리를 지급한다. 고정금리에 대한 이해에 있어 강조하고 싶은 것은 상호 간에 약속된 금리는 고정이지만, 시장금리는 계속 변한다는 사실이다. 따라서 시장금리의 수준과 다르게 자신의 손익은 약속된 금리에 따라 달라진다.

　반면 변동금리는 만기까지 일정 주기로 약속한 금리가 변하는 금리를 말한다. 대표적인 변동금리는 CD(양도성예금증서)금리, 코픽스금리 등이 있다. 변동금리는 시장금리의 변화에 따라 약속된 금리가 변하므로 금리 변동에 영향을 받는다. 다시 말해 자신의 손익은 순수하게 시장금리 수준에 따라 결정된다.

· 고정금리와 변동금리 ·

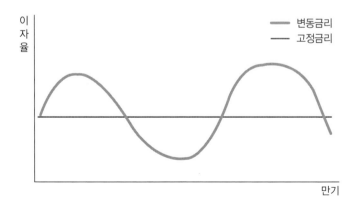

금리 선택은 신중해야 한다

고정금리와 변동금리를 선택할 수 있는 경우가 있는데, 대표적인 예가 대출금리다. 일반적으로 은행이 제시하는 고정금리는 변동금리보다 높다. 은행의 자금 조달비용 등이 조금 더 반영되기 때문이다. 이런 이유로 대출시 고정금리보다 당장 이자지급이 낮은 변동금리를 선호하는 경향이 있다.

1~3년 등 단기적으로 대출을 받는다면 최근같이 몇 년간 이어진 금리 하락기에는 변동금리가 고정금리에 비해 좋을 수도 있다. 그러나 3년 이상 비교적 장기적으로 대출을 받는다면 변동금리에 대해 한 번쯤 생각해보아야 한다. 시장금리는 정책금리인 한국은행 기준금리의 영향을 크게 받기 때문이다. 금리가 인상되는 경우 빠르게는 1년 안에 1.0% 이상 금리가 인상 또는 인하(일반적으로 1회 0.25% 수준으로 조절)되기도 한다.

이러한 금리 사이클을 쉽게 예측할 수는 없으나 금리 사이클은 한번 바뀌게 되면 쉽사리 반대쪽으로 방향을 바꾸지 않는다. 금리정책을 상승 또는 하락으로 신중하게 결정했기 때문에 목표한 수준에 이를 때까지는

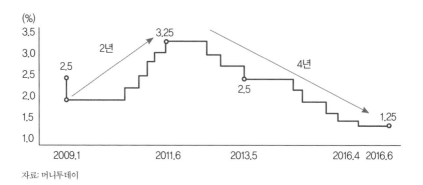

· 한국은행 기준금리 ·

자료: 머니투데이

정책이 쭉 진행된다. 일반적으로 금리 사이클은 2~5년 주기로 변화하는 경향이 있다. 변동금리를 선택하면 이자 부담이 줄어들 가능성이 있지만, 금리 사이클이 바뀌게 되면 금리 인상분에 대해 고스란히 노출된다. 따라서 단기적인 대출이라면 금리상황을 고려해 선택하되, 장기적인 대출이라면 변동금리보다는 고정금리를 선택해 이자 부담을 확정짓는 것이 정신건강에 유익하다고 할 수 있다. 대출금리는 확정짓는 것이지 베팅의 영역은 아니기 때문이다.

현재 우리나라 경제규모나 물가수준, 금융시장의 위치 등을 고려할 때 기준금리가 1.0% 이하로 하락하기는 쉽지 않아 보인다. 최근 한국은행에서도 추가적인 기준금리 인하정책에 부담을 느끼고 있다는 분석이 지배적이다. '물가타기팅(물가의 안정을 우선으로 기준금리를 결정함)'을 하는 통화정책의 성격상 지나친 금리 인하는 향후 통화정책에 큰 부담을 주기 때문이다. 따라서 현 상황에서 금리의 추가 하락은 한계가 있으므로 장기적인 대출을 받는다면 금리의 인상 사이클을 염두에 두어야 한다.

명목금리와 실질금리에는
체감 인플레이션이 숨어 있다

명목금리와 실질금리 사이에는 눈에 보이지 않는 인플레이션이 숨어 있다.
그리고 체감 인플레이션은 실질금리를 더욱 하락시킨다.

우리는 생활 속에서 '백화점 30% 세일, 2.5% 은행예금, 자동차 10% 할인, 편의점 통신사 10% 할인' 등 '몇 %'라는 표현을 아주 쉽게 발견할 수 있다. 이와 같이 생활 속에서 흔히 볼 수 있는 모든 '몇 %'라는 단어는 모두 명목금리를 말한다. '명목名目'이라는 단어에서 알 수 있듯이 명목금리란 겉으로 내세우는 금리라는 의미다. 중앙은행은 계속 돈을 찍어내기 때문에 돈의 가치는 계속 낮아질 수밖에 없는데, 우리는 이것을 인플레이션이라고 부른다고 했다. 겉으로 보이는 금리인 명목금리에는 인플레이션이 보이지 않는다.

실질금리는 명목금리에서 인플레이션을 제거해야 찾을 수 있다. 예를

• 명목금리와 실질금리, 인플레이션의 관계 •

명목금리(2.5%)	실질금리(-0.5%)
	인플레이션(3%)

(실질금리 = 명목금리 − 인플레이션)

들어 명목금리가 2.5%이고, 인플레이션(물가상승)이 3%일 경우 실질금리는 -0.5%가 되는 것이다. 친절하게 '2.5% 은행예금(인플레이션을 고려한 실질이자율은 -0.5%)'이라고 실질금리까지 알려주면 좋을 텐데, 고객을 유치하고 이익을 내야 하는 기업이 이런 말을 해줄 가능성은 없다.

인플레이션과 체감 인플레이션, 그리고 실질금리

실질금리는 간단히 명목금리에 인플레이션을 차감하면 구할 수 있다. 인플레이션은 보통 통계청과 한국은행이 발표하는 소비자물가지수나 GDP 디플레이터로 활용한다. GDP 디플레이터는 모든 재화와 서비스를 포함하기 때문에 거시경제를 다룰 때 많이 사용하며, 공식적인 인플레이션 수준은 소비자물가지수로 접근하는 것이 적절하다. 참고로 2015년 말 소비자물가지수는 0.7%, GDP 디플레이터는 2.2%였다. 정기예금 평균금리인 1.7%를 고려하면 실질금리는 소비자물가 기준으로 1.0%, GDP 디플레이터 기준으로는 -0.5%다. 임금 인상분이 없다면 가계는 실질적으로 마이너스에 가까운 장사를 한 것과 같다.

그러나 실질금리는 이보다 더 낮다고 보아야 한다. 바로 체감 인플레

	실질금리(-7.5%)
명목금리(2.5%)	체감 인플레이션(10%)

이션 때문이다. 공식적인 소비자물가지수는 통계청이 5년에 한 번 조사 품목과 가중치를 변경한다. 즉 소비자물가지수는 정부의 판단에 따라 눈에 보이는 명목지수를 조절할 수 있다. 현재 방식은 지난 2011년 MB정권 때 개편되었다. 당시 IT와 고령화 관련 품목이 43개 추가되고, 금반지·유선전화기·캠코더 등 21개가 제외되었다. 2011년은 금 가격이 많이 상승해 금 가격이 소비자물가지수를 상승시키는 견인 품목 중 하나였는데, 금 품목이 제외되어 소비자물가지수는 0.25% 하락했다. 또한 품목별 가중치에 있어서도 휘발유(3.12%), 스마트폰 이용료(3.39%)보다 월세(3.08%)가 낮다. 공식적인 물가보다 체감 물가가 높을 수밖에 없는 구조다.

현재 체감 물가에 가장 큰 영향을 미치는 주거비와 식료품비의 상승률이 10%에 달하는 반면, 소비자물가지수는 1~2% 내외이기 때문에 일반 국민의 입장에서 체감 물가(실질 소비자물가)는 5~10%에 달한다고 보는 것이 적절하다. 예를 들어 명목금리가 2.5%이고, 소비자물가지수가 2%라고 할지라도 체감 물가는 10%가 되므로 실질금리는 -7.5%가 되는 것이다. 따라서 우리가 받는 실질금리는 훨씬 더 낮다고 판단해야 한다. 바꾸어 말하면 인플레이션 텍스의 영향이 상당히 높다고 볼 수 있다. 평균 임금인상률이 3% 미만인 것을 고려할 때, 주거가 해결되지 않거나 특별한 자산의 증식 수단이 없다면 가계는 예상보다 빠른 속도로 재정적인 어려움을 맞이할 가능성이 높다.

시장의 심리,
시장금리 차이를 보면 알 수 있다

금융시장의 최근 분위기를 알고 싶다면 시장금리 차이를
먼저 확인하는 것이 좋다. 시장의 금리 차이는 시장의 속마음을 보여준다.

여자친구나 남자친구와 연애를 할 때, 초반에는 24시간 휴대전화를 붙
들고 살다가 어느 순간 연락이 뜸해지면 대개 '권태기인가? 그 사람의 마
음이 변했나?' 하는 생각을 한다. 실제로 권태기일 수도 있고, 마음이 변
해 이별을 통보하기도 하며, 단순한 우려로 끝나기도 한다. "너, 나 사랑
해?"라고 묻는 말에 아무리 "응, 사랑하지."라고 대답해도 행동이 뒷받침
되지 않으면 그 진위는 의심받기 마련이다. 연애의 심리 속에 연락이 뜸
한 것에는 자신을 많이 사랑하지 않는다는 가정이 들어가 있는 것이다.

금융시장도 마찬가지다. 시장의 금리 차이는 연애에서 상대에게 보여
주는 행동처럼 시장의 속마음을 보여준다.

장·단기금리는 시장의 속마음을 알고 있다

금융시장의 정보는 하루에도 수없이 쏟아질 만큼 너무 방대해서 좀처럼 시장 분위기가 어떤 것인지 아리송할 때가 많다. 그러나 국고채(주로 3년과 10년 만기)의 장·단기금리 차이만큼 시장 분위기를 정확하게 반영하는 것은 드물다. 실제로 돈이 어떤 방향을 선택했는지 정확하게 말해주기 때문이다. 최초 공급된 돈이 이자를 통해 시작된다는 것을 상기하면 이를 쉽게 이해할 수 있을 것이다. 즉 돈이 단기적인 선택을 하느냐, 장기적인 선택을 하느냐에 따라 금융시장에 흐르는 돈의 성격이 정해진다.

또한 이렇게 흘러간 돈은 채권, 주식, 외환, 기타 금융시장에 영향을 미치게 된다. 일반적으로 시장이 경기가 좋지 않다고 느끼면 장기 국고채에 대한 수요가 증가해 장·단기금리 차이가 축소되는 경향이 있다. 반대로 경기가 회복되는 경우에는 금리 차이가 확대되는 추세를 보인다. 금리 차이 수준에 대한 절대적인 기준은 없으나, 최근 3~5년 정도의 추이를 보고 판단하면 크게 무리가 없다. 만약 아무리 정부와 언론이 경제가 회복되고 있다고 외쳐도 장기와 단기의 금리 차이가 이를 뒷받침하지 못하면 아직 갈 길이 멀다고 볼 수 있다.

대부분의 금융기관이 장·단기의 금리 차이를 매우 중요한 신호로 인지하며, 한국은행의 통화정책 회의록에도 '장·단기 금리 차이 경계·우려' 등의 표현이 자주 등장한다. 장·단기금리 차이는 일반적으로 최근 3~5년의 추이를 살펴보는 것과 함께 특이 현상을 찾는 것이 좋다. 금리 차이가 크게 변하거나, 10년 만기 국고채금리가 3년 만기 국고채금리보다 낮아지는 금리역전 등의 특이 현상은 시장의 속마음에 대한 힌트를 줄 것이다.

증권사 리서치센터도 주기적으로 이를 작성하나, 리서치자료에 접근하기 어려운 경우에는 한국자금중개 홈페이지에서 '채권시장' 탭의 '채권금리조회'를 통해 무료로 금리 추이를 확인할 수 있다. 오히려 전문가들의 설명을 보지 않고 객관적으로 금리 추이만 살피는 것이 투자 판단에 더 도움이 될 수도 있다. 참고로 언젠가 주식시장에 호황기가 돌아온다면 장·단기금리 차이가 먼저 신호를 줄 것이다.

국고채와 회사채의 금리 차이로 경기 상태를 안다

만약 100만원을 가지고 휴대폰을 사려고 어느 휴대폰 매장에 들어갔다고 가정하자. 삼성전자의 갤럭시와 샤오미를 놓고 고민에 빠졌다. 두 제품의 가격은 모두 100만원이며 사양도 비슷하다. 그러나 갤럭시의 보조금은 10만원이고, 샤오미의 보조금은 80만원이다. 당신은 어떤 제품을 선택할 것인가? 아마 자신의 경제상황에 따라 선택이 달라질 것이다.

국고채와 회사채의 관계도 이와 같다. 시장에서 국고채(갤럭시)에 대한 선호가 높아지면 국고채의 금리(보조금)가 낮아질 것이다. 반대로 회사채(샤오미)의 인기가 높아지면 회사채의 금리(보조금)는 낮아질 것이다. 이렇듯 국고채와 회사채의 금리 차이는 경기의 상태를 말해준다. 금융시장에서는 국고채와 회사채의 금리 차이를 '신용 스프레드(회사채금리-국고채금리)'라고 부른다.

신용 스프레드는 경기에 매우 민감하다. 경기가 좋은 상황에서는 정

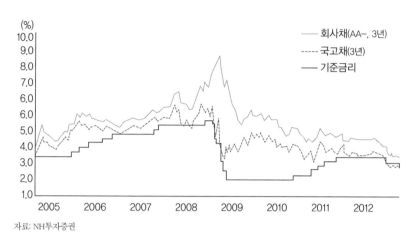

· 국고채와 회사채의 금리 ·

(%)

회사채(AA-, 3년)
국고채(3년)
기준금리

10.0
9.0
8.0
7.0
6.0
5.0
4.0
3.0
2.0
1.0

2005   2006   2007   2008   2009   2010   2011   2012

자료: NH투자증권

부·금융기관·기업의 이자율 차이가 크지 않아서 신용 스프레드의 차이
도 크지 않다. 반면 경기가 좋지 않은 때는 금융기관·기업·가계의 소득
수준이 낮아질 것을 예상하기 때문에 리스크 프리미엄(가산금리)도 상승
한다. 따라서 정부·금융기관·기업·가계의 이자율 차이가 확대된다. 즉
경기가 악화될수록 회사채금리와 국채금리의 차이인 신용 스프레드도
확대되는 것이다.

　과거 사례를 살펴보면 2005~2007년은 경기 상태가 비교적 양호한
편이었다. 따라서 물가상승을 우려한 한국은행은 금리를 인상해 물가의
상승을 제어하고자 했으며, 국고채와 회사채의 금리 차이는 안정적인 흐
름을 보였다. 그러나 MB정권이 들어서면서 서서히 글로벌 경기가 이상
기류를 보이며 국고채와 회사채의 금리 차이인 신용 스프레드가 확대되
었고, 리먼 사태(글로벌 투자은행인 리먼 브라더스가 부동산 가격 하락에 따
른 자산 부실로 파산한 사건)가 터지며 회사채 시장은 초토화되었다. 우량

회사채 시장까지도 망가졌다. 이후 정부가 기준금리를 급격히 낮추며 국고채금리는 기준금리를 따라갔으나, 회사채는 제자리로 돌아오기까지 1년 이상의 시간이 걸렸다. 당시 회사채 시장이 글로벌 양적완화 정책을 만나지 못했다면 아마 여전히 멀리서 방황하고 있었을 것이다.

 Tip **최근 신용 스프레드가 비교적 안정적인 이유**

경기가 좋지 않은데 신용 스프레드가 안정적으로 유지되는 것은 이해가 잘 안될 수 있다. 이는 금융기관의 채권 투자방식에 대한 약간의 이해가 필요하다. 일반적으로 금융기관은 기준금리 수준의 초저금리 단기자금(콜·전단채·RP·CD 등)으로 자금을 조달하고, 이렇게 빌려온 자금으로 국고채·회사채를 매입해 수익을 낸다. 그러나 국고채금리가 지나치게 하락하자, 금융기관은 금리(이자)를 조금이라도 더 주는 회사채로 눈길을 돌리게 되었다. 특히 보험사나 연기금 등 장기적으로 배당이나 연금을 지급해야 하는 금융기관은 고객에게 주어야 할 돈보다 벌어들이는 돈이 적어 '역마진'이 발생했다. 이러한 기관들의 수요로 인해 경기 둔화에도 불구하고 신용 스프레드가 안정을 보이는 현상이 나타나게 되었다.

금리 인상은 금융시장에
어떤 영향을 미칠까?

금리 인상은 시중의 돈이 조금씩 감소됨을 의미한다.
돈이 조금씩 감소된다는 사실에만 주목해야 금리 인상의 본질을 볼 수 있다.

금리 인상 효과는 변수가 다양하기 때문에 그에 대한 정답은 없다. 역사적 추이를 보아도 기준금리와 주가 등의 상관관계는 상황에 따라 다르다. 그러나 우리는 순수하게 돈의 총량에 대해서만 집중해보자.

금리 인상이 주가 하락과 경기둔화의 결과를 가져온다는 이론적인 공식은 버려야 한다. 금리를 인상해도 시중에 돈이 여전히 많으면 주가는 상승하고 경기는 둔화되지 않을 수 있다. 반대로 금리를 인하해도 시중에 돈이 없으면 주가는 하락하고 경기는 눈화된다. 다만 확실한 것은 금리 인상은 시중의 돈을 차곡차곡 감소시킨다는 사실이다.

금리 인상은 시중의 돈을 감소시킨다

물가타기팅을 하는 중앙은행은 인플레이션을 붙잡기 위해 금리를 인상하기 시작한다. 시중에 돈이 너무 많이 풀렸다고 우려하는 것이다. 일반적으로 금리는 경기가 회복이 되었다고 판단되거나 경기가 과열되는 상황일 때 인상한다. 차곡차곡 인상된 금리는 시중통화량(유동성)을 감소시켜 1차적으로 금융기관과 기업이 돈을 조달하는 데 조금씩 어려움을 겪기 시작한다. 아직까지는 시장의 변화가 눈에 보이지 않기 때문에 아무도 인지하지 못한다. 금융시장에서는 금리 인상이 시작되면 예금이자가 높아지며 주식과 채권의 새로운 경쟁자가 된다. 혹은 더 나은 투자처를 찾아 해외로 나가기도 한다.

여기서 몇 차례 금리 인상이 더 진행되면 시중에 유동성이 눈에 띄게 사라진다. 신용(빚)으로 주식·채권·부동산 등을 매수한 사람들 중 일부는 자산을 다시 팔아야 하는 상황이 발생한다. 즉 디레버리징(부채 축소)의 과정이다. 또한 이자비용이 높아진 기업들은 투자활동을 줄이고 내부유보금을 더 많이 쌓아 불안한 미래에 대비하고자 한다. 언론에서는 부정적인 이야기가 나오기 시작하고 소비자들은 지갑을 닫는다. 시중에 돈이 부족하다고 느끼기 시작할 때는 금리 인상 사이클로 접어든 지 1~2년이 지난 이후다.

일반적으로는 금리 인상의 누적효과는 1~2년에 걸쳐 전반적인 경제상황과 주식·채권시장 등을 되돌릴 준비를 한다. 중요한 것은 금리 인상의 사이클이 시작되었다면 이미 금융시장도 변하고 있으며, 시중의 돈은 계속해서 감소한다는 사실이다. 돈 자체가 말라가는 것은 금융시장에 분명 좋은 현상이 아니다.

미국의 금리 인상은 우리 경제에 어떤 영향을 줄까?

      미국의 금리 인상은 1일차에서 살펴본 글로벌 자금의 흐름을 통해 알 수 있듯이, 전 세계에서 가장 많은 돈을 풀고 있고 머금을 수 있는 미국의 시중 유동성을 조절한다. 따라서 미국의 금리 인상은 전 세계의 유동성 자체에 영향을 주기 때문에 반드시 우리 경제에도 영향을 미친다. 다만 돈의 총량 측면에서 객관적으로 바라볼 필요가 있다.

글로벌 유동성은 자산에 대한 재선택을 할 것이다

먼저 글로벌 금융시장의 상황을 생각해보자. 글로벌 유동성은 사실 몇 년간의 글로벌 양적완화로 살포한 돈이 넘치는 상황이다. 다만 신흥국의 채권·주식·부동산 등으로 숨어 들어가 있을 뿐이다. 그렇다면 미국이 금리 인상을 지속하면 어떤 일이 발생할까?

2015년 말 최초 금리 인상부터 향후 1~2차례 추가적으로 인상해도 글로벌시장의 돈의 총량은 여전히 많은 상태일 것이다. 여기서 핵심은 숨어 들어간 자금이 어떤 선택을 하느냐에 있다. 미국의 금리 인상이 한 번 더 진행된다면 미국의 금리수준이 0.5% 이상으로 상승하기 때문에 1차적으로 글로벌 유동성의 많은 부분이 미국을 향할 가능성이 있다. 우리나라와 같은 신흥국에는 상당히 부담되는 상황이다. 120쪽의 캐리 트레이드를 참고하면 이해하는 데 더 도움이 될 것이다. 단기적인 충격은 있겠지만, 향후 최소한 1년간은 글로벌 금융시장에 돈 자체가 부족해 생기는 문제가 발생하지는 않을 것이다. 만약 미국 등 선진국으로 흘러 들어간 돈이 주식시장을 선택한다면 오히려 주가는 상승할 수도 있다. 현재는 돈 자체가 부족한 상황이 아니기 때문이다.

우리나라는 단기적인 충격 흡수 과정에서 자산간 불균형이 초래될 것이다

현재 우리나라 금융시장 상황을 생각해보자. 시중에 돈이 없는 상황일까? 몇 년간의 금리 인하로 우리 금융시장도 시중에 돈 자체는 많다. 다만 단기자금시장 등으로 숨어 돈이 돌고 있지 않을 뿐이다(3일차 저금리와 경기둔화 참고). 미국의 금리 인상이 진행되면 1차적으로는 현금화가 가장 쉬운 주식시장에서 단기자금시장 및 채권시장으로 자금이 더욱 숨어 들어갈 가능성이 있다. 그러나 현재 우리 금리수준은 추가적으로 시중의 자금들을 빨아들이기는 어려운 상황이다. 회사채 시장까지 과열되고 있는 것을 보면 짐작할 수 있다.

따라서 2차적으로 단기자금시장 및 채권시장으로 숨은 돈들은 다시 뱉어질 가능성이 높다. 이렇게 뱉어진 자금에 대해서는 현금보유, 고금리시장, 디레버리징이라는 3가지 선택지가 있다. 만약 미국 등 선진국 주식시장이 금리 인상에도 불구하고 상승한다면 우리나라도 이 추세를 따라 주식시장으로의 자금 유입이 있을 것이다. 우리나라 역시 아직까지는 시중에 돈 자체가 부족한 상황은 아니기 때문이다. 다만 단기자금시장과 채권시장은 주식시장만큼 급하게 돈을 뱉어내지는 않기 때문에 미국의 금리 인상에 따른 시차적인 충격은 존재할 것이다.

미국 금리 인상 1~2년 후에는 유동성 부족으로 디레버리징에 들어갈 것이다

그러나 미국 금리 인상이 1~2차례 더 진행된 1~2년 이후 시점부터는 시장에 유동성 자체가 부족해지기 시작할 것이다. 이제는 시장 유동성 자체가 부족해지기 때문에 시중의 자금들이 디레버리징을 선택할 가능성이 높다. 즉 부동산 등 현금화하기 어려운 부채자산들에 대한 정리과정이다. 현재 몇 년간 이루어졌다고 알려진 글로벌 디레버리징은 아직 시작도 하지 않은 상황이다. 시장에 유동성 자체가 부족해져 자산들의 디레버리징이 시작된다면 반드시 대피해야 한다. 금리 인상의 효과는 반드시 찾아오기 때문이다. 만약 1~2년이 지나 실제로 유동성이 감소하고 있음에도 불구하고 부동산 등 부채자산들의 가격이 계속 상승한다면 정말 큰일이다. 한 번에 몰아서 매를 맞아야 하는 상황으로 치닫는 징조이기 때문이다.

 11년 만에 금리 인상 사이클에 접어든 미국

2015년 12월 미국 연준(Fed)은 금리를 25bp(0.25%) 인상하며 7년간의 금리 인하 사이클을 종료했다. 과거 1994년 금리 인상기에는 3.00%에서 6.00%까지 6차례에 걸쳐 빠르게 금리를 인상한 결과, S&P지수가 8.9% 하락(코스피지수 11.7% 하락)하고 '채권시장의 대학살'이라는 평을 들을 만큼 주식·채권시장의 충격은 컸다. 또한 이 효과는 신흥국에도 전염되어 1997년 우리나라에서 그 유명한 IMF 사태를 초래했다. 시중의 돈 자체가 급속히 감소했다는 말이다. 현재 상황과 과거의 차이점은 금리 인상의 후폭풍을 피하기 위해 시장이 받아들일 시간을 주려고 한다는 점이다. 그러나 2015년 초부터 연준이 "올해 금리 인상할 겁니다. 진짜 할 거예요. 이제 금리 인상해야 돼요."라고 충분히 신호를 주었는데도 불구하고 시장이 충격을 받았다. 앞으로도 점진적인 금리 인상이 예고되어 있어 시장에 미치는 영향은 계속 누적될 것으로 보인다.

캐리 트레이드를 알면
글로벌 자금의 흐름이 보인다

물이 높은 곳에서 낮은 곳으로 흐르듯, 돈도 이자를 적게 주는 곳에서
많이 주는 곳으로 자연스럽게 흘러간다. 이것이 캐리 트레이드의 본질이다.

당신이 투자를 하기 위해 은행에서 1.0%의 금리로 5억원을 빌렸다고 가
정해보자. 월 이자로 약 42만원을 지급해야 한다. 국내에 투자할 경우 국
고채에서 1.5%, 해외 채권에서는 15%의 수익률이 생길 것으로 기대된
다. 이럴 경우 당신은 투자를 할 것인가? 만약 투자를 한다면 어떤 곳을
선택할 것인가? 대부분의 경우 저금리로 돈을 빌릴 수 있고 대출금리를
초과한 수익이 나온다면 투자를 할 것이다. 그리고 개인의 성향에 따라
최종 투자할 곳을 선택할 것이다.

　글로벌 자금도 이와 같다. 대부분의 주요 선진국은 금리수준이 낮기
때문에 돈을 저렴하게 빌릴 수 있다. 그리고 국내에서 그 수요가 충족되

지 않는다면 해외로 눈을 돌린다. 해외 어디에 투자할 것인지는 그 사람의 성향에 달려 있다.

캐리 트레이드란 무엇인가?

캐리 트레이드carry trade는 금리가 낮은 국가의 통화(엔·유로·달러)를 '빌려' 금리가 높은 국가의 통화(원화 등 신흥국 통화)에 '투자'하는 거래다. 물이 높은 곳에서 낮은 곳으로 가는 것처럼 돈도 금리(이자)가 낮은 곳에서 높은 곳으로 자연스럽게 흐른다. 캐리 트레이드는 이렇듯 금리수준이 낮은 주요 선진국에서 금리수준이 비교적 높은 신흥국으로 흘러 들어간다.

대표적인 캐리는 엔 캐리·유로 캐리·달러 캐리가 있다. 흔히 시장에서는 캐리에 별명을 붙여서 부르기도 하는데, 엔 캐리는 '와타나베 부인', 유로 캐리는 '소피아 부인', 달러 캐리는 '스미스 부인'이라고 부른다. 금리가 거의 제로에 가까워 저축으로는 노후를 준비할 수 없는 일본·유럽·미국의 가정주부들이 금리가 높은 해외 채권이나 주식으로 눈을 돌린다고 해서 붙은 별명이다. 최근에는 중국의 막대한 자금을 바탕으로 위안 캐리(일명 '왕씨 부인')도 부상하고 있다.

· 캐리 트레이드의 거래방식 ·

캐리 트레이드와 글로벌 자금의 역습

글로벌 자금의 주 실체는 글로벌 캐리 자금이라고 말할 수 있다. 앞에서 세계 주요 자금의 이동 경로를 보았듯이 글로벌 캐리의 주체는 미국·유럽·중국·일본이다. 즉 이들 캐리 자금이 우리나라 외인 자금의 실체이며, 핫머니(투기자금)인지 장기적인 투자 목적인지는 그들이 나가봐야 알 수 있다. 캐리 흐름을 짐작할 수 있는 기준은 3가지가 있다. 하나는 미국·유럽·중국·일본의 금리수준이며, 또 하나는 해당 국가의 환율이다. 그리고 마지막은 글로벌 경기흐름이다. 주요국의 금리수준이 높아지면 신흥국 투자의 메리트가 감소해 주요국으로 자금이 다시 돌아가는 원인이 된다.

최근 미국의 금리 인상도 같은 이유로 글로벌 자금의 유출 원인이 된다. 또한 환율이 중요한 것은 캐리의 본질이 해당 국가에서 돈을 빌려와 고금리 국가에 투자하는 것이기 때문이다. 돈을 빌려온 통화의 환율이 강세로 간다는 것은 갚아야 할 돈이 늘어나는 것을 의미하고, 반대로 돈을 빌려온 통화의 환율이 약세로 간다는 것은 갚아야 할 돈이 줄어드는 것을 의미한다. 따라서 최근같이 일본 엔화가 강세로 가는 경우 엔 캐리 자금의 유출 우려가 확대된다. 마지막으로 글로벌 경기흐름이 악화되면 캐리 자금은 신흥국에 대한 투자 우려로 인해 금리수준이나 환율과 관계없이 자금을 빼간다.

캐리 트레이드는 신흥국에 자금이 유입되기 때문에 일반적으로 주식이나 채권의 가격이 상승하는 경향이 있다. 반대로 이들 자금이 빠져나가기 시작하면 뒤처리가 매우 골치 아파지는 경우가 많다. 따라서 신흥국은 캐리 자금의 유·출입에 매우 민감하다.

우리나라의 경우 지난 2014년에는 달러 약세를 바탕으로 달러 캐리 유입이 많았으나, 2015년 이후 일본과 유럽이 저금리를 넘어 마이너스 금리까지 도입함에 따라 엔과 유로 캐리의 유입이 증가했다. 그러나 2016년 들어서 미국의 금리 인상과 일본 엔화의 강세, 유럽계 펀드들의 신흥국 투자 조정이 이어지며 캐리 청산 움직임이 감지되고 있다. 단기적으로 시장의 관심이 모아지는 것은 엔 캐리다. 과거 사례를 보았을 때 엔 캐리의 청산은 유로나 달러 캐리의 청산을 확대시키는 경향이 있기 때문이다.

현재 전 세계 엔 캐리 자금은 약 580조원(약 56조엔)이며, 이 중 우리나라에 유입된 자금은 주식시장 기준으로 0.8%인 4조 9천억원 수준이다. 우리나라 주식시장의 일평균 거래대금이 9조 3천억원인 것을 고려할 때 엔 캐리 자금의 이탈은 부담이 될 수밖에 없다.

자금시장은 그 중요성에 비해 사람들의 관심이 매우 적다. 자금시장은 한국은행의 통화정책과 가장 처음 만나는 시장이며, 금융기관과 기업이 급전을 조달하는 중요한 시장이다. 자금시장이 흔들리면 나머지 채권·주식·외환·파생 시장은 흐물흐물 갈피를 잡지 못한다. 따라서 자금시장은 모든 금융시장의 기본이 되는 시장이라 할 수 있다. 자금시장이라는 금융시장의 뿌리가 깊고 단단하게 중심을 잡아야 각각의 금융시장이 마음 놓고 자기 역할을 해나갈 수 있다.

· 3일차 ·

자금시장이 아프면
금융시장은 숨 쉴 수 없다

단기자금시장은
금융시장의 뿌리다

뿌리가 깊게 내려져야 비바람에 나무가 넘어지지 않는다.
자금시장은 통화정책과 금융시장이 가장 처음 만나는 금융시장의 뿌리다.

우리가 단기적으로 급전이 필요한 상황이 오면 일단 친구들이나 지인을 먼저 찾게 된다. 그런데 돈을 빌리는 상대방에게 "내가 급하게 필요해서 그런데 한 달만 빌려주라."라고 하지, "내가 급하게 필요해서 그런데 3년만 빌려주라."라고 하지는 않는다.

이와 비슷하게 금융기관이나 기업들 간에도 급전이 필요하면 자금시장을 통한다. 드라마를 보면 돌아오는 어음을 막지 못해 부도가 난 주인공의 이야기를 자주 접할 수 있다. 급전을 구하지 못한 것이다. 급전을 구하지 못하면 그 뒤에 아무리 돈을 많이 벌 수 있는 기회가 있어도 아무런 의미가 없다.

자금시장이란 무엇인가?

　　　자금시장은 재미도 없고(정말 재미가 없다!) 주식시장처럼 자극적이지도 않다. 왜냐하면 금융시장이라는 나무를 지탱하기 위한 땅속에 자리 잡은 뿌리이기 때문이다. 나무를 실제로 캐보면 뿌리의 깊이에 놀랄 것이다. 자금시장도 그렇다. 잔액기준으로 주식시장 전체 잔액의 4배 수준이다. 자금시장은 급전이 필요한 경제주체들의 고민을 해결해주고, 중앙은행의 통화정책이 처음으로 만나는 시장이다. 자금시장이 뿌리를 제대로 내리지 않고 엉키게 되면 전체적인 통화정책의 운영이 어려워져 '금융시장의 줄기'가 흔들릴 수 있다.

　자금시장은 금융시장에서 급전을 위한 시장이며 흔히 '단기자금시장'이라고 불린다. 딜링룸(매매 담당 부서가 위치한 곳)에서는 '머니마켓money

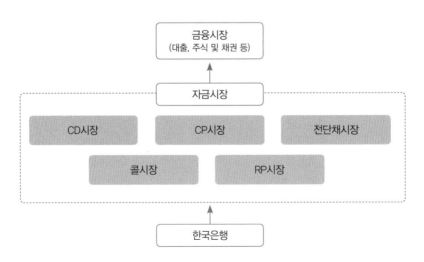

· 자금시장의 구조 ·

market'이라고 부른다. 자금시장이라는 말 자체가 단기라는 의미를 품고 있으나, 이를 조금 더 강조해 '단기'를 앞에 붙여 사용한다.

이러한 자금시장은 콜 call · RP(환매조건부매매) · CD(양도성예금증서) · CP(기업어음) · 전자단기사채(이하 전단채) 시장으로 이루어진다. 콜 · RP · CD는 은행 등 금융기관 중심의 시장이며, 기업어음 · 전단채는 비금융기관 중심의 시장이다. 전체 자금시장에서의 비중은 기업어음과 전단채가 70.5%를 차지하지만, 사실상 자금시장을 이끌어가는 것은 콜 · RP · CD 시장이라고 보아도 무방하다.

콜시장: 응답하라, 자금시장!

콜은 부르면 대답한다는 의미로, 콜시장은 금융기관 상호 간에 자금 과부족을 조절하기 위해 '초단기'로 자금을 차입하거나 대여하는 시장이다. 콜은 전체 거래의 98.5%가 한국자금중개 · 서울외국환중개 · KIDB중개 등 3개 자금중개기관을 통해 거래되는, 완벽한 기관 중심의 시장이다. 자금시장의 전체 비중에서 8.2%를 차지하는 작은 시장이지만, 콜금리는 2008년 초까지 우리나라의 기준금리였으며 통화정책 파급에 여전히 중요한 역할을 한다. 콜금리가 상승하면 예금금리와 대출금리도 바로 상승하기 때문에 가계에도 직접적인 영향을 줄 수밖에 없다. 한국은행은 공개시장 운영과 여수신제도(1일차 내용 참고)를 통해 콜금리가 기준금리 수준에서 벗어나지 않도록 조절한다.

콜금리는 네이버에서 '콜금리'라고 검색하면 쉽게 찾아볼 수 있다. 콜금리는 기준금리와 비교해가면서 보아야 한다. 예를 들어 기준금리가

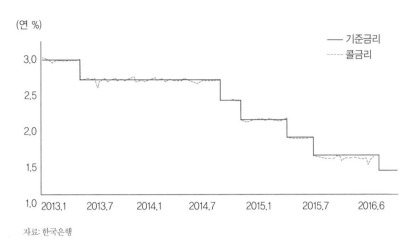

• 콜금리와 기준금리 •

(연 %)

━━ 기준금리
------ 콜금리

자료: 한국은행

1.25%인데 콜금리는 2.0%라면 자금시장에 문제가 발생했다는 의미다. 이러한 괴리가 지속되는 것은 시장에 급전이 말라가고 있다는 증거이기 때문에 시장에 매우 부정적인 영향을 준다. 단적인 예로 2008년 글로벌 금융위기 전에도 미국의 단기금리가 급등하는 등 경계경보를 지속적으로 울렸었다. 상단에 있는 그림에서 볼 수 있듯이 현재 우리나라는 기준금리와 콜금리가 거의 동일하게 움직인다. 콜시장의 기능이 정상적으로 작동되고 있다는 의미다.

현재 콜시장은 정부가 자금시장의 '콜시장 편중'을 막기 위해 콜시장에 증권사 참여를 제한함에 따라 과거에 비해 비중이 크게 축소되었다. 콜시장은 무담보 거래가 주를 이루는데, 글로벌 금융위기 이후 증권사 등의 리스크 관리에 문제점이 드러났기 때문이다. 따라서 콜시장의 자금시장에서 비중감소는 단순한 거래규모보다는 안정성을 더욱 확충했다고 보는 것이 적절할 것이다. 콜시장의 내실은 과거에 비해 더욱 좋아졌다고 볼 수 있다. 그러나 은행처럼 예금을 예치할 수 있는 수신기능이 강하지 않은 증권사 등의 경우 콜시장 참여 제한이 큰 문제로 발생했다. 콜시장 외에도 단기적으로 자금을 끌어다 쓸 곳이 많기 때문이다.

금융시장에 대해 조금 이해하는 사람은 간혹 파생결합상품(ELS나 DLS 등)을 판매해서 '투자금'을 받으면 되는 것 아닌가 생각할 수도 있다. 그러나 증권사의 경우 'NCR(영업용 순자본 비율)'이라는 재무건전성 기준이 있기 때문에 무한정 발행할 수 없다. 이에 따라 새롭게 떠오른 시장이 RP와 전단채 시장이다. 정리하자면 콜시장은 증권사 등의 참여 제한으로 과거에 비해 규모는 크게 감소했지만, 자금시장 중 가장 '급한 돈'을 처리하는 만큼 단순한 거래규모보다는 '안정성'이 더 중요한 시장이며, 현재 콜시장은 정상적으로 작동하고 있다고 볼 수 있다.

 **콜머니와 콜론**

콜은 콜자금을 빌려주는 쪽(대부자)의 입장에서 '콜론call loan'이라고 부르고, 빌리는 쪽(차입자)의 입장에서는 '콜머니call money'라고 한다. 콜시장에 참여하는 기관 중에서 콜자금은 은행·신탁·자산운용사에 의해 주로 공급된다. 이들은 예금이나 펀드자금 등을 수신할 수 있기 때문에 돈이 남는 곳이다. 반면 주요 차입기관은 외국은행 국내지점 및 증권사 등이다. 이들은 국내 은행이나 자산운용사처럼 돈을 예치받을 수 있는 수신기능이 떨어지기 때문에 단기적으로 운용할 수 있는 돈이 부족하다. 우리가 은행에 맡긴 예금이나 자산운용사에 맡긴 펀드 투자금 중 일부분이 콜론으로 외국은행 국내지점이나 증권사 등에 대여된다.

우리나라의 기준금리인 RP금리에 대해 알아보자

우리 금융시장에 있는 모든 금리는 RP금리를 기준으로 형성된다.
RP시장을 알면 금융시장의 유동성(돈)이 어떻게 조절되는지 알 수 있다.

RP는 repurchase agreement의 약자로 '환매조건부매매' 또는 '레포'라고 부른다. Repurchase는 '다시 사다', agreement는 '계약·협정'의 뜻으로, 즉 일정 기간이 경과한 후에 정해진 가격으로 다시 사거나 팔 수 있는 상품이다. 만약 한국은행이 RP를 A은행에 100억원에 매도했다면, 1주일 후 한국은행은 A은행에 100억원을 주고 정해진 금리(이자)를 더해서 RP를 다시 받는다. 이는 1일차 뒷부분에서 다룬 '공개시장 운영'에 해당한다.

기준금리의 역할은 무엇인가?

　　우리가 인터넷이나 기사에서 자주 접하는 기준금리는 한국
은행의 RP금리를 말한다. 한국은행 RP(또는 한은 RP)라고 하면 매우 생
소할 텐데, 호랑이를 학명으로 'Panthera tigris'라고 부르는 것처럼 기
준금리의 학명이라고 생각하면 된다. RP라고 하면 특정한 상품으로 생
각하는 경우가 많다. 그러나 RP는 국채 · 정부보증채 · 통안증권을 모두
포함하며, 이를 RP의 대상증권이라고 한다. 다만 정부가 보증하지 않는
채권은 이에 해당하지 않는다. 4일차에 나오는 한국판 양적완화 부분과
연계해서 보면 도움이 될 것이다. 현재 이슈가 되는 것 중 하나가 바로
이 RP 대상증권에 산업금융채권(이하 산금채) 등 국책은행 채권을 포함
하는 것이기 때문이다.

　　한편 한국은행은 이 RP를 공개시장 운영의 수단으로 사용하고 있다.
참고로 미국 · 영국 등 주요 선진국에서도 RP를 통해 시장의 단기 유동

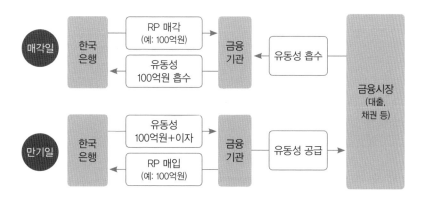

• RP 매각의 유동성 조절 효과 •

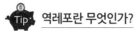

역레포란 무엇인가?

역레포reverse repo(역RP)는 중앙은행이 금융기관 등으로부터 국고채 등을 매입해 시장에 유동성을 공급하는 것을 말한다. 즉 시장에 자금의 숨통을 터주기 위해 한국은행이 돈을 내주는 것이다. RP와 역레포 모두 시장의 유동성을 단기적으로 조절하기 위한 거래다.

성을 조절하고 있다. 한국은행 금융통화위원회는 매월 물가와 경제상황, 시장여건 등을 고려해 기준금리를 결정한다. 이렇게 결정된 RP금리(기준금리)는 콜·CD·채권 등 장·단기 시장금리와 예금·대출 금리 등 금리시장에 즉각적으로 영향을 미치며 궁극적으로는 실물경제와 물가에 영향을 준다.

간혹 단기적으로 하는 유동성 조절이 금융시장에 어떤 효과가 있는지 물어보는 경우가 있다. 이는 사격을 예로 들자면 먼 거리에 있는 표적지를 맞추려고 할 때 조금만 조준이 잘못되어도 표적지가 맞지 않는 것과 같은 원리다. 통화정책은 자금시장부터 실물경제에 이르는 먼 길을 향해 해야 하기 때문에 단기적인 유동성 조절이 잘못되면 실물경제에 가서는 엉뚱한 효과가 나타날 수 있다.

RP 거래는 콜시장에서 조금 더 나아가 자금시장과 채권시장을 연결하는 기능을 가지고 있다. 급전의 대차 및 대여와 채권매매라는 특성이 모두 있기 때문이다. RP시장이 활성화되면 중앙은행의 통화정책 효과가 단기금융시장에서 채권시장으로 원활하게 파급되면서 정책의 효율성이 높아지게 된다.

RP시장은 한국은행 RP와 기관 RP시장으로 구분된다

한국은행 RP시장: 한국은행·금융기관의 시장

RP시장은 매우 생소하기 때문에 136쪽 상단에 있는 도표를 통해 RP 시장의 구조를 먼저 살펴보고 다음 주제로 넘어가는 것이 좋다. 한국은행 RP시장은 금융통화위원회 일정에 맞추어 보통 매주 목요일에 정기적으로 열린다. RP 거래시 한국은행이 선정한 국채전문딜러가 참여하는데, '프라이머리 딜러Primary Dealer, PD'라고 불리는 국채전문딜러는 국채 발행시장과 유통시장에서 중요한 역할을 한다. 시장에서는 '시장조성market making'이라고 표현하는데, 국채시장의 활성화를 위해 도입한 제도이기 때문이다. 쉽게 생각하면 블로그를 활성화시키고자 할 때 이웃들이 댓글도 달아주고 공감도 해주어야 하는 것과 같다. 국채전문딜러들이 있기 때문에 RP의 정책 효율성이 높아진다.

이러한 국채전문딜러는 발행물량의 10% 이상 인수, 가격 제시, 유통

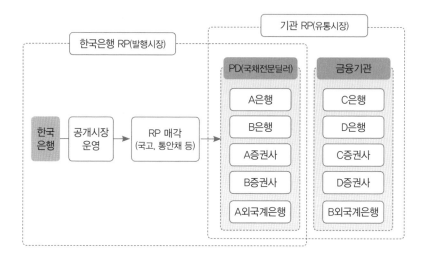

과 보유 의무 등이 있는데, 해당 금융기관 입장에서는 다소 부담이 될 수 있다. 따라서 이에 대한 보상으로 국고채 비경쟁 인수권한 등의 혜택을 받게 된다. RP시장은 기준금리가 파급되는 시장이기 때문에 한국은행은 국채전문딜러들을 상당히 신중하게 선택한다. 현재 기업은행, 크레디아그리콜(CA-CIB, 프랑스의 은행), 대신증권, 신한금융투자, 현대증권 등약 30개 은행과 증권사가 RP 매각에 참여하고 있다.

기관 RP시장: 개인도 간접적으로 참여 가능한 시장

한국은행 RP 외에도 기관 RP시장이 있다. CMA계좌에 가입하기 위해 증권사에 방문하면 "RP형, MMF형을 선택하세요."라는 말을 들어본 경험이 있을 것이다. 증권사에서 말하는 RP는 기관 RP를 말한다. 기관 RP는 금융기관 간 또는 금융기관과 일반 고객 간에 거래되는 RP다. 기관 RP 역시 기준이 되는 금리는 기준금리(한국은행 RP금리)다. 다만 기관 RP는 국채와 통안채 이외에 우량 회사채(A등급 이상)를 담을 수 있어 조금 더 공격적인 투자가 가능하다.

기관 RP는 장외나 장내(거래소)에서 거래된다. 장내거래에는 거래소 회원사(증권사)와 은행이 참여하는데, 쉽게 생각하면 주식 거래를 할 때 HTS상에서 거래하는 것과 같다. 다만 일반투자자는 직접 거래할 수는 없고, MMF나 CMA 등의 간접상품을 통해 참여할 수 있다. 이렇게 개인이 증권사 등에서 가입하는 RP는 수시 RP로 구분한다.

수시 RP는 수시입출금이 가능하고, 정기예금보다 상대적으로 높은 금리를 지급받을 수 있다는 장점이 있다. 한국은행 RP보다는 개인에게 조금 더 다가간 RP라고 생각해도 될 것 같다. 현재 기관 RP시장은 콜시장의 2.2배 수준으로 성장할 만큼 빠르게 콜시장을 대체해가고 있다. 콜시장의 참여가 제한된 증권사 등이 단기자금을 조달할 곳을 찾아 흘러 나왔기 때문이다.

CD금리는
금리시장의 주요 벤치마크다

CD금리는 변동금리의 기준금리로 활용되는 중요한 금리다.
그러나 사기업인 은행에 의해 결정되는 금리라는 한계가 있다.

앞서 다룬 콜이나 RP와 다르게 CD(양도성예금증서)는 많은 사람들이 알고 있을 것으로 생각된다. 양도성예금증서는 쉽게 말해 은행 정기예금에 무기명 양도성을 부여한 금융상품이다. 금융기관과 일반고객의 변동금리 기준은 현재 코픽스로 거의 대체되었다. 그러나 CD금리는 금융기관 간 변동금리의 기준금리이기 때문에 그 중요성을 여러 번 강조해도 지나치지 않다. 일반투자자에게는 다른 영역에 있는 금리라고 생각되기 쉽지만, CD금리는 금융기관의 자금 조달 및 금리관리에 핵심적인 역할을 한다. 따라서 CD금리의 변동은 일반투자자에게 제공되는 각종 금융상품의 수익률에 영향을 미친다.

CD란 무엇인가?

CD, 즉 양도성예금증서가 단기자금시장에서 차지하는 비중은 3.5%로 높지는 않다. 그러나 변동금리의 기준이 된다는 것은 자금시장뿐 아니라 7일차 파생시장에까지 영향을 미친다는 것을 의미한다. 모든 금융시장은 이자율로 작동되기 때문이다(1일차 내용 참고).

양도성예금증서는 은행이 단기자금 운용을 위해 발행하는 증서이며, 하루에 2번(12시·16시) 시중은행의 이자율을 통보받아 금융투자협회가 고시한다. 양도성예금증서는 액면금액에서 이자만큼 차감한 금액으로 매입하는 할인방식으로 발행된다. 예를 들어 양도성예금증서의 약정이자율이 1.0%라면, 액면 1천만원짜리 양도성예금증서를 990만원에 사와서 만기 때 액면금액인 1천만원을 받는 구조다.

이러한 양도성예금증서는 드라마에서도 종종 볼 수 있다. 부잣집이나 기업의 금고에 들어 있는 종이로 된 증서가 바로 양도성예금증서다. 그런데 위변조 위험이나 도난 사고가 많아 2006년 6월부터 금융기관을 대상으로 발행되는 양도성예금증서는 실물로 교부하지 않는다. 그러나 개인의 경우에는 실물로 교부하기 때문에 반드시 권리의 이전과 행사를

· CD 발행 구조 ·

위해서는 증권의 소지가 필수다. 다만 예금자보호 대상이 아니므로 발행 은행이 부도가 나면 대금을 받기 쉽지 않다. 은행이 부도나면 그냥 액자에 넣어두는 수밖에 없다.

 양도성예금증서는 어떻게 생겼을까?

양도성예금증서는 아래 그림과 같은 모습이다. 혹시 집 정리할 때 앨범 사이에서 나올 수도 있으니 잘 살펴보기를 바란다. 양도성예금증서는 골동품이나 땅문서보다 더 좋을 수도 있다. 바로 현금화할 수 있기 때문이다. 양도성예금증서는 최초 매입할 때 대금을 지급했으므로 만기 이후에 해당 은행을 방문해 영수증을 쓰고 액면금액을 받아오면 된다.

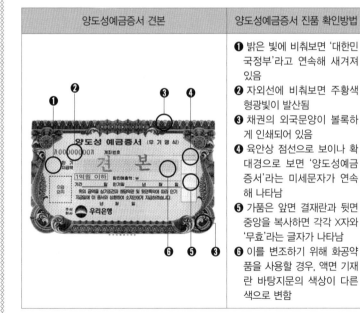

양도성예금증서 견본	양도성예금증서 진품 확인방법
	❶ 밝은 빛에 비춰보면 '대한민국정부'라고 연속해 새겨져 있음 ❷ 자외선에 비춰보면 주황색 형광빛이 발산됨 ❸ 채권의 외국문양이 볼록하게 인쇄되어 있음 ❹ 육안상 점선으로 보이나 확대경으로 보면 '양도성예금증서'라는 미세문자가 연속해 나타남 ❺ 가품은 앞면 결재란과 뒷면 중앙을 복사하면 각각 X자와 '무효'라는 글자가 나타남 ❻ 이를 변조하기 위해 화공약품을 사용할 경우, 액면 기재란 바탕지문의 색상이 다른 색으로 변함

자료: 우리은행

CD금리의 한계

한편 양도성예금증서는 사기업인 은행이 발행하는 증서이다
보니 발행상황에 따라 콜·RP·통안증권 금리 등과 괴리가 발생한다. 콜
금리와 마찬가지로 CD금리 역시 괴리율이 커지는 현상은 좋지 않다. 중
앙은행의 통화정책과 금융기관이 보유한 변동금리 자산에 문제가 발생
하기 때문이다. 지난 2010년에도 은행들의 CD금리 담합으로 은행이 약
4조 1천억원 규모의 추가 이익을 얻은 사례도 있었다. 자금시장에서 차
지하는 비중이 3.5%밖에 되지 않는 것을 고려했을 때, 그 파급력은 다소
과한 면이 있다.

참고로 2010년 코픽스가 도입되기 전까지는 은행에서 주택자금대출
을 받을 때 양도성예금증서의 금리(91일물 기준)를 활용했다. 그러나 여
전히 금융기관 간 변동금리의 기준은 CD금리이기 때문에, 이를 변동금
리의 기준으로 삼는 것이 적절한지에 대한 논의가 지속되고 있다.

현재 변동금리의 기준을 CD금리에서 RP금리나 코픽스금리로 바꾸는

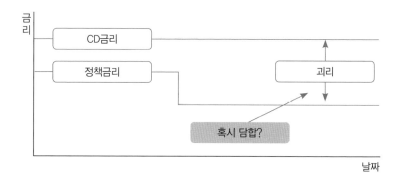

· CD금리와 시장금리의 괴리 ·

것에 대한 논의가 있는데 아직까지 시장의 관행을 바꾸기는 역부족이다. 금융기관의 변동금리 기준을 CD금리에서 다른 단기금리로 바꾸려면 모든 자금관리시스템을 수정해야 하고, 시장의 돈줄을 쥐고 있는 은행부터 나서야 되는데 이게 말처럼 쉽지 않다. 시장의 관행을 바꾸는 것은 그 효과와 다르게 매우 어려운 일이다. 그러나 금융기관과 금융당국 또는 금융기관과 고객 간의 불필요한 갈등을 조성할 수 있기 때문에 제도의 개선은 필요하다.

기업의 숨통을 트이게 하는
기업어음과 전자단기사채

기업들은 콜·RP·CD를 통해 급전을 조달할 수 없다.
기업어음과 전단채가 없었다면 많은 기업들은 단기 자금난에 허덕였을 것이다.

콜·RP·CD는 금융기관, 특히 은행 중심의 시장이다. 은행 등 금융기관은 급전이 필요하면 콜·RP·CD를 통해 급전을 조달할 수 있다. 그러나 기업은 콜·RP·CD를 통해 급전을 조달할 수는 없다. 따라서 기업은 급전이 필요한 경우 금융기관에서 대출을 받아야 한다. 다만 우량기업은 기업어음(CP) 또는 전자단기사채(이하 전단채)를 발행해 급전을 조달할 수 있다. 우량기업의 신용은 시장에서 믿어주겠다는 의미다.

한편 기업어음과 전단채가 '시장금리+α'를 노리는 투자자들에게 매력적인 상품이기는 하지만, 기업어음과 전단채 투자는 '기업의 신용위험'을 잘 살펴보아야 한다.

기업어음, 기업의 신용위험을 잘 살펴야 한다

기업어음은 은행 예금금리보다 0.5~1.5% 이상 높은 금리를 제공하기 때문에 선호하는 투자자들이 제법 많다. 기업어음은 우량기업이 기업운전자금 등 단기자금을 조달하기 위해 발행하는 종이 형태의 어음이다.

기업어음은 통상적으로 발행 기업이 증권사를 통해 할인(액면금액에서 이자를 차감하는 RP · CD와 같은 방식)을 받아 발행한다. 이후 약간의 수수료를 붙여 고객에게 판매한다. 신용평가기관으로부터 'B등급 이상'의 신용등급을 받은 기업만 발행할 수 있는데, 시장에서는 주로 'A3등급 이상'만 거래된다. 두산인프라코어와 한라그룹 정도가 A3등급 수준이라고 보면 된다. 이 정도 기업이면 규모가 큰 중견기업 이상 수준이기 때문에 사실상 중소기업은 발행이 어렵다. 중소기업들이 만성적인 자금난에 쫓길 수밖에 없는 이유다.

2016년 초 한진해운은 기업어음 등급이 B에서 C등급으로 하락했다. 이렇게 되면 시장에서는 거래가 되지 않아서 한진해운의 경우 급전을 조달할 길이 하나 막힌 셈이다. 단기 자금줄이 막혔다는 것은 기업으로서는 매우 치명적이기 때문에 채권 · 주식시장에서도 좋은 대우를 받기 어렵다. 따라서 기업의 단기 자금줄이 막힌 상황에서 막연한 기대로 이들 기업의 채권이나 주식을 거래하면 좋은 결과를 얻기 힘들다.

기업어음에서 동양그룹 기업어음 이야기를 하지 않고 넘어갈 수 없다. 2013년 동양증권(현 유안타증권)은 법정관리 1주일 전까지 기업어음과 ABCP(자산담보부 기업어음)를 판매했다. 이는 대놓고 사기를 친 것과 같다. 기업이 법정관리에 들어가면 기업어음은 휴지 조각이 된다. 언론 보

도에 따르면 그룹 회장을 비롯한 고위 임원들은 직원들을 모아놓고 무조건 판매하라며 독려했다고 전해진다. 당시 여의도는 투자자들의 고성과 한숨, 눈물이 넘치는 원산 부두 같았다. 참고로 자금경색에 시달렸던 동양그룹의 회사채는 BB+등급 이하의 투자부적격 신용등급을 받은 터라 기관투자자들은 쳐다보지도 않았다.

그런데 이 기업어음은 이사회도 불필요한 데다 개인을 상대로 고금리로 유혹하기에 아주 제격이다. 당시 동양그룹은 기업어음을 팔아 카드 돌려막기를 한 것과 같다. 7~8% 금리를 준다는 말에 많은 투자자들이 혹해서 넘어갔다. 그럼에도 불구하고 2015년 10월 전 동양그룹 회장에 대한 최종 판결은 '역시나'라는 생각이 든다. 이렇게 대놓고 사기를 치고, 또 몇몇을 죽음으로 내몬 대기업 총수에게 법원은 7년 형을 내렸다. 경제사범에게 관대한 우리나라다.

최근 은행권을 중심으로 다시 부실 건설사에 대한 기업어음 발행 움직임이 있었는데, 우리나라 대표 은행 중 2곳이 각각 다른 행보를 보이고 있어 눈길을 끌었다(기업명은 문제가 될 수 있으므로 익명으로 처리했다). ○○은행은 고액자산가 대상으로 발행을 독려했고, △△은행은 개별 PB들에게 건설사 기업어음 판매를 자제하라고 주문했다. 기업어음은 판매마진이 높기 때문에 은행 입장에서는 달콤한 유혹일 수는 있겠지만,

투자자 보호라는 측면에서는 어느 쪽이 옳은 방향인지 쉽게 짐작할 수
있을 것이다.

전자단기사채, 기업어음의 새로운 대안

전단채는 기업어음과 같은 기능을 한다. 그러나 기업어음의
위변조 및 분실 위험과, 증권사의 무담보 콜시장 편중 현상을 보완하기
위해 2013년 1월에 도입된 1년 미만의 단기채권이다. 전단채는 매우 생
소할 텐데, 참고로 일본의 경우 2001년 전단채 도입 이후 5년 만에 기업
어음 시장을 거의 대체했다.

· 기업어음과 전단채 ·

구분	비교	기업어음	전단채
공통점	만기	1년 이내	
	최소금액	1억원 이상	
	상환방식	전액 일시 납입	
	담보설정	금지	
차이점	발행방식	종이	전산
	분할유통	불가능	가능
	유통정보	제한적 공개	실시간 조회
	발행내역	의무 없음	완전 공개
	발행한도	제한 없음	이사회 의결

기업어음과의 가장 큰 차이점은 전단채는 종이가 아닌 전자로 발행·유통되며, 예탁결제원에 공시되기 때문에 매우 투명하다는 점이다. 전단채도 기업어음과 마찬가지로 신용등급 중 A3등급 이상의 우량등급만 거래가 된다. 우리나라의 경우도 전단채시장이 빠르게 기업어음과 증권사의 단기 자금줄을 대체하고 있다.

그러나 전단채 역시 기업어음만큼 리스크가 적지 않다. 예금자 보호가 되지 않기 때문이다. 특히 부동산PF(부동산 개발사업에 투자해 사업성과에 따라 수익금을 지급) 등과 관련한 전단채는 5~8%의 고금리로 고객을 유혹하고 있으나, 부동산시장이 불황에 빠지면 언제든지 탈이 날 수 있다. 따라서 만약 투자를 하겠다면 최소한 증권사의 매입약정(만기시 증권사의 매입약속) 조건과 중도환매 조건을 반드시 확인해야 한다.

개인적인 판단으로는 A3등급 이하의 부동산PF 관련 전단채 투자는 신중하게 결정해야 한다. 부동산개발은 경기상황과 정책의 영향을 매우 많이 받기 때문이다. 대학성적이 전부 A라고 그 학생의 성실성까지 보장해주지 않는 것처럼, 'A등급'이라는 사실이 원금을 절대적으로 보장해주는 것은 아니다.

저금리와 경기둔화,
자금시장은 현재 비만 상태다

글로벌 저금리 기조와 경기둔화에 겁을 먹은 돈은
금융시장의 뿌리로 숨어 시중에 돈이 돌지 않고 있다.

글로벌 저금리 기조와 경기둔화로 인해 시중에 있는 돈이 속속들이 자
금시장으로 몰려들고 있다. 경기 불확실성에 단기 투자자금들이 자금시
장이라는 금융시장의 뿌리로 숨고 있는 것이다. 돈은 겁이 많아서 두려
움을 느끼면 금융시장 깊숙이 숨어버린다. 돈이 숨어버리니 당연히 시중
에 돈이 돌지 않는다. 이것이 현재 자금시장의 상태다.

　자금시장의 전체적인 규모는 주로 은행 저축성예금·MMF(머니마켓
펀드)·CMA(종합자산관리계좌)를 통해 확인할 수 있다. 시중의 자금들은
이곳으로 모여 자금시장의 각 상품들에 뿌려지기 때문이다.

겁을 먹은 돈은 예금·MMF·CMA로 숨는다

　　　　자금시장이 돈을 땅에서 빨아들여 올리는 것이 아니라, 줄기에 있는 돈을 빨아내려고 비만 상태가 되면 시장에 '돈맥경화'가 온다. 지난 2010년 약 24배였던 통화승수는 2016년 1분기 기준으로 16.86배까지 떨어졌다. 1996년 이후 20년 만에 가장 낮은 수치다. 최근 몇 년간 한국은행이 기준금리 인하를 통해 돈을 많이 풀었음에도 불구하고, 실제로 시중에 돈이 제대로 돌지 않고 있는 이유다. 신용창조(1일차 참고)가 잘 이루어지지 않고 있다고 보면 된다.

　　돈이 자금시장에서 실물경제로 뿌려져야 투자·고용·소비가 활성화되는데, 땅으로만 숨고 나오지 않으면 경기상황이 개선되는 데 상당한 제한이 있다. 현재 상황은 한국은행의 돈도 자금시장이 흡수하고, 시중의 돈도 자금시장이 흡수한다고 보면 된다.

단기자금의 피난처가 된 은행 예금

　　2016년을 기점으로 저축성예금 잔액은 1천조원을 돌파했다. 2013년 690조원이었던 것을 고려하면 3년 사이 30% 이상 증가한 수치다. 인플레이션을 고려하면 은행 예금은 오히려 돈을 잃는 수단이다. 그러나 조금 잃는 것이 다른 곳에 투자했다가 크게 잃는 것보다는 낫다고 시장은 판단하고 있는 듯하다.

　　이러한 추세는 미국의 금리 인상 이후 자산의 재선택이나 경기회복세가 가시적으로 들어오기 전까지 지속될 것으로 보인다. 기업의 경우 일반적으로 은행과 협의를 통해 우대금리를 적용받기 때문에 단기자금은 은행에 예치하지만, 현재 추세는 은행 입장에서도 다른 곳에 돈을 굴릴

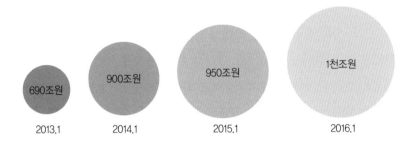

• 저축성 예금 추이 •

690조원 2013.1
900조원 2014.1
950조원 2015.1
1천조원 2016.1

대안이 마땅치 않기 때문에 밀려들어오는 자금이 마냥 반갑지는 않을 것이다.

대출이 활성화되면 그나마 가산금리를 붙여 수익을 낼 수 있기 때문에 들어온 자금이 유용하게 사용될 수 있다. 그러나 2016년 들어 부동산 대출 규제 및 경기둔화에 따른 신용위험 증가로 대출 규모를 최대한 억제하고 있기 때문에 밀려 들어오는 돈을 운용하기가 수월한 상황은 아니다. 따라서 고객의 입장에서도 자금이 묶이게 되며, 은행 입장에서도 달갑지만은 않은 손님이다.

단기금리에 영향을 미치는 MMF와 CMA

예금과 더불어 대표적인 단기자금의 피난처로 MMF와 CMA가 있다. 이 2가지 상품은 개인들에게도 친숙한 상품이기 때문에 한번 살펴보고 넘어가겠다.

먼저 MMF(Money Market Fund)는 고객들의 자금을 모아 만기 1년 미만의 콜·RP·CD·국채·기업어음 등에 투자하는 초단기 펀드다. MMF는 '펀드'에 해당하기 때문에 중간에 돈을 뺄 경우 중도환매 수수료가

종류	RP형	MMF형	MMW형	종금형
투자방식	국공채, 우량회사채 등 (136쪽 기관 RP 참고)	자산운용사에 위탁해 국공채, CD, CP, 전단채 등에 투자	한국증권금융에 예치해 예수금이나 콜론으로 운영	수익증권, CD, CP, 전단채 등에 투자
특징	약정된 수익률을 기간에 따라 차등지급	금리 하락기에 유리	매일 원금과 수익금 정산, 복리효과	예금자 보호
수익률	확정금리 지급	실적배당	실적배당	실적배당

발생하며, 운용성과에 따라 오히려 CMA나 은행 예금보다 낮은 이자를 받을 수도 있다.

반면 CMA(종합자산관리계좌)는 흔히 접하는 통장에 가까운 개념이다. CMA는 은행 예금 수준의 금리를 지급하면서 급여이체나 공과금 납부 등 은행서비스를 이용할 수 있는 통장이다. 따라서 펀드인 MMF는 '환매'의 개념이 적용되고, 통장인 CMA는 '인출'의 개념이 적용된다. 또한 주식투자를 병행한다면 CMA에서 바로 주식계좌로 이체도 가능해 주식투자와 연계해 사용할 수 있다.

일반적으로 MMF는 1년 미만의 단기자금을 은행 예금 수준의 이자를 받으며 초과 수익을 기대하는 경우 활용하며, CMA는 은행 예금 수준의 이자를 받으며 체크카드처럼 사용하는 용도로 사용한다. 따라서 일반 소비자 입장에서 단기적인 여유자금이나 소득을 관리하고자 한다면 CMA를 선택하는 것이 편리하다.

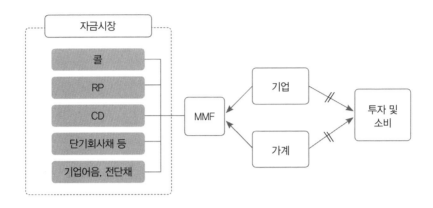

최근 몇 년 사이 MMF와 CMA로 시중의 돈이 밀려들어오고 있다. 시중의 유동성이 감소하게 되니 자연스럽게 '돈맥경화' 현상이 발생한다. MMF와 CMA의 잔액은 최근 3년 사이 각각 41.6%, 10.4% 증가했다. MMF와 CMA에 유입된 돈은 자금시장의 콜·RP·CD·기업어음·전단채를 비롯해 회사채·국고채 등에 투자되기 때문에 자금시장의 금리를 지속적으로 하방(금리 하락)으로 자극하고 있는 상황이다. 자금시장에 돈이 지속적으로 유입된다는 것은 자금시장 금리가 낮아지는 것을 의미하기 때문이다.

단기금리가 지속적으로 낮아지면 수익성이 낮아지기 때문에 자금운용을 통해 수익을 내는 은행과 보험사들에 부정적인 영향을 준다. 이는 결과적으로 다시 고객에게 전가될 수 있어(예: 예대마진 확대) 악순환의 구조를 가지게 된다. 또한 지나친 단기금리의 하락은 필연적으로 고금리 부실자산에 투자되는 자금을 증가시켜 시장위험이 커지는 부작용도 나타난다.

최근 개인종합자산관리계좌(ISA) 출시로 자금시장에 쏠린 돈이 다양한 상품으로 이동할 것으로 기대했으나, ISA에 대한 소비자들의 관망이 지속되며 그 효과는 미미하다. 지난 2009년에도 비슷한 상황이 지속되었는데, 현재 금리수준을 고려할 때 단기자금시장으로의 지속적인 유입은 쉽지 않아 보인다. 그러나 결과적으로는 시장 스스로 경기가 회복되었다고 판단되어야만 자금시장의 비만 상태가 해소될 것이다.

자금시장과 채권시장은 밀접하게 연관되어 있다. 자금시장이 단기채권을 담보로 1년 미만의 급전을 조달한다면, 채권시장은 1년 이상의 중·장기 채권을 담보로 장기자금을 조달한다. 경제생활을 하는 정부·한국은행·금융기관·기업·가계 등 모든 주체는 채권시장을 통해 조달한 장기자금으로 안정적인 소비·고용·투자를 한다. 따라서 채권시장은 금융시장의 지구력과 맞닿아 있다. 채권시장이 건강하면 경제가 튼튼해져 감기 몸살 정도는 이겨낼수 있다. 그러나 채권시장이 건강하지 못하면 경제의 면역력이 약해져 작은 감기 몸살에도 몸이 아파 자금·주식·외환·파생 시장에 악영향을 준다.

채권시장,
금융시장의 지구력을 길러준다

채권시장은
금융시장의 줄기다

자금시장이라는 뿌리는 물을 머금어 채권시장이라는 줄기로 물을 보낸다.
채권시장은 이어 금융시장 곳곳에 물을 보내 꽃을 피우고 열매를 맺게 한다.

채권시장은 자금시장만큼이나 재미가 없다. 기관이나 고액자산가가 아니고서는 사실 채권을 접할 일이 많지 않기 때문이다. 통장잔고가 5천만 원도 되지 않는 우리네 서민들의 입장에서는 다른 세상 이야기 같기도 하다. 그럼에도 불구하고 채권시장에 대해 알아두어야 하는 이유는 채권시장이 자금시장과 실물경제를 이어주는 중요한 시장이기 때문이다. 자금시장이라는 금융시장의 뿌리가 올려 보낸 물을 채권시장이라는 금융시장의 줄기가 받아서 나무 곳곳에 보내준다. 따라서 채권시장이 약해져 나무줄기가 시들시들해지면 꽃도 제대로 피지 않고, 열매도 탐스럽게 열리지 않게 된다.

채권시장이란 무엇인가?

채권은 투자자에게 일정한 이자가 지급된다는 점에서 '고정소득증권fixed income securities'이라고 불린다. 만기에 따라 차이는 있지만 'bond' 'note' 'fixed income' 모두 채권을 말한다고 보면 된다. 우리나라의 채권시장 규모는 2016년 1분기 약 1,800조원(잔액기준) 수준으로, 주식 투자 잔액(주식형 펀드 포함)의 36배, 전체 시가총액의 1.2배 수준으로 그 규모가 매우 크다. 현재 우리나라 채권시장의 큰손은 국민연금으로, 전체 잔액 중 15~16%를 보유하고 있다.

기관투자자 중심의 전통적인 장외시장

채권시장은 주식시장과 다르게 완벽하게 기관투자자 중심의 시장이며, 전통적으로 장외시장이 강하다. 정보의 노출을 최소화할 수 있고, 원하는 금액이나 조건에 맞추어 중개기관(한국자금중개 등)이 찾아주기 때문이다. 장외시장에서는 중개기관을 통해 주로 전화나 핫라인, 인터넷 메신저(대개 야후메신저를 사용함)로 거래한다. 정부는 장외거래에 대한 통제력이 떨어지기 때문에 실시간 모니터링이 가능한 장내거래를 유도하려고 한다. 이런 이유로 현재 정부는 장내거래 의무량, 장내가격 제시 의무 등의 시장조성 의무를 부여하고 있다. 그러나 채권 딜러나 트레이더, 중개기관의 반발이 있어 장외시장 중심의 분위기가 쉽게 바뀌기는 어려워 보인다.

한편 장외시장에 비해 규모는 작으나 장내시장에서도 한국거래소에 상장된 채권을 대상으로 표준화된 거래방식에 따라 거래가 이루어진다. 일반투자자의 경우 증권사에 계좌 개설 이후 HTS를 통해 주식과 같은

구분	장내시장(거래소)	장외시장
대상채권	국공채, 일반 회사채 등	
거래장소	한국거래소(HTS)	금융기관
거래방법	경쟁매매(일반 주식방식)	상대매매(1:1, 공모 및 사모 등)
거래시간	09:00~15:30(8월부터)	일반적으로 장중
호가단위	액면 1만원 기준 환산가격	
결제방법	당일 결제	즉시 결제

방식으로 일반 채권시장에 투자할 수 있다. 이 장을 참고해 투자한다면 도움이 될 것이다.

채권시장의 역할은 무엇인가?

채권의 종류는 다양하지만, 일반투자자에게 가장 잘 알려진 채권은 단연 국고채와 회사채일 것이다. 자금시장이 1년 미만의 급전을 해결해준다면, 정부와 기업은 채권시장을 통해 1년 이상의 안정적인 자금을 해결한다. 정부는 세금과 함께 국고채 발행을 통해 자금을 조달해 재정정책을 수행한다(1일차 참고). 기업의 경우 채권시장을 통해 중·장기적으로 조달한 자금으로 투자나 신규사업 등을 할 수 있어 매우 유용하다.

만약 기업이 채권시장에서 자금을 조달하지 못하면 자금시장으로 가서 급전을 조달하고, 급선 조달도 실패하면 핵심자산을 매각하거나 구조조정을 한다. 최근 심각한 후유증을 앓고 있는 조선·중공업 기업들이 이런 상태라고 보면 된다.

국고채시장과 회사채시장

채권은 정부가 발행하는 국고채, 한국은행이 발행하는 통화안정증권(통안채), 지자체가 발행하는 지방채, 상법상 주식회사가 발행하는 회사채, 금융기관이 발행하는 금융채 등으로 구분된다. 또한 이자지급방법에 따라 할인채(이자를 액면금액에서 차감), 복리채(이자를 만기까지 재투자), 이표채(주기적으로 이자를 지급)로 구분하기도 한다.

대표적인 할인채는 자금시장에서 언급한 RP(환매조건부매매)와 CD(양도성예금증서)가 있으며, 복리채는 국민주택채권과 지역개발채권이 있다. 일반적으로 통화안정증권을 제외한 1년 미만의 채권의 경우 할인 방식으로 발행되며, 1년 이상 채권의 경우 이표 형식으로 발행된다.

· 우리나라의 주요 채권 ·

종류	대표 채권	내용
국채	국민주택채권, 1~30년 국고채권	국회의 의결을 얻은 후에 정부가 발행하는 채권으로, 정부가 원리금 지급을 보증하므로 신용도가 높음
지방채	도시철도채권, 지역개발채권	국회의 의결을 얻은 후에 정부가 발행하는 채권으로, 정부가 원리금 지급을 보증하므로 신용도가 높음
통화안정 증권	91일~2년 통화안정증권	한국은행이 통화량을 조절하기 위해 발행하는 채권
금융채	산업금융채권(산금채), 은행채, 리스채, 카드채	금융기관이 자본 조달을 위해 발행하는 채권
회사채	보증, 무보증사채, 전환사채(CB), 신주인수권부사채(BW), 교환사채(EB)	상법상 주식회사가 자본 조달을 위해 발행하는 채권
특수채	한국전력공사채권, 토지주택채권	한국전력공사, 토지개발공사 등과 같이 법률에 의해 직접 설립된 기관이 특별법에 의해 발행하는 채권

국고채: 정부의 자금줄

국고채는 기획재정부가 재정정책을 집행하는 과정에서 부족자금을 일시적으로 보전하기 위해 발행하는 채권이다. 기준금리인 RP금리를 기준으로 만기나 이자지급방법에 따라 국고채금리가 결정된다. 국고채 발행은 국회 심의를 거쳐 발행하며, 국회의 동의를 받은 한도 내에서 발행할 수 있다. 국고채는 공짜로 발행하는 것이 아니라 결국 '빚'이기 때문에 국고채 발행을 지나치게 확대하면 다음 정권은 반드시 원금상환 부담과 이자 부담에 시달리게 된다. 빚에 쫓긴 정부는 국민들에게 직접적인 영향을 주는 세금이나 복지정책 등을 효율적으로 수행할 수 없다.

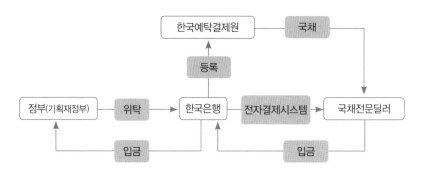

· 국고채 발행 구조 ·

따라서 국고채 발행은 장기적인 관점에서 이루어져야 한다. 국고채는 국채전문딜러를 대상으로 한국은행 전자결제시스템(BOK-wire)을 통해서 발행한다. 현재 국민주택채권을 제외한 국고채의 발행은 기획재정부의 위탁을 받아 한국은행이 대행하고 있다. 국고채 발행시장은 국채전문딜러의 참여만 허용하므로 나머지 금융기관·기업·개인은 유통시장을 통해 국고채를 매입할 수 있다.

회사채: 기업의 자금줄

자금시장의 기업어음과 전단채가 기업의 급전을 조달하는 수단이라면 회사채는 1년 이상의 보다 장기적인 돈을 조달하는 수단이다. 자금시장과 함께 채권시장은 기업의 주요 자금줄이다. 시장에는 주로 3년 이하 회사채가 주종(전체 60~70%)을 이루고 있다. 회사채는 국고채와 다르게 발행 기업과 인수기관(보통 증권사) 간의 협의에 의해 자율적으로 금리를 결정한다. 따라서 경쟁업체들 간의 회사채금리 경쟁도 종종 발생한다.

일례로 몇 년 전 롯데쇼핑과 신세계가 같은 날 회사채를 발행한 적이 있었는데, 당시 롯데쇼핑과 신세계의 회사채 발행금리에 차이가 생겼다. 이런 이유로 회사채 발행을 주관한 증권사는 해당 기업으로부터 클레임을 받기도 했다. 기업 입장에서 경쟁업체에 금리가 밀리니 자존심이 제법 상했을 법하다. 회사채시장에서 기업들은 보이지 않는 힘 겨루기를 하고 있다.

국고채 발행시장과 달리 회사채 발행시장은 개인의 참여도 가능하다. 발행 회사채를 매입하고 싶다면 영업점 및 HTS에서 '청약'을 하면 배정받을 수 있다. 뒤에 나오는 회사채 투자 내용을 참고한다면 도움이 될 것이다.

 Tip : 회사채 발행, 증권사의 짭짤한 수익

국고채시장에 국채전문딜러가 있다면 회사채시장에는 인수기관(투자은행)이 있다. 인수기관은 해당 회사로부터 수수료를 지급받고 회사채의 인수·매각을 대행한다. 증권사 투자은행의 한 부서인 DCM(Debt Capital Market)에서 이 업무를 담당한다. 회사채 발행과 매각 업무는 수수료 수입이 높아 경쟁이 치열한 분야다. 일반적으로 회사채 발행 수수료는 발행금액의 1%(100bp) 수준인데, 1천억원 규모의 회사채를 발행하면 10억원의 수수료 수입이 생긴다. 참고로 우리가 일반적으로 잘 아는 증권사와 증권사 투자은행의 상위 레벨은 조금 다른 경향이 있다. 투자은행은 '용병'들이 주도하기 때문이다. 따라서 어떤 용병들이 자리를 잡고 있느냐에 따라 투자은행의 위상이 달라진다.

채권가격과 수익률, 기본만 알아도 충분하다

99%의 사람들에게 채권가격을 정밀하게 구하는 것은 그다지 중요하지 않다.
기본 원리를 알기 위한 몇 가지 개념만 이해해도 충분하다.

채권가격을 정밀하게 구하는 것은 채권을 다루는 일부 전문가나 시험을 대비하는 수험생 말고는 사실 큰 활용도가 없다. 왜냐하면 컴퓨터 프로그램이나 체크 엑스퍼트Check Expert, 블룸버그Bloomberg, 로이터Reuters 같은 보조 툴을 사용하면 자동으로 다 구해주기 때문이다.

다시금 강조하자면 아무리 이론서나 공식을 봐도 제대로 이해하지 못하는 사람이 80%이며, 가격을 구하지 못하는 사람은 99%이기 때문에 전혀 자괴감을 가질 필요가 없다. 또한 채권가격을 구하지 못해도 금융시장의 흐름을 읽는 데는 아무 문제가 없다. 다만 원리를 아는 것은 중요하기 때문에 한 번쯤은 짚고 넘어갈 필요가 있다.

채권과 관련된 기본 개념

채권은 가격 대신에 수익률로 거래한다. 채권은 'fixed income'이라고도 불리는데, 결국 내가 지급받게 될 이자가 핵심이기 때문이다. 채권가격을 계산하기에 앞서 몇 가지 알아야 할 개념들이 있다. 먼저 1일차에서 설명한 현재가치, 미래가치, 할인과, 현재가치와 미래가치를 이어줄 이자율인 표면금리 수익률, 만기수익률Yield to Maturity, YTM이 그것이다. 이 5가지 개념만 이해하면 어떤 종류의 채권이라도 가격을 계산할 수 있다.

표면금리 수익률과 만기수익률

수익률은 표면금리 수익률과 만기수익률로 구분할 수 있다. 먼저 표면금리 수익률은 만기까지 고정적으로 지급받을 이자를 수익률로 나타낸 것이다. 만약 1년에 5%를 지급하는 채권이라면 표면금리 수익률은 5%다. 말 그대로 약속된 이자다.

만기수익률은 이 채권을 만기까지 보유했을 때 얻게 되는 총 수익률이다. 흔히 YTM이라고 부른다. 표면금리 수익률과 만기수익률은 사람들이 많이 헷갈려하는 부분이기 때문에 예를 통해 개념을 살펴보겠다.

채권수익률은 만기수익률과 자본수익률, 표면금리 수익률로 구성된다. 발행시점에는 채권가격에 변화가 없기 때문에 자본수익률은 0%다. 따라서 '만기수익률＝표면금리 수익률'이다. 그러나 발행 이후에는 채권가격이 변동해 자본수익률이 발생하기 때문에 '만기수익률＝자본수익률＋표면금리 수익률'이다.

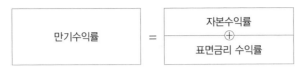

채권수익률의 핵심은 만기수익률

우리가 시장에서 거래하는 채권은 대부분이 발행 이후에 유통되는 채권이다. 따라서 채권수익률의 핵심은 이 만기수익률이다. 앞서 설명한 것처럼 만기수익률 안에는 표면금리 수익률과 채권가격의 변동에서 발생하는 자본수익률이 포함되어 있다.

조금 더 이론적으로 설명하자면, 만기수익률이란 현재부터 만기까지 발생하는 '모든 현금에 대한 현재가치의 합계＝채권의 현재가격'을 만드는 할인율discount rate을 의미한다. 이해가 되지 않는다면 넘어가도 괜찮다. 다만 만기까지 채권을 보유하지 않더라도 채권가격에는 만기수익률이 반영되기 때문에 만기수익률을 확인하는 것이 중요하다는 사실만 알면 된다.

금리와 채권가격의 관계

금리와 채권가격의 관계 또한 많은 이들이 헷갈려하는 부분이다. 금리와 채권가격은 반비례한다. 왜 그럴까? 간단하게 만기에 1만원을 받을 수 있는 채권의 만기수익률이 10%라고 해보자. 미래가치 1만원에 이자율 10%를 대입하면 현재가치는 9,090원[1만원÷(1+10%)]이다. 만약 이자율이 20%가 된다면 현재가치는 8,333원[1만원÷(1+20%)]이다. 따라

① 미래가치(복리) = 1만원 × (1 + 10%) × (1 + 10%) × ⋯ × (1 + 10%)

② 미래가치(단리) = 1만원 + (1만원 × 10%) + ⋯ + (1만원 × 10%)

③ 현재가격 = 미래가치 ÷ (1 + 할인율)^{기간}

④ 이자수익률 = 연간 이자수익 ÷ 1만원

⑤ 만기수익률 = 자본수익률 + 표면금리 수익률(단, '채권가격 = 액면금액'이라면 자본수익률은 0)

⑥ 금리(만기수익률)와 채권가격의 관계: 금리 상승 → 채권가격 하락, 금리 하락 → 채권가격 상승

서 금리와 채권가격은 반대로 움직인다는 결론을 얻을 수 있다. 이것 역시 원리만 이해해도 충분하다.

채권가격의 본질은 결국 원금 회수에 있다

채권은 이자지급방법에 따라 할인채·복리채·이표채로 구분이 되는데 다음 페이지의 표에서 보는 것과 같이 만기시에 원금(액면)을 돌려주어야 한다는 사실은 할인채든 복리채든 이표채든 모두 같다. 따라서 채권가격의 본질은 만기에 '액면금액'을 정상적으로 돌려줄 수 있느냐 없느냐에 있다. 국고채라도 정부가 빚을 갚을 능력이 없어지면 채권가격은 폭락한다. 반대로 불량 회사채라도 기업이 갑자기 살아나면 채권가격은 급등한다.

할인채	복리채	이표채
· 액면금액에서 총이자를 미리 차감 발행 · 만기시 액면금액 지급 · RP(환매조건부매매), CD(양도성예금증서) 등(예: 표면금리 5%, 만기 1년)	· 만기까지 이자를 재투자 · 만기시 '액면금액+총이자' 지급 · 국민주택채권, 지역개발채권 등(예: 표면금리 5% 복리방식, 만기 3년)	· 만기 전까지 일정 기간마다 이자 지급 · 만기시 '액면금액+최종이자' 지급 · 3개월 이표란, 1년에 이자를 4번 지급(예: 표면금리 5%, 만기 3년, 3개월 이표)

금융시장에서도 채권 거래는 매우 난해하다고 평가받는다. 딜링룸에서도 채권과 같은 이자율 상품을 다루는 딜러나 트레이더는 매우 실력이 좋다. 정밀한 수학적 계산이 요구되고 투자규모도 매우 크기 때문이다. 참고로 1개 은행의 평균 채권 투자 잔액이 금융시장 전체 주식 투자 잔액의 1.4배 수준이다. 채권 운용이 얼마나 중요한 부분인지 짐작할 수 있을 것이다.

그러나 채권 딜러가 아닌 이상 채권가격을 계산하는 것은 그다지 중요한 부분이 아니다. 채권의 가격 또한 현재가치와 미래가치, 할인으로 계산된다는 사실만 이해해도 충분하다. 거기에 할인채부터 이표채의 구조까지 같이 이해한다면 더할 나위 없다.

고금리 채권 뒤에는
리스크가 숨어 있다

위험이란 일어난 일보다 더 많은 일이 일어날 수 있음을 의미한다.
금융시장에 위험은 적고 수익은 높은 상품은 존재하지 않는다.

리스크 관리의 대가 하워드 막스Howard Marks는 "투자는 정확히 한 가지로 이루어진다. 바로 미래를 상대하는 것이다."라고 말했다. 우리 중 누구도 미래에 대해 확실히 알지 못하므로 리스크를 피할 수 없다는 것이다.

채권 투자도 마찬가지다. 채권의 고금리에 사람들이 유혹당하는 이유는 채권에 대한 편견, 즉 채권은 주식이나 파생상품보다는 안전하다는 심리가 반영되기 때문이다. 그러나 금융시장의 어떤 상품이라도 위험은 직고 수익은 높은(low risk high return) 상품은 없다. 채권 투자 역시 투자 리스크가 존재하며, 최악의 경우 원금보장은커녕 원금 자체를 돌려받지 못할 수도 있다.

채권 투자에는 어떤 리스크가 있을까?

채권 투자의 리스크로는 채권가격 변동위험, 신용위험, 유동
성위험이 있다. 고금리 채권은 이 모든 위험이 언제든지 수면 위로 올라
올 수 있다고 봐도 좋다. 채권가격 변동위험은 사실 미래를 상대하는 일
이기 때문에 판단하기가 매우 어려우나, 신용위험이나 유동성(현금화)위
험은 회사의 업종 선택만 잘해도 피할 수 있다. 최근같이 조선 및 중공업,
건설업종이 좋지 않을 경우 해당 기업은 돈이 부족하기 때문에 회사채
발행을 통해 자금을 조달하려는 시도를 많이 하는데, 이러한 업종은 피
하는 것이 좋다.

채권가격 변동위험: 채권 인기 하락

채권 투자의 첫 번째 리스크는 채권가격 변동위험이다. 채권도 주식과
마찬가지로 인기가 높아지면 가격이 올라가고, 인기가 떨어지면 가격이
하락한다. 만약 액면금액 1만원에 채권을 매입했는데 채권가격이 9천원
으로 하락한다면 채권의 가격 변동으로 1천원의 손해가 발생한다. 만기
까지 보유한다면 액면금액은 다시 돌려받겠지만, 시세차익이 목적이라
면 채권가격의 변동으로 손실을 입을 수 있다.

신용위험: 기업의 재무상태 악화

채권 투자의 또 다른 리스크는 신용위험이다. 신용위험은 일반적으로
채권의 신용등급을 기준으로 평가한다. 이 신용위험은 채권의 발행에서
가산금리를 결정하는 역할을 하며, 유통채권의 경우 채권가격을 하락시
키는 요인이다. 채권의 신용등급은 AAA등급부터 D등급까지 있는데, 일

반적으로 A등급 이상의 우량채권이 인기가 높고, 최근처럼 저금리 기조가 지속되는 경우 투자부적격 등급인 BBB등급의 채권에 투자해 고수익을 노리기도 한다.

한편 신용위험에는 부도위험이 녹아들어가 있다. 채권은 발행자가 부도가 나면 말 그대로 휴지 조각이 된다. 그나마 선순위 채권자라면 기업의 정리과정에서 돈을 일부 회수할 가능성은 있다. 그러나 후순위 채권자의 경우 대개 투자금을 고스란히 날리게 된다. 참고로 신용평가 등급은 나이스신용평가·한국신용평가·한국기업평가 홈페이지에서 확인할 수 있다.

본드몰과 KOFIA 홈페이지에 들어가면 신용위험에 대해 더 자세한 정보를 얻을 수 있다. 이런 과정이 번거롭다면 네이버에 '회사채 등급'이라고 검색해 투자할 만한 회사채에 대해 친절하게 보여주는 기사를 찾아볼 수 있다.

유동성위험: 매각의 어려움

유동성위험은 채권시장에서 신용위험이 가속화되는 경우에 발생한다. 일반적으로 유동성위험에 직면하면 채권가격의 폭락은 당연한 일이고, 최악의 경우에는 부도가 나기도 한다. 채권자의 입장에서 보유한 채권을 현금화할 수 없다는 것은 매우 골치 아픈 일이다. 다시 말해 저렴하게 팔고 싶어도 팔리지 않는 위험을 말한다. 속된 말로 물렸다고 표현할 수 있다. 일반적으로 BBB등급 이하의 투기성 채권에 종종 발생하는 일이다.

일반투자자의 경우 '대마불사(대기업은 죽지 않는다)'를 믿고 있다가 발등을 찍히는 경우가 있기 때문에 투자시 주의해야 한다. 참고로 2016년

• 회사채 신용등급 평가기준 •

신용등급	평가내용
AAA	원리금 지급확실성이 최고 수준임
AA	원리금 지급확실성이 매우 높지만 AAA등급에 비해 다소 낮음
A	원리금 지급확실성이 높지만 장래의 환경 변화에 따라 다소 영향
BBB	원리금 지급확실성이 있지만 장래의 환경 변화에 따라 저하 가능성이 있음
BB	원리금 지급능력이 현재에는 문제가 없으나 투기적 요소가 존재함
B	원리금 지급능력이 부족해 투기적임
CCC	원리금의 채무불이행이 발생할 위험요소를 내포함
CC	원리금의 채무불이행이 발생할 가능성 높음
C	원리금의 채무불이행이 발생할 가능성이 극히 높음
D	현재 채무불이행 상태에 있음

자료: 한국기업평가(주)

2분기 기준으로 삼성중공업과 이랜드 수준의 기업이 BBB등급이다. 기업 이름만 들으면 대기업이고 우량기업이지만 신용등급을 두고 따져보면 그렇지 않은 것이다. BBB등급이라는 것은 언제든지 기업의 재무상태가 악화될 수 있음을 의미한다. 따라서 이 정도의 대기업에 투자하는 것도 문제가 발생할 수 있다는 것을 기억해두면 채권 투자시 도움이 될 것이다.

고금리 채권 투자는 기업의 채무상환 능력을 살펴야 한다

고금리 채권을 매입할 때는 반드시 기업의 재무현황을 꼼꼼히 살펴보아야 한다. 기업의 재무상태 악화는 필연적으로 빚을 갚을 능력을 저하시키기 때문이다. 일반투자자 입장에서는 기업의 사업능력을 구체적으로 알아차리기 힘든데, 이 경우 영업이익과 당기순이익 추이를 함께 보면 도움이 된다. 당기순이익은 기업의 채권이자 등 금융비용을 제하고 남는 이익을 말한다. 따라서 영업이익과 당기순이익이 지속적으로 악화된다는 것은 말 그대로 기업의 돈을 갚을 능력이 감소하고 있음을 뜻한다. 특히 A등급 이하의 채권은 투자보다는 '베팅'의 영역에 가깝기 때문에 기대수익률이 10%라면, 예상손실률은 -10%를 초과한다고 생각하고 투자에 임하는 것이 좋다.

일반적으로 회사 경영이 악화될수록 고금리를 제시하며 투자자를 유치한다. 금리가 상식적으로도 말도 안 되게 형성되는 상황에서는 누구나

 Tip 한진해운 채권에 대한 회상

지난 2014년 5월 23일 모 경제일간지 기사는 "한진해운 회사채의 경우 이미 가격이 9천원까지 올랐지만 지금 매수해도 채권 원금과 이자를 더해 연 11.6%의 수익을 얻을 수 있다. 현대상선 역시 지금 매수해도 연 12%가 넘는 수익을 얻을 수 있다."라고 보도했다. 당시 일부 언론과 금융기관에서 추천하던 한진해운 채권이 지금 문제가 되는 한진해운 회사채다. 현대상선 또한 부도위험에 몰리면서 휴지 조각이 될 신세다. 물론 기적같이 회생할 수도 있으나, 그 긴긴밤을 속 태우며 지낼 것을 떠올린다면 쉽게 손이 나가진 않을 것이다.

쉽게 '위험'을 감지할 수 있다. 그러나 조금씩 경영이 악화되는 상황에서는 위험이 잘 보이지 않기 때문에 고금리 유혹에 넘어가기 쉽다. 현재 저금리 기조에 따라 BBB등급 이하의 투기성 채권에도 일반투자자의 수요가 증가하고 있는 추세다. 큰 문제 없이 고수익을 얻었다면 다행이지만, 큰 문제가 없었다고 해서 리스크가 없었다는 말은 아니다. 다행히 운 좋게 리스크가 수면 위로 떠오르지 않은 것뿐이다. 보통 '에이, 설마 이런 대기업이 무너지겠어?'라는 편견이 개입되기 때문에 숨어 있는 리스크를 잘 보지 못한다.

수많은 리스크에도 불구하고
채권이 주식만큼 매력적인 이유

시장의 패닉은 금융시장의 일상 중 하나다. 오히려 국고채·초우량 회사채에서
수익을 얻을 수 있는 좋은 기회. 채권은 만기에 원금을 돌려줘야 하기 때문이다.

채권 투자의 위험에 대해 충분히 인지했다면 반대로 채권 투자가 주식
만큼 매력적인 이유를 살펴보겠다. 리스크가 존재하는 것만큼 분명히 달
콤한 매력도 존재한다. 금융시장에서 부를 축적한 사람들을 보면 의외로
채권 투자로 부를 증식한 사람이 많다. 미국의 채권왕 빌 그로스Bill Gross
를 비롯해 박현주 미래에셋대우증권 회장도 채권 투자로 부를 축적한
것이 원동력이라고 알려졌다. 또한 개인적으로 좋아하는 앙드레 코스톨
라니도 주식의 대가로 알려졌지만, 가장 큰 부는 채권 투자에서 얻은 것
이라고 자서전에 밝혔다. 이들의 공통점은 시장의 패닉에서 부를 축적했
다는 점이다.

시장의 패닉은 금융시장의 일상 중 하나다

경기는 사이클이 있고, 10년에 한 번 정도는 글로벌 금융시장에 대형 이벤트들이 나오기 마련이다. 최근 역사적으로 굵직한 사건들을 뽑자면 1987년 미국의 블랙먼데이(월가에서 주가가 하루 만에 20% 이상 급락한 사건), 1997년 동아시아 위기와 IMF 사태, 2008년 글로벌 금융위기가 있었다. 신용창조와 붕괴가 반복되는 과정에서 발생하는 필연적인 사고들이다. 1일차 내용을 기억한다면 시장은 태생적으로 자율성이 있기 때문에 언제나 불안정할 수밖에 없다는 사실을 알 것이다. 따라서 이러한 사고들은 막는다고 해서 막아지는 것이 아니다.

금융시장에 대형사건이 발생하면 채권시장도 급속히 왜곡되기 시작한다. 단기적인 불확실성으로 인해 자금시장으로 돈이 숨는 정도가 아니라 금융시장의 모든 자산이 '현금화'되기 시작하기 때문이다. 이러한 과정에서 채권금리는 자연스럽게 치솟는다. 소위 말하는 '패닉'이다. 그러나 '자연스럽게'라는 말을 사용했듯이 좀더 객관적인 시각으로 바라보면 이러한 현상은 금융시장이 우리에게 주는 선물이다. 자본시장이 붕괴되지 않는 한 금융시장은 자생적으로 상처를 치유해나가기 때문이다.

우량 회사채와 국고채를 노려라

일반적으로 안정적인 국고채나 우량 회사채의 경우 채권의 가격은 크게 변하지 않는다. 원금을 받지 못할 가능성이 낮기 때문이다. 가장 좋은 채권은 우량 회사채이고, 그다음은 국고채다. 국고채보다 우량 회사채가 더 낫다는 점이 이해되지 않을 수도 있지만, 채권가격의 본질은 원금회수에 있다. 따라서 국고채는 국가가 부도나지 않는 한, 만기에는 반드시 원금을 되돌려 주기 때문에 패닉이 오면 국고채 가격은 바로 급등하는 경향이 있다. 이런 이유로 패닉 시점에 국고채를 사는 것은 타이밍을 맞추기가 힘들다. 그러나 회사채 시장은 경기에 매우 민감해 신용 스프레드가 급격하게 벌어진다. 따라서 우량 회사채의 경우 금융시장의 패닉은 투자자에게 좋은 기회다. 특히 주식이 연계된 우량 회사채는 더 높은 수익을 얻을 수 있다. 주식과 채권 모두 '바겐세일' 시즌이기 때문이다. 이 부분에 대해서는 뒤에서 다시 다루겠다.

채권은 주식과 다르게 만기가 있어 만기에는 반드시 원금을 줘야 한다. 이런 이유로 패닉에서는 주가가 상승할 때까지 기다려야 하는 주식시장보다 오히려 채권시장이 수월할 수 있다. 시장의 왜곡으로 반값이 된 채권이라면 만기까지 1~3년만 기다리면 산술적으로 100%의 수익은 올릴 수 있다.

타이밍과 기업 선택이 핵심이다

패닉은 시장충격으로 발생하는 국가나 우량기업들에 대한 일시적인 시장의 왜곡을 말한다. 이런 상황에서 채권 투자는 타이밍과 기업 선택이 핵심이다. 패닉은 일반적으로 2~3개월 정도 지속되는 경향이 있으며, 일정 수준의 회복까지는 1~2년 정도 소요된다. 이 책의 1일차와 5일차(개인투자자와 주식시장의 위치)를 참고한다면 타이밍을 잡는 데 어느 정도 도움이 될 것이다.

어중간한 가격으로 채권을 매입했다고 해도 국가나 기업이 망하지 않는다면 크게 걱정할 필요는 없다. 만기에는 원금을 받을 수 있기 때문이다. 재무제표를 살펴보아서 부채가 적고, 당기순이익이 최소 3년 이상 발생한 우량기업일수록 좋다. 패닉을 버티는 것은 결국 기업의 자금력이다. 기업에 돈이 없으면 아무리 기술력이나 유통망이 좋아도 패닉을 버티지 못한다. 한진해운과 현대상선을 비교해보자. 두 기업 모두 3년 이상 부채비율이 1천% 이상이고, 3년 이상 당기순이익이 마이너스다. 이러한 기업들은 패닉과 상관없이 그냥 기업의 상태가 좋지 않은 것이다.

그러나 국고채 투자든 우량 회사채 투자든 위험은 적고 수익이 높을 수는 없다. 앞날은 알 수 없기 때문이다. 다만 금융시장의 역사는 반복되어왔고, 새로운 것 같은 상황도 금융시장의 반복되는 일상이라는 점을 기억할 필요가 있다. 만약 높은 위험을 감내하고 투자를 할 수 있다면 채권도 주식만큼 높은 수익을 얻을 수 있다.

채권시장의 역사를 고려할 때, 일반적으로 바닥을 알 수 없다는 분위기가 감지되는 때가 최적의 시기라고 볼 수 있다. 물론 역사는 반복된다는 전제하에서다. 참고로 분위기라는 것은 주관적 느낌이다. 따라서 전문가들의 의견을 참고하되 스스로 확신이 들 때까지 기다려야 한다. 그래야 결과와 관계없이 후회하지 않는다.

한국판 양적완화,
그 실체는 무엇인가?

한국판 양적완화는 전통적인 양적완화 정책이 아니다.
한국판 양적완화는 정책금융에 가깝다.

한국판 양적완화는 미국 등 선진국에서 실시한, 우리에게 친숙한 양적완화Quantitative Easing, QE가 아니다. 전통적인 양적완화는 중앙은행의 기준금리가 제로에 가까워 통화정책의 효과를 볼 수 없는 상황에서 정부가 시중은행의 채권을 직접 사들여 경기 회복을 도모하는 것이다.

2016년 6월 우리나라의 기준금리는 1.25%로, 기준금리 카드가 남아 있어 자칫 혼용해 사용할 경우 통화정책 경로가 왜곡될 가능성이 높다. 또한 이들로부터 사들일 채권의 성격은 기업구조조정을 위한 국책은행의 역량 확보에 한정된다. 정부 관계자의 입을 빌리자면 '한국판 양적완화는 구조조정에 필요한 자금을 마련하기 위해 국책은행(산업은행, 수출입은행)의 자본을 확충하는 것'이다. 즉 한국판 양적완화의 핵심은 조선·중공업 살리기에 가까운 정책금융이다.

오리지널 양적완화는 무엇인가?

정책금리가 제로에 가까운 초저금리 상태에서 경기부양을 위해 중앙은행이 시중에 돈을 푸는 정책으로, 정부의 국채나 여타 다양한 금융자산의 매입을 통해 시장에 유동성을 공급하는 것이다. 이는 중앙은행이 기준금리를 조절해 간접적으로 유동성을 조절하던 기존 방식

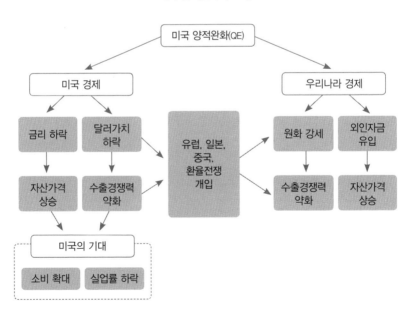

· 미국 양적완화의 효과 ·

과 달리, 국채나 다른 자산을 사들이는 직접적인 방법으로 시장에 통화량 자체를 늘리는 통화정책이다. 현재 양적완화를 사용했거나 사용하고 있는 나라는 미국·영국·일본·유로존 등 주요 선진국들뿐이다. 이 나라들은 기준금리를 제로수준까지 낮추었음에도 불구하고 추가적인 통화정책이 필요하자 중앙은행이 직접 시중의 채권을 사들이면서 양적완화를 시도했다.

양적완화의 목적은 시장의 채권을 직접 인수해 통화량을 증가시켜 시장에 돈이 돌게 하고, 자국의 통화가치를 하락시켜 수출경쟁력을 높이는 데 있다. 일반적으로 통화량이 증가하면 통화가치가 하락하고, 원자재 가격 등이 상승해 물가는 상승한다. 한 나라의 양적완화는 다른 나라 경제에도 영향을 미칠 수 있다. 예를 들면 미국에서 양적완화가 시행되어 달러 통화량이 증가하면 달러가치가 하락해 미국 상품의 수출경쟁력은 강화되나 원자재 가격이 상승해 물가는 상승하며, 달러가치와 반대로 원화가치(평가절상, 환율 하락)는 상승한다. 즉 오리지널 양적완화는 특정

 Tip· 글로벌 양적완화와 시중통화량

글로벌 양적완화 이후 현재 세계 금융시장에는 약 10조달러(1경 2천억원) 이상의 자금이 쏟아져 들어왔다. 미국·유럽·일본을 비롯해 세계 모든 국가가 돈을 풀었다. 이는 미국의 시중통화량과 맞먹는 엄청난 규모다. 금융시장에서는 돈을 무차별적으로 살포한다고 해서 당시 연준(Fed) 의장이었던 벤 버냉키Ben Bernanke를 '헬리콥터 벤'이라고 불렀다. 시중에 돈이 돌고 있지 않기 때문에 체감적으로 느껴지지 않지만, 현재 글로벌 유동성은 매우 풍부한 상태다. 이들 유동성은 초기 주식과 부동산으로 유입되었다. 지금은 미국의 금리 인상 후폭풍을 우려해 단기 자금 및 채권으로 빠르게 이동중이다.

산업이나 특정 금융기관을 위한 것이 아니라 금융시장 전체를 대상으로 양적완화를 실시하는 것이라고 이해하면 된다.

한국판 양적완화는 무엇인가?

집권여당인 새누리당이 20대 총선의 공약 중 하나로 한국은행이 산업은행 채권(산금채)과 주택저당증권MBS을 직접 인수해 기업구조조정 및 가계부채 문제를 잡겠다며 한국판 양적완화를 들고 나왔었다.

한국판 양적완화를 시행하기 위해서는 먼저 한국은행법을 개정해야 한다. 현재 한국은행법 제75조와 제76조에 따르면, 한국은행이 발행시장에서 인수할 수 있는 채권은 국채 및 정부보증채(국민주택채권, 한국장학채권)에 한정되어 있다. 따라서 한국판 양적완화를 시행하려면 주택담보채과 산금채를 정부보증 채권으로 변경하거나, 한국은행법 제68조를 수정해 공개시장 운영 매입 대상 채권으로 산금채와 주택담보채권을 지정해야 한다. 그러나 국채 매입도 신중한 상황에서 이 2가지 방법은 현실성이 떨어진다.

한편 한국판 양적완화는 집권여당인 새누리당이 2016년 총선에서 과반을 차지하지 못하며 슬그머니 사라졌다. 그러나 정부가 기업구조조정 카드를 강하게 밀고 나오면서 가계 부문의 주택담보채권은 사라지고, 기업구조조정으로 핵심이 맞추어져 범위가 많이 축소된 상황이다. 이는 사실상 조선·중공업 살리기를 위한 정책금융이다. 현재 구조조정 1순위인 대우조선해양의 은행 대출금은 23조원이다. 이 가운데 국책은행인 산업은행이 빌려준 돈은 6조 3천억원, 수출입은행은 12조 7천억원에 달한

Tip 한국판 양적완화에 따른 금리 하락은 불가피하다

한국판 양적완화의 시행으로 산금채 등 국책은행 채권이나 주택담보채권을 매입할 경우, 산금채 등 국책은행 채권은 만기가 짧기 때문에 단기금리에 하락압력을 주고, 주택담보채권은 만기가 길기 때문에 장기금리에 하락압력을 줄 것이다. 최근 경기가 좋지 않은 상황이기 때문에 산금채 등 국책은행 채권만을 매입한다고 해도 장기금리도 일부분 따라올 가능성이 높다. 전반적인 시장금리를 인위적으로 낮추게 되므로 기준금리에도 하락압력이 있을 것으로 판단된다. 만약 기준금리 카드를 통한 통화정책을 따로 사용하고, 추가경정예산(불가피한 경비가 발생했을 경우 예산을 추가 반영)을 통해 정책금융을 시행한다면 양쪽의 시너지도 노려볼 만하지만, 현재 상황처럼 한국은행법 개정을 통해 한국은행을 끌어들여 정책금융을 실시한다면 재정정책과 통화정책에 혼선이 따를 가능성이 높다.

다. 우리나라 1년 예산지출인 390조원의 4.8%에 해당하는 큰돈이다. 정책금융은 양적완화가 아니라 출자에 가깝기 때문에 해당 기업들이 부도가 나면 출자한 돈은 온전히 국민의 부담으로 돌아온다.

재정정책과 통화정책의 긴밀한 협조가 필요하다

금융정책은 통화정책과 재정정책의 긴밀한 협조가 필요하다. 기업구조조정에 한국은행이 나서는 것은 아무래도 문제가 있다. 정부의 뜻대로 한국판 양적완화를 밀고 나갈 경우, 한국은행의 독립성에 대한 훼손 우려가 제기되는 것은 당연하다. 시중의 금리와 통화량을 조절하는 중앙은행의 통화정책이 기업구조조정이라는 정책금융에 좌지우

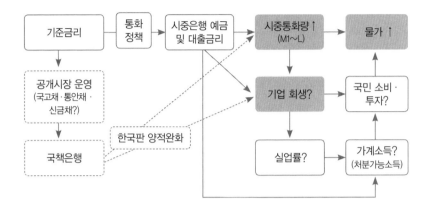

• 재정정책과 통화정책의 충돌 •

지되면 통화정책 경로에 반드시 부담이 따를 수밖에 없다.

가장 좋은 방법은 시장 논리에 따라 해당 기업을 자연스럽게 도태시키는 것이고, 차선책은 한국은행을 건드리지 않고, 추가경정예산(줄여서 '추경'이라고도 함)을 편성해 정부 차원에서 정책금융을 펼치는 것이다. 그래야만 통화정책의 독립성을 지키고, 통화정책 경로의 왜곡을 최소화할 수 있다. 그럼에도 불구하고 한국판 양적완화를 진행해야 한다면 먼저 전통적인 통화정책인 기준금리 카드를 먼저 사용하고, 그 이후 해당채권을 매입해 정책의 왜곡을 최소화해야 한다. 대기업이 망하면 경제에 부담이 가중되는 것은 사실이나, 대기업을 위해 정부가 한국은행까지 끌어들여 살리고자 하는 것은 아무리 생각해봐도 어불성설이다.

마이너스 금리와
채권시장의 대혼란

현재 글로벌 통화정책은 약에 취한 상태. 마이너스 금리는 채권시장의
이상 현상을 만든다. 마이너스 금리로 발행된 채권은 더이상 안전자산이 아니다.

금융시장에서 전통적으로 안전자산으로 평가받는 상품들이 몇 가지 있
다. 국채, 일본 엔화, 미국 달러화, 금이 그것이다. 이 중 국채는 국가가 부
도나지 않는 한 약간의 이자와 원금을 돌려받을 수 있었기 때문에 경기
가 어려우면 어려울수록 인기가 높아지는 대표적인 안전자산이었다. 그
러나 일본, 유럽 등 주요 선진국들이 신용의 팽창이라는 약에 취해 마이
너스 금리까지 도입하면서 국채가 안전자산이라는 신뢰에 균열이 생기
고 있다. 즉 마이너스 금리란 이자를 오히려 주고 채권을 사야 한다는 것
을 의미하기 때문이다.

마이너스 금리, 약에 취해버린 통화정책

앞서 신용을 다른 말로 하면 빚이라고 이야기했다. 빚을 통해 팽창하기 시작한 돈은 갈수록 실체가 모호해지고 버블을 만들어 결국에는 모든 것이 사라지게 된다. 역사적으로 버블의 붕괴 뒤에는 경기를 살리기 위해 다시금 신용을 팽창시키는 정책을 반복해 사용했다. 그렇게 약을 먹어대다 탈이 났으면서 또 다시 약을 먹여 경기를 살리고자 하는 것이다.

일본, 아직도 회복되지 않은 잃어버린 20년

가까운 일본의 경우 1990년 부동산 버블이 터진 후 20년간 제로금리에 가까운 저금리를 유지하며 돈을 마구 시장에 쏟아냈다. 재정정책도 이를 부채질하며 각종 세금혜택이나 재정지원을 했다. 그 결과 일본의 재정적자 비율은 국내총생산 대비 246%로, 1990년 67%의 4배 수준으로 확대되었다. 정부의 빚이 그만큼 확대된 것이다. 아베가 정권을 잡은 이후 '아베노믹스'라 불리는 경제 활성화 정책까지 도입되며 일본의 공공부채 규모는 더 커졌다. 통화정책과 재정정책까지 모두 동원해도 경기가 회복되지 않자, 급기야 2016년 1분기에는 '마이너스 금리'까지 도입했다.

유럽, 브레이크가 고장난 폭주기관차

유럽의 경우 1995년 스페인 마드리드에서 열린 EU 정상회담에서 유로화를 도입한 후 금리가 폭락하면서 저금리 시대가 시작되었다. 이후 이른바 PIGS(포르투갈, 이탈리아, 그리스, 스페인)의 버블이 터지며 유럽중

• 일본 기준금리 •

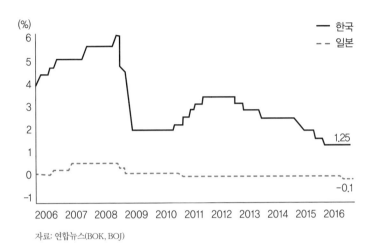

자료: 연합뉴스(BOK, BOJ)

• 유럽 예금 및 기준금리 •

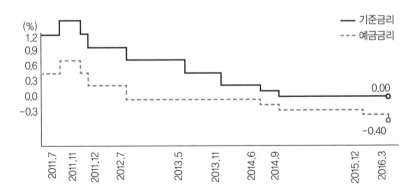

자료: 연합뉴스(BOK, BOJ)

앙은행은 사태를 수습하기 위해 금리를 더욱 낮추어 돈을 찍어내기 시작했다. 결국 유럽은 지난 2014년 6월 마이너스 금리를 도입했다. 전쟁 영화를 보면 적을 향해 돌격할 때 "멈추지 마라. 멈추면 죽는다. 계속 전진하라!"라고 소리치는 장면이 나온다. 지금 유럽의 상황이 딱 이렇다. 돌이키기가 어려운 상황까지 오게 되었다.

여기까지 왔으면 경기가 회복될 때까지 계속 가는 수밖에 도리가 없다. 금융시장이 이미 약에 취해버렸기 때문에 해독제(금리 인상)를 사용하다 자칫 아무것도 해보지 못하고 다시 와르르 무너질 수 있기 때문이다. 경기회복이 되지 않는다면 심각한 디플레이션(물가 하락, 경기침체 심화)으로 진행될 가능성이 있기 때문에 귀추가 주목된다.

마이너스 금리 아래서 채권은 안전자산이 아니다

일본·유럽 등 주요국이 마이너스 금리를 도입하면서 채권시장의 혼란은 극에 달하고 있다. 유럽에서는 유로존(유로화를 사용하는 19개국)과 스위스·스웨덴 등 일부 비유로존 국가가 마이너스 금리를 도입했다. 돈을 주고 채권을 사서 예금을 예치해야 한다니, 과거에는 꿈도 꾸지 못할 일이다. 블룸버그에 따르면 현재 독일 등 유럽은 10년 동안 돈을 빌리면 미국 정부가 내는 이자의 10배를 오히려 지급받고 돈을 빌릴 수 있다. 또한 일본은 미국 정부가 2년 동안 돈을 빌리기 위해 내는 이자보다 적은 비용으로 40년간 돈을 빌릴 수 있다.

금리가 마이너스로 진입한 국가의 경우, 국채는 안전했던 자산이라고 말할 수 있다. 예를 들어 지난 2014년에 발행된 5년물 독일 국채를 10만유로만큼 매입했다면 현재 이 국채의 가격은 액면가보다 오히려 비싼 10만 1,875유로다. 가장 우려가 되는 상황은 어느 시점에 이 채권에 대한 인기가 떨어져 국채금리가 상승하는 경우다. 현재는 저금리에 경기둔화까지 지속되다 보니 국채의 인기가 높지만, 어느 시점에는 반드시 금리가 상승할 수밖에 없다. 만약 금리가 1.0%까지 상승한다면 이 국채의 가격은 9만 5천유로로 하락하게 된다. 이런 상황을 알면서도 투자자들은 만기에 원금이라도 받을 수 있다는 기대로 이자를 오히려 지급하면서까지 일본과 유럽 국채를 사들이고 있는 상황이다.

이러한 일들은 현재 국채시장이 정상적인 상황이 아니라는 것을 말해준다. 우리나라의 경우 마이너스 금리는 아니지만 저금리 기조가 지속적으로 이어지며 2016년 초에는 3년 국고채금리가 기준금리보다 낮아지는 상황이 발생했다. 우리나라의 기준금리가 7일짜리 금리인 것을 떠올린다면 3년짜리 금리가 7일짜리 금리보다 낮은 상황은 이상하다고 느낄 수 있을 것이다. 다만 우리나라는 마이너스 금리까지는 갈 가능성이 매우 낮기 때문에 이자를 지급하면서까지 채권을 사는 일은 없을 것이다.

그러나 이러한 글로벌 국채시장의 혼란에서도 알 수 있듯이 글로벌 '돈 살포' 아래 채권시장이 과열되고 있는 것은 분명하다. 중앙은행이 국채를 사줄 것이라는 믿음 하나로 수요가 증가하고 있지만, 만약 시장금리가 위로 튀어오르기 시작한다면 1.0%의 상승에도 미국 국채에서만약 1조달러의 손실이 예상된다. 이는 서브프라임 모기지 사태로 발생한 2008년 금융위기 수준을 넘는 규모이기 때문에 시장 전반적으로 위험한 결과를 향해 가고 있다고 말할 수 있다.

'은행예금+α'의 수익을 원한다면
채권 ETF와 채권펀드에 투자하라

채권 ETF와 채권펀드는 디테일보다 돈의 큰 흐름이 중요하다.
시장금리의 큰 흐름만 읽을 수 있어도 '은행예금+α'의 수익을 얻을 수 있다.

채권시장은 일반투자자에게는 조금 멀게 느껴지는 경향이 있다. 왜냐하면 1~2% 수준의 낮은 이자는 일반투자자들에게 그다지 매력적이지 않기 때문이다. 그러나 금리의 변동에 따라서 3~5% 수준의 수익을 얻을 수 있다.

예를 들어 최근같이 경기가 어렵거나 기준금리가 추가적으로 인하될 가능성이 높은 상황에서는 국채를 비롯해 우량 회사채의 인기도 높아지기 때문에 고려해볼 만하다. 다만 우리나라의 기준금리가 1.0%에 도달하게 된다면 추가 하락은 쉽지 않으므로 기회를 엿보는 것이 좋다. 직접투자에 부담을 느끼는 보수적인 투자자라면 채권 ETF나 채권펀드에 투자하는 것이 좋은 대안이다. 시장금리의 큰 흐름만 읽을 수 있어도 '은행 예금+α'의 수익을 얻을 수 있다.

채권 ETF 투자란 무엇인가?

채권 ETF는 주식과 같이 하나의 종목처럼 거래를 할 수 있는 장내거래 상품이다. ETF는 상장지수펀드라고 불리며, 코스피200과 같은 지수나 국고채·금·은 같은 자산의 가격 움직임과 연동되도록 설계된 상품이다. 최근 금융시장 트렌드는 개별 채권과 주식에서 ETF를 선호하는 추세로 바뀌고 있어, 시장 흐름을 따라가고 싶은 투자자에게 적합한 상품이다.

2016년 들어 거래량이 높은 채권 ETF는 KINDEX 단기자금, KOSEF 통안채 등이다. 3일차 내용을 참고한다면 단기자금 상품이 인기가 높은 이유를 쉽게 이해할 수 있을 것이다. 단기자금 ETF와 통안채 ETF 등

 Tip **ETF란 무엇인가?**

ETF는 투자위험이 낮고 소액으로도 거래할 수 있으며, 주식과 같이 HTS를 통해 편하게 거래할 수 있는 상품이다. 또한 주식처럼 증시에 상장되어 있기 때문에 거래방법도 일반 주식과 같다. 네이버 금융(국내증시 → ETF)에서 검색하면 ETF 현황을 확인할 수 있다. 주식처럼 ETF에 대한 기본정보, 분석, 투자자 게시판까지 한눈에 볼 수 있어 매우 유용하다. 추가적인 내용은 5일차에서 주식형 ETF를 통해 다루어보도록 하겠다.

자료: 네이버 금융

1~2년 만기의 ETF는 기관투자자가 선호하는 상품이다. 그러나 단기자금 상품은 금리수준이 낮기 때문에 일반투자자라면 만기 3년 이상에 투자하는 국고채 3년, 10년 ETF가 적합하다. 저금리 상황에서는 만기 3년 미만은 오히려 은행 예금이 나을 수도 있기 때문이다. 조금 더 공격적으로 투자하고 싶다면 일간 수익률의 2배를 주는 레버리지나 가격 하락에 투자하는 인버스inverse ETF도 좋다. 주식처럼 가격 변동성이 크지 않기 때문에 채권 ETF의 경우 레버리지나 인버스 상품도 고려할 만하다.

채권펀드 투자란 무엇인가?

펀드는 누구나 한 번쯤 가입해봤거나 관심을 가져봤을 만큼 대중적으로 인기가 있는 상품이다. 채권 ETF가 지수 자체를 따른다면, 채권펀드에는 펀드매니저의 투자성향이 반영된다. 따라서 채권시장의

• 채권펀드 •

채권펀드 현황 조회	

검색결과 246 건 | '국내채권형' 펀드 입니다.

수익률 1개월 순 | ▼ 수익률 3개월 순 | 수익률 1년 순 | 신상품 순

펀드	1개월
키움KOSEF10년국고채레버리지증권상장지수투자신탁[채권-파생형] 설정일 2012.10.29 설정액 220억원	0.22%
NH-CA Allset국채10년인덱스증권자[채권]Class Ci 설정일 2014.09.01 설정액 100억원	N/A
메리츠국채크로스up증권자투자신탁[채권]종류A 설정일 2013.06.05 설정액 11억원	0.15%
메리츠국채크로스up증권자투자신탁[채권]종류C 설정일 2013.05.07 설정액 23억원	0.14%
키움KOSEF10년국고채증권상장지수투자신탁[채권] 설정일 2011.10.19 설정액 230억원	0.18%

종목 분석 조회

자산 구성현황

보유현황
- 국내주식 0.00%
- 해외주식 0.00%
- 국내채권 95.78%
- 해외채권 0.00%
- 펀드 0.00%
- 유동성 3.89%

펀드 운용 스타일

주식	채권
대 -	상 -
중 -	중 -
소 - 가치 혼합 성장	하 - 단기 중기 장기

평균PER	N/A	신용등급	AAA
평균PBR	N/A	평균듀레이션	8.67년
평균시총(억)	N/A	CP등급	9.70년

자료 : 네이버 금융

금리 추이와 펀드수익률은 펀드매니저 역량에 따라 차이가 발생할 수 있다. 약간의 수수료를 지불하면 운용을 대신해주기 때문에 채권 ETF 에 비해 편의성이 높다. 만약 채권시장이 주식시장보다 좋을 것 같은데 어떤 채권을 골라야 할지 감이 잘 오지 않는 투자자라면 채권 ETF보다 는 채권펀드가 적합하다.

채권펀드는 크게 순수채권형과 주식채권혼합형으로 나뉜다. 순수채 권형은 국고채·회사채·단기자금채권만을 편입하는 방어적 채권펀드 다. 반면 주식채권혼합형은 채권과 주식을 섞은 공격적 채권펀드로, 시 장위험을 분산시켜주는 역할을 한다. 채권펀드도 인터넷을 통해 충분히 기본 정보를 검색할 수 있다. 네이버에서 '펀드'라고 검색하면 모든 펀드 가 주르륵 나오는데, 채권형 또는 채권혼합형을 선택하면 유형에 따른

Tip. 해외 채권펀드도 고려해볼 만하다

해외 채권에 관심이 있는 투자자들이 제법 많지만, 접근방식을 몰라 투자하지 못하는 경우가 많다. 직접 매입이 어렵거나 부담스러운 투자자에게는 해외 채권펀드가 좋은 대안이다. 글로벌 자금은 끊임없이 순환한다. 따라서 국내 채권과 주식에만 정답이 있는 것은 아니다. 해외 주식펀드나 해외 주식은 가격 변동성도 높고, 업종에 따라 경기와 무관하게 움직일 수도 있다. 그러나 해외 채권은 그 나라나 글로벌 경제의 거시경제적 흐름에 따라 움직이는 경향이 있다. 따라서 시장 흐름을 읽을 수 있다면 해외 주식펀드나 해외 주식에 비해 일반투자자 입장에서는 수월한 측면이 있다. 다만 해외 채권펀드는 환헤지('환 換'과 '헤지 hedge'의 결합어로, 환율 변동으로 생기는 손해를 없애기 위해 현재 시점의 환율로 고정해두는 것) 여부를 분명히 확인해야 한다. 환헤지를 하지 않는다면 채권이 아닌 외환에 투자하는 것과 같아 배보다 배꼽이 더 클 수도 있다. 최근 인기가 있던 브라질과 러시아 채권 모두 채권이 아닌 환율에 물린 대표적인 사례다.

세부적인 펀드가 나온다. 이 중 원하는 펀드를 클릭하면 ETF와 같이 관련 정보들을 볼 수 있다.

채권펀드를 선택할 때는 설정액이 적지 않고, 펀드를 운용하는 자산운용사의 대표 펀드를 선택하는 것이 조금 더 유리하다. 설정액이 적고 회사가 관심을 가지지 않는 펀드의 경우 펀드매니저가 자주 바뀌거나 펀드 운용에 소홀할 가능성이 있기 때문이다. 물론 설정액이 크고 대표 펀드라고 해서 수익률이 보장되는 것은 아니지만, 해당 회사에서 조금이라도 더 신경을 쓰는 펀드가 유리하다. 채권펀드는 주식펀드에 비해 수수료율 수준이 높지 않기 때문에 펀드수수료의 부담은 크게 고려하지 않아도 좋다.

한편 펀드(채권·주식)는 온라인에서도 가입이 가능하지만, 먼저 증권사에 가서 계좌를 개설해야 한다. 또한 최근에는 '펀드슈퍼마켓'이라는 사이트가 생겨 모바일로도 편리하게 가입할 수 있다. 이 경우 현재 우리은행·부산은행·우체국·SC제일은행·새마을금고 등 지정 금융기관 지점에 방문해서 먼저 계좌 개설을 해야 모바일로 펀드를 가입할 수 있다.

펀드에 대해 잘 알고 있다면 온라인을 통해서 가입하면 되지만, 자신이 없다면 기본 정보만 인터넷에서 조회하고 영업점에서 직원에게 충분한 설명을 들은 후에 가입하는 것이 좋다. 영업점에서 가입할 경우 많은 서류를 작성해야 하기 때문에 1시간 이상 걸릴 가능성이 높지만, 돈을 투자하는 일이므로 시간이 걸리더라도 꼼꼼하게 확인하는 것이 좋다.

'시장금리＋α' 이상을 원한다면
회사채에 투자하라

회사채 투자의 핵심은 기업의 재무위험이다. 기업의 재무위험을 볼 수 있다면
회사채 투자는 저금리 시대에 매우 매력적인 대안이다.

회사채에 직접 투자하는 것은 채권 ETF나 채권펀드에 비해 채권을 직접 선택할 수 있어 운용의 묘미가 있고, 단기적으로 높은 수익을 얻을 가능성도 있어 관심이 있는 투자자들이 많다. 회사채 투자는 채권 ETF나 채권펀드보다는 공격적인 투자방식이고, 주식보다는 조금 방어적인 투자방식이다.

과거 인터넷이 발달하기 전에는 회사채에 대한 직접투자는 일부 고액자산가나 인적 네트워크가 있는 투자자들에 국한되는 경향이 있었다. 그러나 최근에는 영업점뿐 아니라 온라인에서도 쉽게 투자할 수 있을 만큼 접근성이 매우 좋아졌다.

회사채 투자는 '시장금리+a'의 수익을 추구할 수 있으나, 투자리스크도 예금이나 국채에 비해 상승하기 때문에 기업의 재무위험을 꼭 확인해야 한다. 만약 재무위험에 대한 배경지식이 부족하다면 채권신용등급이나 해당 기업의 주가를 보면 대략 짐작할 수 있다. 금융시장은 적절한 시장가격을 알아서 찾아주기 때문이다.

회사채 투자는 청약과 HTS를 통해 할 수 있다

회사채 청약으로 신규 채권을 매입할 수 있다

주식이 공모를 하는 것처럼 회사채도 일반투자자를 대상으로 공모를 한다. 회사채 공모에 참여하고 싶다면 영업점을 직접 내방하거나 HTS에서 청약일정에 맞추어 청약신청을 하면 된다. 주식 공모주에 청약하는 방식과 동일하게 진행된다. 국고채는 일반투자자의 참여가 제한되며, 청약의 대상이 회사채로 한정되어 있다.

최근에는 저금리가 심화되면서 국고채 투자 매력이 감소하고 부도위험이 적은 일부 대기업 회사채를 중심으로 투자자들의 큰 인기를 끌고 있다. 그러나 청약의 경우 경쟁률이 20:1을 넘는 등 청약경쟁이 매우 치열해 인기 우량 회사채의 경우 배정받을 수 있는 금액은 다소 제한된다. 주식 청약의 인기가 높아질수록 가격이 높아지듯이, 채권도 청약의 인기가 높아지면 채권가격이 상승하게 된다.

채권도 주식처럼 HTS로 거래할 수 있다

HTS에서는 발행 이후 시장에서 거래되는 채권들도 거래할 수 있다.

• HTS 채권 주문 화면 •

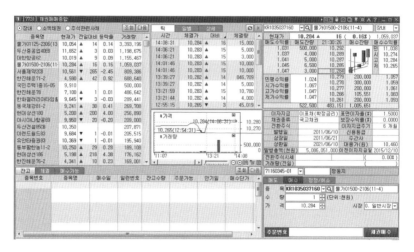

자료: 한국투자증권 HTS

지난 2014년 3월부터 일반회사채시장과 소액채권이 통합되었는데, 한 화면에서 일반회사채와 소액채권, 주식 관련 사채를 주문할 수 있어 매우 편리하다.

체결방식은 주식과 동일하다. 호가 화면에 나와 있는 채권의 가격과 수량을 입력하고 채권매수를 클릭하면 바로 체결된다. HTS로 채권주문을 하는 경우 주식처럼 차트를 보고 투자하는 사람들이 많은데 이는 적절하지 않다. 왜냐하면 채권은 시장금리 흐름에 연동이 되며, 회사채의 경우 해당 회사의 신용위험이 얼마나 되는지에 대해 충분한 리서치가 필요하기 때문이다. 만약 차트만 보고 채권 투자를 할 것이라면 회사채 투자는 지양해야 한다.

CB, BW, EB도 고려해보자

회사채의 경우 전환사채(CB), 신주인수권부사채(BW), 교환사채(EB) 형식으로 거래되기도 한다. 이 채권들은 채권에 붙어 있는 권리를 행사하지 않았을 때는 일반 채권과 동일하지만, 권리를 행사했을 때는 권리를 행사한 주식으로 전환된다는 점이 일반 채권과 다르다. 앞서 언급한 주식 관련 채권이 이것들이다.

단적인 예로 2016년 초 산은캐피탈은 '나무가(190510)'에 투자해 1년 만에 400%에 달하는 잭팟을 터트렸다. 어려운 시기에도 불구하고 영업이익이 1,300%나 급증하며 주가가 8만원 수준까지 상승한 이유다. 이러한 잭팟은 자주 있는 일은 아니지만, 경기가 어려운 시기에는 저렴하게 나오는 잠재성이 있는 기업들이 있기 때문에 이런 가십거리들이 종종 생긴다. 전환사채, 신주인수권부사채, 교환사채 모두 신규채권에 청약하거나 HTS에서 거래할 수 있다.

전환사채: 주식으로 변신 가능한 채권

전환사채는 일정한 조건에 의해 발행회사의 주식으로도 전환할 수 있는 권리가 부여된 채권이다. 전환사채는 주식으로 전환하기 전에는 이자를 지급받을 수 있는 채권으로 존재하고, 주식으로 전환하면 채권이 소멸하고 발행회사의 주식으로 전환된다. 주식으로 전환할 수 있는 권리를 부여했기 때문에 일반적으로 해당 회사의 회사채금리보다는 조금 낮은 편이다. 전환사채 투자의 핵심은 주식 전환가격이다.

예를 들어 약정된 주식 전환가격이 1만원이고, 현재 주식가격이 1만 5천원이라 가정해보자. 주식으로 전환한다면 투자자는 1만원에 주식을 받게 된다. 따라서 주식전환으로 5천원의 수익을 얻을 수 있다. 만약 주식 전환가격이 현재주가보다 높다면 주식으로 전환하지 않고 만기까지 보유해 약정된 이자를 지급받으면 된다. 한편 전환사채의 경우 주식전환 권리를 주기 때문에 기업 입장에서 회사채보다 유리한 조건으로 발행할 수 있어 기업의 선호도가 높은 편이다.

신주인수권부사채: 주식을 떼어 거래할 수 있는 채권

신주인수권부사채는 일정한 조건에 의해 발행회사의 신주를 인수할 권리가 부여된 채권이다. 즉 채권bond과 신주인수권warrant이 합쳐진 채권(BW)이다. 이것은 자금 조달이 어려운 기업들이 선호하는 경향이 있다. '채권 or 주식'인 전환사채에 비해 '채권 and 주식'인 신주인수권부사채는 투자자 유치가 수월하기 때문이다. 전환사채는 주식으로 전환하면 채권이 소멸되지만 신주인수권부사채는 신주인수권을 행사해도 채권은 남아 있어 투자자들에게 인기가 많다. 신주인수권부사채에서 주식

 Tip· 신주인수권부사채의 채권(B)도 노려보자

신주인수권부사채는 채권의 조기상환청구권이 있어서 중간에 채권원리금을 돌려받을 수 있다. 채권원리금을 돌려받아도 워런트의 권리는 그대로 살아 있어 향후 주가상황에 따라 주식을 인수할 수 있다. 일반적으로 신주인수권부사채를 공모를 통해 배정받으면 워런트(W)는 남기고 채권(B)은 바로 매도하는 경우가 많다. 이로 인해 채권가격이 액면가보다 저렴하게 거래되는 현상이 종종 발생한다. 시장의 왜곡이 발생한 것인데, 이 경우 저렴하게 매수해서 만기까지 보유하면 차액도 얻고, 차액에 대해서도 비과세 혜택을 받을 수 있다.

을 인수할 수 있는 권리를 '워런트'라고 부른다.

예를 들어 현재 주가가 1만원이고, 워런트 행사가격이 5천원이라면 투자자는 워런트를 분리해 5천원의 수익(1만원-5천원)을 낼 수 있다. 신주인수권부사채 투자의 핵심은 이 워런트에 있다. 만기까지만 주가가 행사가격보다 높아지면 되기 때문에 분리된 워런트는 시장에서 일반적으로 가격이 상승한다. 대중의 막연한 기대감이 반영되는 것이다. 이런 이유로 신주인수권부사채에서 워런트에 주목하는 투자자들이 많다.

교환사채: 약속된 비율만큼 주식으로 바꿀 수 있는 채권

교환사채는 발행회사가 보유한 주식을 약정된 교환비율과 가격으로 교환할 수 있는 채권이다. 교환사채는 발행사가 회사의 주식(자사주나 제3의 회사 주식)을 대량으로 보유하고 있을 때 자금 조달을 위해 발행하는 경우가 대부분으로, 전환사채나 신주인수권부사채보다는 발행 사례가 적은 편이다. 교환사채는 전환사채와 동일하게 채권은 소멸하고 주식으로 전환되는 채권이지만, 보유한 주식을 바탕으로 교환해주기 때문에 전환사채처럼 자본금의 증가가 없다.

교환사채의 핵심은 교환비율 및 가격에 있다. 예를 들어 현재주가가 1만원이고, 교환비율이 50%, 교환가격이 5천원이라면 투자자는 투자금 1만원 중 5천원에 한해 주식 1주를 받을 수 있다. 이 경우 투자자는 남은 5천원의 채권과 주식 1주를 보유하고, 채권의 이자와 주식의 차액 5천원을 벌 수 있다.

주식시장은 일반투자자가 금융시장에서 가장 주체적인 역할을 할 수 있는 시장이다. 이런 이유로 사람들의 가장 큰 관심을 받는 시장이며 대중들의 속마음을 가장 잘 보여주는 시장이기도 하다. 주식시장은 자금·채권·외환·파생 시장과 밀접하게 이어져 있다. 결국 돈이 금융시장의 물줄기인 금리를 따라 흘러가는 과정에서 만나는 시장 중 하나이기 때문이다. 따라서 채권·주식 시장으로 양분해 생각하는 것은 위험한 방법이다. 주식시장의 성격과 특징을 정확히 이해하고 전체 금융시장에서 주식시장을 바라보아야 올바른 방향으로 나아갈 수 있다.

주식시장,
금융시장에 활력을 불어넣는다

기업과 개인의 접점,
주식시장을 제대로 이해하자

주식시장의 구조는 생각보다 세분화되어 있다. 시장마다의 특색,
발행시장과 유통시장의 시스템을 아는 것이 주식시장에 접근하는 첫걸음이다.

주식시장은 채권시장과 함께 자본시장의 양대 축이며, 자본시장의 꽃이
라 불릴 만큼 화려하다. 아마 주식시장만큼 우리를 울고 웃게 하는 금융
시장은 없을 것이다. 앞서 자금시장과 채권시장이 금융시장에서 매우 중
요하다고 강조했지만, 그래도 눈이 가는 것은 주식시장일 것이다.

　주식시장은 자금시장이라는 금융시장의 뿌리에서 채권시장이라는 금
융시장의 줄기를 타고 올라온 영양분을 공급받아 열매를 맺는 시장이다.
또한 자금시장과 채권시장이 금융기관과 기업 중심의 시장이라면 주식
시장은 기업과 개인이 만나는 오작교다. 주식시장에 뛰어들기에 앞서 기
본적인 시스템을 이해하는 것이 주식시장으로 가는 첫걸음이다.

구분	채권	주식
발행자	정부, 한국은행, 특수법인, 주식회사	주식회사
자금 조달방법	타인자본	자기자본
소유자 지위	채권자	주주
경영 참여	불가	참여 가능(우선주 제외)
권리	약속된 이자를 지급받을 권리	배당금을 받을 권리
증권의 만기	만기 있음(영구채권 제외)	만기 없음
원금 상환	만기시 상환	없음

주식시장이란 무엇인가?

　　주식시장은 주식회사의 지분권을 표시하는 유가증권인 주식이 거래되는 시장이다. 우리 증시는 1956년 3월 대한증권거래소가 설립될 당시 상장회사가 조흥은행 · 저축은행 · 상업은행 · 흥업은행 등 17개로 일반 조합수준이었다. 그러나 지금은 2,149종목(코스피 887종목, 코스닥 1,154종목, 코넥스 108종목), 시가총액 1,446조 3천억원(코스피 1,241조 9천억원, 코스닥 199조 8천억원, 코넥스 4조 6천억원)으로 세계 14위를 차지하는 큰 시장이 되었다. 주식시장은 시가총액(주가×주식총수) 방식이 적용되기 때문에 삼성전자, 현대자동차 등 시가총액 상위 종목들의 변동에 주가지수도 비례하게 된다.

　　한편 우리 증시의 30~35%는 외국인투자자가 보유하고 있으며, 국내

투자자 중에서는 국민연금이 전체 시가총액의 7% 수준으로 가장 많이 보유하고 있다. 이에 대해서는 이 장의 뒤쪽에서 더 자세히 설명할 것이다. 주식시장은 일평균 약 9조 3천억원(코스피 5조 4천억원, 코스닥 4조 9천억원, 코넥스 14억원)이 거래되는 시장으로, 채권시장과 함께 자본시장의 큰 축을 담당하고 있다. 여기서 일평균 거래 규모가 잘 감이 오지 않을 텐데, 서울에 있는 32평 아파트를 1만 6,600가구 살 수 있는 엄청난 금액이다.

기업은 어떻게 자본을 조달하는가?

기업의 자본금 조달은 기업공개IPO, 유상증자, 주식배당 등을 통해 이루어진다. 기업의 자금 조달은 주주를 선정하는 방법에 따라 공모발행(50인 이상)과 사모발행(50인 미만)으로 구분된다. 주식시장의 상장 등 규모가 큰 경우는 공모발행을 통해 자금을 조달하지만, 규모가 작은 경우에는 사모발행을 선호하는 경향이 있다.

사모발행 방식은 기업이 소수의 투자자를 대상으로 발행하기 때문에 증권신고서 제출 등의 절차를 거치지 않고 정보 노출 없이 자금을 신속하게 조달할 수 있다. 특히 사모펀드의 경우 마음 맞는 투자자를 정보 노출 없이 신속하게 모을 수 있어 많은 사람들이 사모펀드를 선호한다. 일반적으로 투자자 입장에서도 사모발행이 공모발행에 비해 조금 더 수익성이 높다는 인식이 있어 선호하는 경향이 있다.

기업공개: 상장을 통한 자금 조달

대표적인 자본금 조달은 기업공개, 즉 IPO(Initial Public Offering)를 통해 이루어진다. IPO는 신규 발행주식을 투자자로부터 모집하는 대표적인 자금 조달방식이다. IPO와 상장을 혼용해 사용하는 경우가 많은데, IPO가 반드시 상장으로 이어지는 것은 아니다. 기업은 IPO를 하고 거래소의 상장심사에서 적격 통보를 받게 되면 공모를 통해 주식시장에 상장이 된다.

그러나 만약 IPO를 했더라도 상장 부적격심사를 받게 되면 상장할 수 없기 때문에 모두가 상장으로 이어지는 것은 아니다. 최근 검찰수사를 받은 롯데호텔의 상장이 연기된 것이 대표적인 예다. 다만 최근 거래소 정책은 기업과 주식시장에 활력을 불어넣고자 상장심사를 완화하는 추세이기 때문에 큰 하자가 없는 이상 상장을 시켜주려고 한다.

유상증자: 주식 추가발행을 통한 자금 조달

유상증자란 기업재무구조 개선 등의 목적으로 회사가 신주를 발행하는 것을 말한다. 유상증자는 회사가 돈을 받고 새로 발행한 주식을 파는 것을 의미한다. 새로운 자금이 회사에 유입되기 때문에 기업이 자금이 필요하거나 재무구조를 개선할 때 활용하며, 재무적으로도 지분의 변동이 있기 때문에 부채나 자본구조 등이 변한다. 쉽게 말해 '주식을 더 발행해서 자금을 모집하려 하니 우리 주식을 사주십시오.'라고 하는 것이다.

유상증자 후 주가의 흐름에 대해 많이 궁금할 것이다. 일반적으로 유상증자는 기업의 재무구조가 좋지 않거나 신사업 확장을 위해 주식을 발행해주고 돈을 조달하기 때문에 증자 후 주가 흐름은 좋지 않은 경우

Tip· 무상증자와 주가

무상증자는 기업에 충분한 돈(적립금)이 있는 상황에서 유통물량 확대나 주주 가치 향상을 위해 기존 주주에게 주식을 주는 것을 말한다. 일반적으로 무상증자 이후에는 주가가 다시 평소의 시장가격으로 회복되는 경우가 많다. 1주당 1주 추가로 무상증자를 했다면 주가는 50%로 하락해야 하지만, '이 기업은 탄탄하구나. 원래대로 100%의 가격을 인정해도 괜찮겠다.'라는 투자심리가 반영되기 때문이다. 그러나 시장에서 보기에 그리 좋은 기업이 아닌데, 무상증자로 호기를 부리면 주가는 하락한다.

가 많다. 지분의 변동까지 감내하며 주식을 발행한다는 것은 기업에 돈이 없다는 반증이기 때문이다. 이는 인플레이션과 같이 주식의 가치만 하락시키게 된다. 그러나 자금 조달 목적이 성장성 있는 신규 사업 목적이라면 주가는 상승하기도 한다. 따라서 유상증자에 투자한다면 증자 목적에 대해 명확하게 아는 것이 중요하다. 단순하게 자금시장이나 채권시장에서 돈줄이 말라 주식시장에서 이를 보전하려는 목적이거나 빚을 갚기 위한 목적이라면 주가는 하락한다.

주식시장별 특성은 어떻게 다를까?

주식을 거래하는 시장을 유통시장이라고 하는데, HTS를 떠올리면 된다. 즉 유통시장은 이미 발행된 주식이 거래되는 시장이다. 유통시장의 거래는 주식의 시장성과 현금성을 높여 투자를 촉진시켜 자본

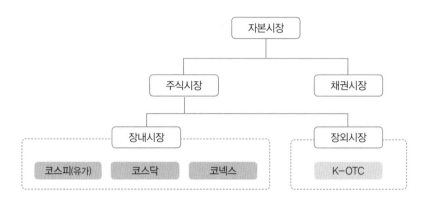

· 주식시장의 구조 ·

시장에 활력을 넘치게 한다. 따라서 주식시장에서 투자를 한다면 유통시장별 특성을 아는 것은 매우 중요하다.

　친구에게 "네가 투자한 A기업은 코스피야, 코스닥이야?"라고 물어보았을 때 답변을 못하고 머뭇거린다면 이는 시장의 특성을 전혀 고려하지 않고 투자한 것이라고 볼 수 있다. 즉 적절한 투자라고 할 수 없다는 것이다. 주식시장은 종류별로 그 특색과 성향이 현저히 다르기 때문에 주식시장에 참여하기에 앞서 각 시장별로 참여하는 기업이나 시장의 움직임을 이해해야 한다.

　우리 증시는 코스피·코스닥·코넥스·K-OTC(Korea Over-The-Counter) 시장으로 구분된다. 코스피가 1부 리그, 코스닥이 2부 리그, 코넥스가 3부 리그라고 한다면, 장외시장인 K-OTC시장은 또 다른 리그라고 생각하면 된다. 상장요건도 코스피부터 코넥스시장으로 갈수록 낮아진다.

코스피: 전기전자·서비스·금융·철강 중심의 대기업 시장

코스피는 전기전자·서비스·금융·철강 등 대기업 중심의 시장이다. 성격이 비슷한 시장으로 미국의 다우존스와 S&P500이 있다. 상장요건은 시장의 상황에 따라 조금씩 바뀌고 있으나, 시가총액 4천억원, 매출 2천억원 이상 등 규모가 큰 기업이 상장된다. 코스피는 기관투자자와 외국인투자자가 중심인 시장이며, 개인투자자가 시장에 미치는 영향력은 코스닥에 비해 다소 떨어진다. 특히 글로벌 펀드의 경우 코스닥보다는 코스피를 훨씬 더 선호하기 때문에, 코스피시장에 투자를 한다면 먼저 글로벌 경제 상황을 필수적으로 이해해야 한다. 1일차와 6일차를 연계해서 보면 조금 더 도움이 될 것이다.

한편 코스피는 2차 산업 중심의 대형 우량주가 많기 때문에 변화의 속

• 코스피 업종별 비중 •

업종명	지수	전일대비		등락률	거래량(천)	비중(%)
전기.전자	9,639.36	▼	-10.35	-0.11	47,851	20.81
서비스업	1,186.53	▲	11.08	0.94	49,044	14.68
금융업	406.71	▲	1.59	0.39	20,150	11.23
화학	5,376.86	▲	77.27	1.46	16,354	10.93
운수.장비	1,710.70	▲	7.68	0.45	30,310	8.79
유통업	462.68	▲	3.27	0.71	123,552	6.03
보험	18,558.19	▼	-17.11	-0.09	2,094	4.26
전기.가스업	1,732.85	▲	9.88	0.57	1,009	3.56
철강.금속	4,130.85	▲	31.59	0.77	26,068	3.35
음식료품	5,132.71	▲	7.49	0.15	12,398	2.80
의약품	9,936.62	▲	47.56	0.48	59,883	2.49
통신업	329.20	▲	4.57	1.41	1,831	2.36
건설업	112.71	▲	0.42	0.37	5,223	1.68
운수.창고	1,616.94	▲	25.56	1.61	54,184	1.55
증권	1,637.67	▲	16.81	1.04	8,194	1.55

자료: 한국투자증권 HTS

도가 다소 느리며, 산업 사이클의 영향을 많이 받는다. 따라서 글로벌 경제 상황 다음으로 확인할 것은 업종의 현황이다. 산업 사이클상 업종 자체가 부진하면 좋은 성과를 기대하기 어렵다.

마지막으로 확인해야 할 것은 선호 업종 내 개별 기업현황이다. 코스피에 있는 개별 기업을 확인할 때는 주가 추이 이외에 채권시장 등과 연계해 기업의 실제 재무상태를 보아야 한다. 기업에 돈이 많으면 주가는 안정적이고, 돈이 없으면 주가는 자연스럽게 하락한다. 여기에 사업성이 좋으면 +a가 된다. 재무적으로 안정적인 기업들은 외부 변수가 적어 많은 투자자들이 좋아하는 차트 분석에 있어서도 도움이 된다. 금융시장에서 괜히 업종과 거래시장을 구분해놓은 것이 아니라는 것을 이해해야 한다. 자신이 경제 전반에 관심이 많고 분석하는 것을 좋아하는 편이라면 코스피시장이 잘 어울린다고 볼 수 있다.

코스닥: IT 및 제약 중심의 성장기업 시장

코스닥은 코스피에 비해 진입장벽이 낮아 기업경력이 짧은 벤처기업, 유망 중소기업 등이 진입하는 시장이다. 코스닥시장은 IT 및 제약, 성장 잠재성이 높은 기업 등이 중심이 된다. 그만큼 코스피에 포함되어 있는 기업과 비교해 상대적으로 성장성이 높고 주가 변동성 또한 크다. 즉 기업의 재무상태에 앞서 사업성이 더 중요한 요인으로 작용한다는 의미다.

코스피와 다르게 코스닥의 성장 기업들은 PER(주가수익비율)·PBR(주가와 1주당 순자산을 비교해 나타낸 비율)·ROE(자기자본이익률) 등으로 평가하기가 매우 어렵다. 코스닥시장의 특성상 기업의 30~50년 수준의 잠재 성장성을 현 주가에 반영하는 경우가 많기 때문이다. 따라서 현 주가가 이미 기업의 30~50년 이상의 수익을 반영하고 있다면 좋

• 코스닥 업종별 비중 •

업종명	지수	전일대비	등락률	거래량(천)	비중(%)
제조	2,205.91 ▲	13.93	0.64	330,136	26.00
IT H/W	406.66 ▲	1.94	0.48	172,012	10.73
제약	7,069.81 ▲	68.48	0.98	103,319	10.50
IT S/W	1,891.25 ▲	2.48	0.13	61,776	7.62
반도체	963.41 ▲	3.82	0.40	27,594	5.25
IT부품	719.24 ▲	2.18	0.30	109,945	3.57
유통	550.10 ▲	2.13	0.39	31,690	3.35
디지털컨텐츠	1,147.07 ▼	-2.43	-0.21	9,793	2.48
기계.장비	520.88 ▲	3.24	0.63	48,320	2.43
화학	2,547.49 ▲	13.66	0.54	11,326	2.29
인터넷	16,171.88 ▲	96.53	0.60	2,517	2.24
의료정밀기기	2,049.79 ▲	19.90	0.98	13,379	2.24
소프트웨어	273.78 ▲	0.96	0.35	33,899	2.20
통신방송	1,654.44 ▼	-10.55	-0.63	15,973	2.11
오락문화	565.77 ▲	6.80	1.22	33,980	2.02

자료: 한국투자증권 HTS

은 성과를 내기 어렵다. 코스닥이 코스피에 비해 일반투자자들에게 손실을 많이 안기는 이유다.

한편 일정 수준 성장을 이룬 코스닥 기업은 코스피로의 이전을 결정하기도 한다. 코스닥에 비해 코스피는 대규모 기관투자자와 외국인투자자의 선호가 높기 때문이다. 즉 기업의 외형도 확대되고, 안정적인 주주도 생기게 되는 셈이다.

코스닥과 비슷한 시장으로 미국의 나스닥NASDAQ이 있다. 나스닥에는 애플, 페이스북 등 누구나 알고 있는 유명 IT기업들이 상장되어 있다. 코스닥과 나스닥 모두 기업의 기술력과 잠재성에 따라서 빠르게 변화하는 시장이다. 코스닥은 코스피에 비해 변화 속도가 빠르고 다이내믹한 경향이 있어서 개인투자자의 영향력이 높다. 그만큼 개인투자자의 심리가 많이 반영되고, 유행에 민감한 업종이나 일부 테마주의 경우에는 개인투자자가 주도하기도 한다. 따라서 코스닥에 투자하고 싶다면 빠르게 대응해야 한다.

코스피에 투자하듯이 느리게 대응하면 기회도 금방 지나가고, 손실도 금방 찾아온다. 일반투자자는 코스피보다 코스닥을 쉽게 생각하는 경향이 있다. 그러나 코스닥은 기업의 가치와 투기 사이에 자리 잡은 혼란스러운 시장이기 때문에 조금만 방심했다가는 망망대해에 떠돌고 있는 자신을 발견할 수 있을 것이다. 자신의 성향이 빠릿빠릿하고 잔머리를 잘 굴리는 편이라고 한다면 코스피보다는 코스닥시장이 조금 더 어울린다고 볼 수 있다.

코넥스: 중소 벤처와 중소기업 중심의 초기 성장기업 시장
2013년에 개설된 코넥스는 아직까지는 생소한 시장이다. 코넥스는 코스닥에도 참여할 수 없는 중소 벤처 및 중소기업들(자기자본 5억원, 매출 10억원, 순이익 3억원 미만)을 대상으로 하며, 이들 기업이 상장을 통한 원활한 자금공급을 통해 잠재성을 이끌어내는 데 목적이 있다. 4일차에서 소개한 회사채 시장에는 참여할 수 없는 규모가 매우 작은 중소기업들이기 때문에 코넥스 시장은 유망 중소기업의 자금 조달 능력을 확보해 준다.

현재는 투자의 매력도가 큰 시장은 아니기 때문에 거래가 활발하지는 않다. 그러나 코넥스와 성격이 비슷한 미국의 러셀2000지수(미국 소형주)는 S&P500이나 나스닥만큼 알려지진 않았지만, 코스닥의 15배에 달하는 큰 시장으로 거래가 매우 활발하다. 우리 자본시장이 확대될수록 이러한 우량 중소기업들의 거래가 활성화될 것이다. 우량 중소기업의 성

· 코넥스 종목 구성 ·

종목명	현재가	전일대비	시가	고가	저가	매도호가	매수호가	거래량	거래대금
에이치엔에스하이	6,900 ▲	300	6,900	6,900	6,900	6,900		1	6,900
엠로	5,750	0	0	0	0	5,850	5,050	0	0
인산가	3,500	0	0	0	0		3,400	0	0
이엘피	10,000 ▼	100	10,500	10,500	9,800	10,000	9,000	753	7,550,500
에프앤가이드	3,055	0	0	0	0	3,145	2,970	0	0
선바이오	19,600 ▼	150	19,950	20,000	19,100	19,600	19,500	4,996	96,892,700
관악산업	3,995 ▲	495	3,995	3,995	3,995	3,500	3,200	1	3,995
유비온	3,700	0	0	0	0	3,700	3,500	0	0
세화피앤씨	3,260	0	0	0	0	3,390	3,200	0	0
네추럴FNP	3,840 ▼	455	3,840	3,840	3,840	3,840	3,705	200	768,000
에스엔피제네틱스	8,450 ▼	40	9,760	9,760	7,220	8,450		103	748,710
유디피	1,500 ▼	155	1,890	1,890	1,410	1,590	1,500	24	36,150
럭스피아	930 ▼	5	820	930	820	930		1,989	1,631,200
이엔드디	6,900 ▲	100	6,900	6,900	6,900	6,900		200	1,380,000
에이치앤아이	1,225 ▲	35	1,290	1,445	1,220	1,445	1,225	2,005	2,519,385
써닛	3,550 ▲	200	3,550	3,550	2,850	3,545		12	37,685
한중엔시에스	1,520 ▼	210	1,520	1,520	1,520		1,605	500	760,000
세신버팔로	515	0	520	520	515	515		2	1,035
대주이엔티	8,850 ▼	430	8,350	8,850	8,350	8,850		121	1,010,850
태양기계	3,600 ▼	50	3,600	3,600	3,600	3,600	3,550	70	252,000

자료: 한국투자증권 HTS

장은 경제의 허리를 강화시키기 때문에 국가경쟁력 강화에 도움이 된다. 즉 대기업과 중소기업의 밸런스가 향상되는 것이다.

본론으로 돌아와 코넥스시장은 완벽히 개인투자자 중심의 시장이다. 따라서 코스피나 코스닥에 비해 변화 속도가 매우 빠르다. 또한 아직 무르익지 않은 기업들이 참여하는 시장이기 때문에 투자의 위험성도 높다. 코넥스시장에 투자하고 싶다면 차트 분석이나 가치 평가에 앞서 최근 재무상황을 중심으로 관찰하는 것이 도움이 된다. 일시적인 자금난에도 경영이 악화될 수 있는 작은 기업들이기 때문이다. 또한 투자시 거래량이 지나치게 적은 종목은 주식을 팔 때 현금화하기 어렵기 때문에 투자에 유의해야 한다.

K-OTC: 비상장 중소·벤처·대기업 중심의 시장

K-OTC 시장은 비상장주식의 매매거래를 위해 한국금융투자협회가 운영하는 장외시장이다. 과거에 비상장 중소 및 벤처기업의 직접금융 활성화를 위해 프리보드(코스피 및 코스닥시장에 상장되지 않은 주권의 매매거래를 위해 한국금융투자협회가 개설·운영하는 증권시장)를 운용했었다. 그러나 코넥스시장의 개설로 역할이 모호해지며 새롭게 개편되었다.

장외시장인 K-OTC 시장은 중소기업을 비롯해 비상장 우량기업들이 혼재되어 있다. K-OTC에서 거래되는 대기업 계열사의 경우 언제든지 코스닥·코스피시장에 상장될 가능성이 있어 고수익을 추구하는 일부 투자자가 선호하는 시장이기도 하다. IPO 전에 이들 기업을 매수하면 높은 청약 경쟁을 거치지 않고도 이들 기업에서 높은 수익을 낼 수 있기 때문이다. 최근 거래량 상위를 보니 삼성메디슨, 하이투자증권 등 우리에게 친숙한 기업들도 포함되어 있다.

· K-OTC 시장 ·

장외주식거래: K-OTC	HTS를 통한 장외주식 주문

자료: K-OTC

자료: 한국투자증권 HTS

　장외주식에 관심이 있는 사람들이 제법 많은데 방법을 몰라 참여하지 못하는 경우가 많다. 일각에서는 K-OTC 시장이 접근하기 어려운 시장이라고 오해하지만, K-OTC 시장은 기존에 증권계좌가 있다면 HTS에서도 편리하게 거래할 수 있기 때문에 결코 숨어 있는 시장이 아니다. 장외주식의 경우 높은 수익률을 노릴 수 있으나, 주식 가치에 대한 정확한 평가가 어렵기 때문에 투자시에 조금 더 유의해야 한다.

　만약 상장 가능성이 있는 장외주식에 투자하고 싶다면, 먼저 모기업의 지배구조나 사업현황을 통해 이 기업이 상장을 하고 싶어하는가에 대해 리서치를 하는 것이 중요하다. 결국 상장의 본질은 자금 조달 및 외형 확대를 위한 것이기 때문이다.

주식시장의 역사는
끝없이 반복된다

주식시장의 역사는 어떤 금융시장보다 많은 것을 말해준다.
불황을 피할 수 있다면 남은 건 호황이라는 주식시장의 격언을 떠올려보자.

주식시장은 금융시장의 다른 어떤 시장보다 많은 이들의 사랑을 받고 있는 시장이다. 남녀노소 할 것 없이 주식 이야기에는 귀를 기울인다. 이런 이유로 많은 사람들은 주식시장의 미래를 궁금해하고 예측하고 싶어 한다. 그러나 주식시장만큼 역사가 반복되는 시장도 없다. 따라서 주식시장의 미래를 알고 싶다면 과거부터 지금까지의 역사를 아는 것이 중요하다. 역사는 생각보다 많은 것을 알려준다. 시장의 유행과 대중의 심리는 돌고 돈다. 역사를 암기하기보다는 '그래, 그때는 그랬었지!'라고 떠올릴 수 있으면 충분하다.

주식시장의 역사적 흐름

1988~1997년의 주식시장

케이블 방송에서 인기리에 방영되었던 드라마 〈응답하라 1988〉의 배경이 된 1989년 3월 31일에는 종합주가지수가 최초로 1천 포인트를 돌파했다. 저금리·저유가·저환율 등 3저低 호황으로 인해 산업경쟁력이 높아지고, 국민 소득수준이 향상된 결과였다. 그러나 1992년 외국인투자자에게 주식시장을 전면 개방한 이후, 1997년 외환위기(IMF 사태)가 발생함에 따라 1998년 6월 코스피는 280포인트까지 추락했다.

사실 1997년 IMF 사태의 시발점은 1994년부터 시작된 미국의 급격한 금리 인상(3.0% → 6.0%)이었다. 이후 글로벌 자금은 신흥국의 자금을 진공청소기같이 빨아들이며 동아시아 전체로 위기가 확산되었다. 금리 인상의 효과가 누적되어 돈줄이 말라버린 대기업들이 폭발하듯 터져버린 것이다.

당시 주식시장에 상장되어 있는 기업들의 가치는 매우 큰 폭으로 하락했다. 실례로 외환위기 이후 삼성전자의 주가는 11만 1천원에서 3만 2,600원으로 71% 급락했다. 이성적으로 판단하면 당연히 삼성전자를 매수해야 했지만, 당시 주식시장의 패닉은 2008년 금융위기보다 훨씬 심각한 수준이었다. 또한 대부분의 국민들은 다음 달 생활비를 걱정해야 하는 상황이었기에 투자는 꿈도 꿀 수 없었다. 반면 여유자금이 있던 투자자들은 이때 많은 부를 축적했다.

1998~2008년의 주식시장

1997년 이후 우리나라는 강도 높은 구조조정, 기업합병, 금융시장 개방과 함께 전 국민의 금金모으기 운동으로 위기를 극복했다. 이후 1999년 바이코리아 펀드 등 주식형 펀드 투자붐과 벤처 열풍이 더해져 주식시장은 다시금 타올랐다. 2000년에는 벤처거품이 꺼지며 코스닥지수가 전 고점 대비 20% 수준까지 급락했다. 2015년에도 코스닥의 제약·바이오 업종의 종목들이 벤처 열풍과 같은 인기를 누렸었는데, 더 상승하지 않고 조정이 된 것은 오히려 다행이라는 생각이 든다.

한편 박현주 펀드(미래에셋에서 출시된 국내 최초의 뮤추얼 펀드) 등 재테크 열풍이 다시금 불며 2007년 2천 포인트를 돌파했다. 주식형 펀드에 가입하지 않은 사람이 없을 만큼 엄청난 열풍이었다. 당시 주식형 펀드에 대한 기대는 지니의 마법램프에 비견될 만큼 전 국민의 마음을 사로잡았다.

그러나 2008년 글로벌 금융위기가 발발하며 우리 주식시장은 다시 위기를 맞게 된다. 전 세계적으로 미국 서브프라임 모기지(비우량 부동산 대출채권)발 쓰나미에 휩쓸렸는데, 우리나라 증시 역사상 하루 최대 낙폭 126.5포인트와 최대 상승 115.7포인트를 같은 달에 기록할 정도였다. 현재 금융권에서 실무자로 일하는 사람이라면 트라우마를 여전히 간직하고 있을 정도로 상처가 깊은 사건이었다.

2009년~현재의 주식시장

2008년 이후 글로벌 중앙은행들의 유동성 공급 속 세계금융위기를 극복해가는 가운데, 2011년 5월 사상 최고치인 2,228.96포인트를 기록했다. 그러나 밝은 미래에 대한 희망도 잠시, 미국 신용등급 강등, 유로존 위기, 중국 경기둔화, 유가 급락 등의 일련의 사건 속에서 주가는 현재 1,800~2천 포인트의 박스권 장세를 몇 년째 이어가고 있다.

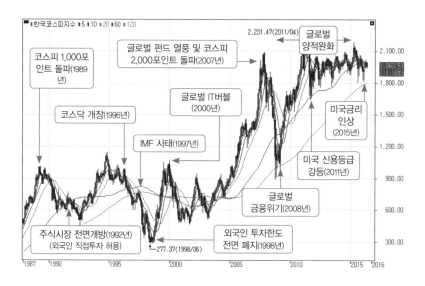

현재 금융시장은 자금이 단기자금시장과 채권시장으로 쏠리는 현상이 심화되고 있는데, 그나마 주가가 1,800~2천 포인트를 유지하고 있는 것은 고수익 투자처를 찾는 글로벌 핫머니와 부채를 통한 투자 증가가 주요한 이유라고 판단된다. 실제로 신용융자 추이를 살펴보면 코스피지수가 2천 포인트를 돌파했던 2007년 약 7조 100억원을 넘어서 2016년에는 1분기 7조 800억원 수준까지 증가했다. 2014년 대비 39.3%나 증가한 것이다. 시장의 단기적 투기성 자금 유입이 증가했다는 것은 단기적인 변동성이 커질 수 있음을 의미한다.

이렇듯 우리나라 주식시장의 역사는 경제 펀더멘털 향상 또는 글로벌 투자붐에 따라 버블을 만들었고, 국내보다는 외부적 요인에 의해 패닉이 발생하는 경향이 있다. 우리 증시는 앞으로도 이러한 패턴을 반복해서 보여줄 가능성이 높다. 우리는 여전히 글로벌 금융시장의 변방이고, 해외 시각에서는 아직 신흥국이기 때문이다.

우리 주식시장은 언제든 해외발 역풍에 의해 역사를 반복할 가능성이 있다. 따라서 미래를 예측하기에 앞서 현재 주식시장의 위치가 어디쯤에 있는지 아는 것이 중요하다. 뒤에서 설명할 개인투자자와 주식시장 부분을 참고하면 이에 대한 힌트를 얻을 수 있을 것이다.

우리나라 증시의 현재 위치

최근 우리 증시에서 눈에 띌 만한 버블은 없는 듯하다. 과거에 비해 투자자들의 심리가 많이 위축된 이유다. 오히려 향후 1~2년간은 호재보다는 악재가 더 눈에 띌 것이라고 생각된다. 현재 주목해야 할 것은 그동안 우리 증시를 이끌어오던 조선·중공업·건설업의 부진과 글로벌 유동성 축소 움직임이다. 현재 산업경쟁력이 매우 떨어진 조선·중공업 등을 살리기 위해 정부가 두 팔을 걷고 한국판 양적완화를 추진하는 모양이지만, 역사적으로 보았을 때 첫 단추부터 새롭게 여미는 구조조정이 수반되어야 주식시장도 탄력을 받을 수 있다. 밑 빠진 독에 물을 부어봐야 물만 아깝다.

지난 5년간 글로벌 중앙은행들이 살포한 돈에 비하면 주가의 상승폭은 매우 아쉬움이 남지만, 글로벌 유동성이 축소(금리 인상)되는 것이 기정사실화된 지금, 새로운 사이클로 접어들고 있음은 분명하다. 일각에서는 주식시장이 상승세로 전환할 것이라는 분석도 있다. 물론 미국의 금리 인상에도 불구하고, 아직까지는 글로벌 금융시장에 유동성이 풍부해 자산 재분배 과정에서 주가가 상승할 가능성이 없는 것은 아니다. 우리나라의 경우도 기준금리 인하나 한국판 양적완화 등 정책 카드가 남아 있어 인위적인 주가부양은 단기적으로 가능할 것이다.

　그러나 이러한 정책 카드를 모두 소진한 이후에 또 무엇이 있을지 의문이 든다. 최근같이 미국의 금리 인상 사이클과 맞물려 시중자금이 단기자금시장으로 밀려들어가고 있고, 주요 산업들이 부진한 상황에서 주식시장이 상승세로 전환한다면 오히려 경계해야 한다고 판단된다.

주가와 주식의 가치는
초과수요와 초과공급이 결정한다

주가와 주식의 가치 사이에는 시장의 노이즈가 개입될 수밖에 없다.
중요한 것은 매입한 이후의 초과수요와 초과공급의 존재 유무다.

여름과 겨울 휴가시즌이 되면 많은 사람들이 국내외로 여행을 간다. 여행지에 숙소를 잡기 위해 가격을 알아보면 비성수기에 비해 2배 이상 비싸다. 봄이나 여름이나 가을이나 겨울이나 같은 숙박지인데 성수기만 되면 가격이 높아지는 것이다. 왜 그럴까? 사람들이 몰리고 인기가 높아지기 때문이다. 1일차에서 설명한 수요와 공급의 법칙에서 보았듯이, 공급은 한정되어 있는데 수요가 몰려 초과수요 상태가 되면 가격이 올라가는 것이다. 반대로 성수기가 지나면 초과공급 상태가 되어 가격은 떨어진다. 주가도 이와 마찬가지의 원리가 적용된다.

주가의 노이즈는 초과수요와 초과공급이다

많은 사람들이 주가 분석에 있어 차트 분석과 가치 평가를 양 극단에서 구분 짓지만, 이들의 공통분모는 같다. 바로 초과수요와 초과공급의 존재다. 차트 분석이든 가치 평가든 초과수요가 있으면 가격은 오른다. 반대로 초과공급이 있으면 가격은 떨어진다. 아무리 좋은 주식도 초과수요가 더이상 없는 상태에서 비싸게 샀다면 잘못 산 것이고, 나쁜 주식이라도 초과수요가 있는 상태에서 주식을 샀다면 잘못 산 것이 아니다.

차트 분석에서 주가와 주식의 가치

차트 분석에서 주가와 주식의 가치는 가치 평가와는 조금 다르다. 아무리 가격이 높아져도 차트상의 매수 신호가 있다면 주식의 가치는 여전히 적정하다고 생각한다. 또한 아무리 가격이 낮아져도 차트상의 매도 신호가 있다면 주식의 가치는 현저히 낮다고 생각한다. 요즘 『삼국지』를 다시 읽고 있는데, 『삼국지』에 나오는 장수들의 공격방식에 금융시장의 기술적 분석방식이 오버랩되곤 한다. 그들은 선봉군이 적진을 돌파하거나 아군이 배수의 진을 치면 "물러설 곳이 없다. 돌격하라!"라고 명령을 내린다. 그들의 돌격은 성공하기도 하고 다시 밀리기도 하며, 적군의 계략에 빠져 실패하기도 한다. 그런데 적군이 강하고 약하고의 문제를 떠나 군사들의 사기가 중요하다. 군사들의 사기를 주식시장에서는 '모멘텀momentum'이라고 부른다. 기술석 분석에 있어 '사기 = 모멘텀 = 주식'의 가치 관계가 성립되며, 좋은 기업은 모멘텀이 살아날 기업이고, 나쁜 기업은 모멘텀이 떨어질 기업이다.

· 삼성전자 주가 추이 ·

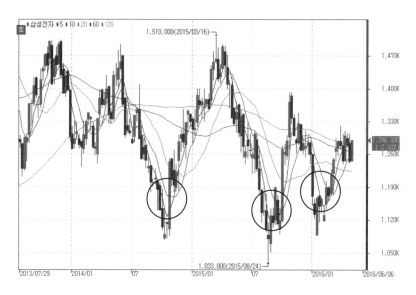

자료: 한국투자증권 HTS

　기술적 분석에서 가장 기본적인 신호 중 하나인 '바닥(지점)'으로 이를 살펴보겠다. 『삼국지』로 비유하자면 '배수의 진'과 유사하다. 기술적 분석에서 바닥은 사기, 즉 모멘텀이 떨어질 대로 떨어졌지만 정예병(충성 주주)이 남아 있어 언제든 사기가 치솟을 수 있는 상태를 말한다. 예를 들어 우리나라 대표주인 삼성전자를 살펴보면, 삼성전자의 주가는 2016년 1월 미국의 금리 인상 우려로 바닥을 형성했다. 이곳에 '배수의 진'을 친 삼성전자 주가는 일부 금융기관의 목표 주가 하향 소식에도 불구하고 버티기 시작했다. 가치 평가를 선호하는 일부 애널리스트는 삼성전자의 주가를 하향조정했지만, 전 저점(최근에 주가가 가장 낮은 지점)이라는 신호를 높이 산 투자자는 삼성전자의 주가를 적정하다고 판단했다. 언론에

226

서도 삼성전자의 스마트폰 약발이 다했다며 우려하기 시작했다. 그러나 미국 금리 인상이 연기되며 초과수요가 유입되어 주가는 다시 상승했다. 즉 중요한 것은 자신이 매입한 이후의 초과수요 유무다.

그러나 한 가지 강조하고 싶은 것은 차트의 선후 관계다. 저점 이후 이를 돌파할 수 있었던 것은 저점 때문이 아니다. 삼성전자를 바닥까지 몰고 갔던 '미국 금리 인상'이라는 악재가 지연·소멸되었기 때문이다. 만약 미국 금리 인상이 계속 삼성전자를 불안하게 했다면 새로운 전 저점을 만들었을 것이다. 남아 있던 정예병들도 결국 하나둘 떠나갔을 것이기 때문이다.

따라서 기술적 분석의 경우 차트만 신봉한다면 가격과 가치 사이에서 영원한 방랑자가 될 수밖에 없다. 초과수요와 초과공급을 만들었던 기본적인 이유에 대한 분석이 겸해져야 좋은 결과를 얻을 수 있다. 여기에 앞서 설명한 주식시장의 특성을 이해한다면 더 도움이 될 것이다.

가치 평가에서 주가와 주식의 가치

가치 평가에서 주가와 주식의 가치는 기업의 가치와 직결된다. 즉 기업의 가치가 주가보다 높다면 주식의 가치는 높다고 판단하고, 반대로 기업의 가치가 주가보다 낮다면 주식의 가치가 낮다고 판단한다. 가치 평가의 기본은 주가와 기업의 가치가 거의 비슷한 좋은 기업을 찾아 저렴하게 매수하는 데 있다. 그리고 때가 되면 많은 사람들(초과수요)이 그 기업을 알아줄 것을 기대한다.

『삼국지』에 빗대어보면 가치 투자의 성공적인 사례는 제갈량이다. 유비가 힘을 모으는 과정에서 제갈량이라는 군사를 얻지 못했다면 촉나라를 세우지 못했을 것이다. 또한 제갈량이 유명세를 떨친 이후에 찾아갔다면 조조나 손권에 유비까지 드래프트를 신청했을 것이기 때문에 얻기 힘들었을 것이다. '수경선생(사마휘)'이 유비에게 소개해준 덕분에 제갈량을 찾아갈 수 있었는데, 지금으로 따지면 내부자정보에 해당한다.

차트 분석이 모멘텀을 중요하게 생각하는 반면, 가치 평가는 잠재성을 중요하게 생각한다. 즉 가치 평가에서는 '잠재성＝기업의 가치'의 관계가 성립된다. 따라서 좋은 기업이란 잠재성이 있는 기업이고, 더 좋은 기업이란 잠재성이 있는 저렴한 기업이며, 나쁜 기업이란 잠재성이 없는 기업이다.

몇 년 전부터 대중매체의 푸드 열풍을 타고 크게 성장한 BGF리테일로 예를 들어보겠다. BGF리테일은 지난 2014년 5월 코스피에 상장한, 편의점 CU로 더 유명한 유통회사다. 당시 많은 투자자들이 담뱃값 인상에 따른 프리미엄에 집중하며 단기적인 차익을 얻고 나왔다. 그러나 일부 투자자는 일본의 편의점 성장모델에서 잠재성을 찾았다. 1~2인 가구 증가로 인해 소비 트렌드의 변화가 시작되었다고 판단한 것이다. 여기에 푸드 열풍이 불고 편의점 도시락이 대히트를 치며 뒤늦게 이를 알아챈 투자자들의 폭발적인 초과수요로 주가가 치솟았다.

BGF리테일과 같은 사례는 과거에서도 찾아볼 수 있다. 지난 2006년 세계적인 자동차 디자이너인 피터 슈라이어Peter Schreyer를 영입한 기아자동차는 세련된 디자인의 '소울' '스포티지' '카니발'을 앞세워 이미지 변신을 꾀했다. 기아자동차의 변신과 1세대 K5가 길거리에 돌아다니기 시작한 것을 눈여겨본 일부 기본적 분석가들이 기아자동차 주식을 매입하기 시작했다. 기아자동차가 높은 잠재성을 가졌다고 판단한 것이다. 실제로 기아자동차의 매출은 2배 이상 상승하며 폭발적인 주가 상승을 견인했다.

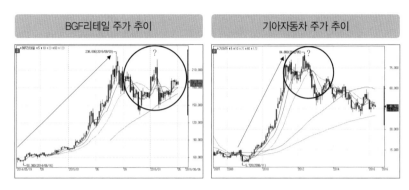

· BGF리테일과 기아자동차 주가 추이 ·

BGF리테일 주가 추이	기아자동차 주가 추이

자료: 한국투자증권 HTS

　그러나 주가가 크게 상승한 시점에서는 가치 평가도 조금은 혼란스러운 상황이 된다. 현재 수준 이상의 무언가를 발견하는 것은 가치 평가가 아닌 '베팅'의 영역에 들어갈 수도 있기 때문이다. BGF리테일로 따지면 최근 상황이 그럴 것이고, 기아자동차의 경우에는 2012~2013년이 그랬을 것이다.

　워렌 버핏과 같은 투자의 대가는 영원히 팔지 않을, 최소 10년 이상 투자할 기업을 매수하지만, 일반적인 훌륭한 기본적 분석가들은 자신의 한계를 구분 짓고 이 시점에서는 빠져나온다. 기본적 분석만 고집하다가는 위의 그래프에 표시한 구간에서처럼 수익의 많은 부분을 반납할 수도 있기 때문이다. 따라서 기본적 분석의 경우에도 혼란이 온다면 기술적 분석의 이동평균선(흔히 '이평선'이라고 부름)이나 전 저점·고점 등의 기술적 힌트들을 참고하면 더 나은 결과를 얻을 수 있다.

가치 평가의 기본이 되는 PER·PBR·ROE·EPS·BPS

잠재성이 있는 기업을 찾는 것은 기업의 진짜 가치를 발견해야 하는 매우 어려운 일이지만, 기업의 표면적인 가치는 PER·PBR·ROE·EPS·BPS 등 몇 가지 재무분석의 기본만 알아도 대략적인 것은 짐작할 수 있다. 다만 절대적인 기준은 없기 때문에 이를 활용할 경우 동일업종 내에서 시가총액이 비슷한 종목들과 비교하는 것이 좋다. 또한 경기상황과 계절적 요인 등이 반영될 수 있으므로 최소 3년 이상의 자료를 활용해야 흐름을 알 수 있다.

PER: 주가수익비율

먼저 PER(Price Earining Ratio)은 '주가수익비율'을 말하며, 주가price를 주당 순이익earning per share으로 나눈 값이다. 예를 들어 주가가 5만원이고 주당 순이익이 1만원이라면 PER은 5가 된다. PER이 높으면 높을수록 기업의 먼 미래 이익까지 이미 주가에 반영하고 있다고 판단하면 된다.

PBR: 장부상 청산가치

PBR(Price to Book-value Ratio)은 '주가순자산비율'을 말하며, 주가를 주당 순자산으로 나눈 값이다. PBR은 장부상book value의 가치로, 청산시에 주주가 얼마를 받을 수 있는지를 알려준다. 즉 주가가 5만원이고 주당 순자산(부채를 차감한 총자산)이 5만원이라면 PBR은 1이며, 이 경우 회사가 청산했을 때 주주는 1주당 주가와 동일한 금액만큼을 배당받을 수 있다는 의미다. 참고로 워렌 버핏은 청산가치를 중요하게 생각하

지만, 일각에서 알려진 것과 다르게 기업의 성장성이 있다면 높은 PBR
을 가진 기업도 주저 없이 투자한다.

ROE: 자기자본이익률

ROE(Return On Equity)는 '자기자본이익률'을 말하며, 주당 순이익
을 주당 순자산으로 나눈 값이다. 예를 들어 주당 순이익이 1만원, 주당
순자산이 5만원이라면 ROE는 '1만원÷5만원', 즉 20%다. ROE가 높
으면 높을수록 기업이 투자 대비 이익을 많이 내고 있다는 의미이므로
좋은 현상이다.

EPS: 주당 순이익

EPS(Earing Per Share)는 '주당 순이익'을 말하며, EPS는 PER 계산
의 기초가 된다. 만약 기업의 당기순이익이 1억원이고 유통 주식수가
1만주라고 가정하면 EPS는 '1억원÷1만주', 즉 1만원이다. EPS가 높다
는 것은 기업이 이익을 많이 내고 있다는 의미이므로 좋은 현상이다.

BPS: 주당 순자산

마지막으로 BPS(Book value Per Share)는 '주당 순자산'을 말하며,
기업의 순자산을 발행 주식수로 나눈 값이다. 즉 기업의 순자산이 1억원
이고 발행 주식수가 2천주라면 BPS는 '1억원÷2천주'이므로 5만원이
된다. BPS가 높다는 것은 주당 순자산의 청산가치가 높다는 의미이므로
주식의 가치가 높다는 것을 말해준다.

개인투자자를 보면
주식시장의 위치를 알 수 있다

우리가 어디로 가고 있는지는 알 수 없어도, 지금 어디에 있는지를 알기 위해
노력해야 한다. 개인투자자는 주식시장의 위치를 알려주는 중요한 지표다.

주식시장은 예측이 그다지 도움이 되는 시장이 아니다. 예를 들어 Y와 N
이 나오는 주사위를 던져서 'Y→Y→Y→Y→?'와 'Y→N→Y→N→?'
중 어느 한쪽도 다음 주사위가 Y가 나올지 N이 나올지 예측할 수 없다.
Y를 주가의 상승, N을 주가의 하락이라고 가정한다면 오늘까지 4일 연
속 상승했더라도 내일 상승한다고 단언할 수 없고, 어제까지 상승과 하
락이 규칙적으로 반복되었다고 하더라도 내일도 그 규칙이 이어질지는
모르는 일이다. 누구보다 빨리 시장에 알려지지 않은 확실한 정보를 입
수하는 방법이 있지만, 99.9%의 투자자는 이와 관련이 없다.

　차트 투자든 가치 투자든 자신이 매입한 이후 초과수요의 유무가 핵

심이라고 앞서 말했다. 바꿔 말하면 0.1%의 사람들이 확실한 정보 또는 믿음을 가지고 주식을 샀다면, 나머지 초과수요는 99.9%의 투자자가 만드는 것이다. 즉 주가의 상승은 투자자들의 '심리'에 달려 있다.

개인투자자는 시장의 온도를 뜨겁게 만든다

투자심리는 결국 주식시장의 온도를 말한다. 이러한 주식시장의 온도는 개인투자자를 보면 거의 정확하게 알 수 있다. 역사적으로 시장을 매우 뜨겁게 만드는 것은 결국 개인투자자이기 때문이다. 0.1%의 투자자가 종목을 선점한 이후 '관심→확신' 단계에서 기관과 외국인 투자자 또는 일부 개인투자자가 진입한다. 이 상태에서의 온도는 따뜻하거나 미지근해 '누가 불을 때고 있나?' 하는 생각이 드는 정도다. 그리고 '확신→과신' 단계에서 나머지 개인투자자들이 진입하면 손만 대봐도 알 수 있을 정도로 뜨겁다. 이 단계는 주식의 가치와 주가 사이에 차트 분석이든 가치 평가든 이미 시장의 노이즈가 많이 개입된 뒤다.

시장의 온도는 주식시장별로 조금 차이가 있다. 평균적으로 코스피는 99.9% 중 60%가 기관·외국인 투자자, 나머지 39.9%가 개인투자자다. 또한 코스닥은 99.9% 중 50%가 기관·외국인 투자자, 나머지 49.9%가 개인투자자다. 반면 개인투자자에게 가장 인기가 많은 테마주와 작전주는 무려 99.9%가 개인투자자다. 즉 코스피에서 테마주와 작전주로 갈수록 관심에서 과신으로 가는 속도가 빨라져 급격하게 뜨거워지고, 과신에서 실망으로 가는 속도도 빨라져 금방 차가워진다. 다만 1~2일 내에 뜨거워지고 식는 것이 아니기 때문에 대부분의 투자자는 그 기간을 기다리지 못한다. 그러나 조금만 인내심을 가지고 관찰하면 분명 확인할 수 있다.

만약 뜨거워졌다는 느낌이 무엇인지 궁금하다면 네이버나 팍스넷(paxnet.moneta.co.kr) 같은 주식 게시판에 가보면 대략 짐작할 수 있다. 조금 우습게 들릴 수도 있지만, 개인의 심리가 가장 집약되는 곳이 게시판이다. 이는 코스피보다는 코스닥시장에 조금 더 적합한 방식이다. 어느 순간 게시글이 폭증하기 시작하면 뜨거워지고 있다고 봐도 좋다. 반대로 게시판이 잠잠해지면 주가도 같이 하락하는 경향이 있다. 최근 유행하고 있는 빅데이터도 이런 대중의 심리를 찾아내는 것이다. 대중심리에 휩쓸리지 않는 것은 매우 어렵지만, 이는 오히려 너무 복잡하게 생각해서다. 주식시장에서 대중의 심리는 의외로 단순하다.

 Tip 나는 투자를 하는 것인가, 아니면 물린 것인가?

많은 투자자들이 단기투기자와 비자발적 장기투자자 사이를 끝없이 표류하는 '보트피플'이 되곤 한다. 이들 중에는 기업가치 평가의 전문가라고 하는 회계사도 있고, 애널리스트도 있으며, 심지어 워렌 버핏마저도 2014년 영국 슈퍼마켓 체인인 테스코에 투자하고 7억 5천만달러(약 8천억원)를 날린 뒤 "테스코에 투자한 것은 엄청난 실수다."라며 후회했다. 보통 주식 투자는 매수에만 핵심이 맞추어져 있다. 그러나 투자자가 감내해야 하는 막연한 미래에 대한 두려움은 누구도 보장해주지 않는다. 따라서 매수보다 매수 이후에 자신을 보호하는 과정이 더 중요하다. 막연한 희망은 만용에 가깝다. 가격이 30~40%, 심지어 50% 이상 떨어져도 "나는 워렌 버핏처럼 10년 이상 보유할 거니 괜찮아."라고 말한다면 단언컨대 틀렸다고 할 수 있다. 그건 그냥 물린 거다.

신용융자와 주식시장의 위치

일평균 개인투자자의 주식거래 비중은 2014년 58.9%까지 하락했으나, 2014년 중반 이후 다시 상승하기 시작해 최근 68~70%로 급등했다. 개인투자자의 주식 거래는 신용융자 추이와 그 흐름이 일치한다. 신용융자의 주체가 개인투자자인 것을 고려할 때 개인투자자의 과도한 신용융자는 주식시장에 '경계경보'를 나타내는 것이라고 할 수 있다. 신용융자 추이를 살펴보면 최근 2년 사이 약 40% 증가했다. 코스피지수가 2천포인트를 돌파했던 지난 2007년의 규모(약 7조 100억원)를 이미 넘어선 상태다.

일반적으로 신용융자와 주가지수의 추이는 그 흐름이 유사하다. 주가가 상승하면 신용융자도 상승하고, 주가가 하락하면 신용융자도 하락하는 경향이 있다. 따라서 주가지수가 고점 부근에 도달했을 때 신용융자도 고점에 도달하고, 주가지수가 저점 부근에 도달했을 때 신용융자도 그 저점에 도달한다. 바꿔 말하면 주가가 오르면 빚을 내서 투자하고, 주가가 떨어지면 빚을 갚기에 바쁘다는 말이다.

'개인투자자는 주가지수와 반대로 투자한다.'라는 시장의 통설은 제법 신빙성이 있다. 따라서 개인투자자의 신용융자가 증가하면 서서히 시장이 달궈지고 있는 상황이며, 고점을 향해 달려갈 때는 뜨거워진 상태로 많은 투자의 대가들이 이야기하는 대로 '주식을 처분할 시기'가 다가오고 있음을 알려주는 것이다. 반대로 신용융자가 하락해 저점을 향해 달려갈 때는 식고 있는 상태이며, 많은 투자의 대가들이 이야기하는 '주식을 매입할 시기'가 다가오고 있음을 알려주는 것이다.

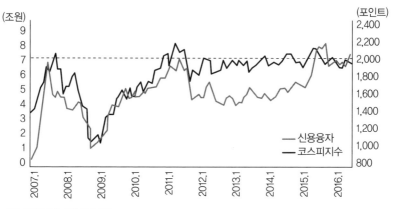

• 코스피지수와 신용융자 •

자료: 한국거래소, 금융투자협회

　개인적으로 우려가 되는 부분은 2014년 이후 주가와 신용융자의 추이다. 과거의 흐름과 많이 다른 모습이기 때문이다. 아마 시장의 많은 전문가들도 의견이 분분할 것이다. 주가가 뜨거워져야 '고점이다.' 혹은 '아니다'를 말할 텐데, 지금 상황은 고점이라 말하기도 그렇고, 저점이라 말하기도 그렇고, 어느 쪽이든 선뜻 정하기가 어려울 것이다.

　그러나 중요한 것은 과거 2007년과 대비해 국민들의 실질처분가능소득(세금 등을 제외한 실제 소비나 저축에 사용할 수 있는 소득)은 크게 증가하지 않았음에도 불구하고 개인의 빚을 통한 주식 투자 규모는 최고치를 경신했다는 점이다. 빚을 내서 투자할 돈이 점점 사라지고 있다는 뜻이다.

　과거 신용융자가 증가하던 시기에는 글로벌 중앙은행들의 도움을 받아 금융위기의 폐허로부터 경제가 재건해가는 과정에 있었기에 나름 투자금의 실체가 존재했다. 그러나 2016년 현재의 상황은 주식시장에

236

대해 어떤 전문가도 뚜렷하게 의견을 제시할 수 없는 상황이다. 흡사 궁지에 몰린 쥐가 고양이를 물듯, 불안한 미래에 몇 년간 쫓긴 투자자들이 반격을 하는 상황과 비슷하다.

현재 우리나라 주식시장은 연비가 매우 좋지 않다고 할 수 있다. 투입되는 돈에 대비해 주가는 따뜻해지지 않고 있기 때문이다. 그렇다면 현 상황에서 주가가 상승하려면 둘 중 하나는 필요하다. 기관이든 외국인이든 누군가 원군이 나타나 돈을 더 쏟아부어주거나, 아니면 개인투자자가 돈을 더 쥐어짜내 이 상황을 버텨보는 것이다. 어느 쪽이든 최근 주식시장의 모습을 보면 편하게 내려가고 싶지만 억지로 밀어 올리는 느낌이 강하다.

주식시장의 미래는 그 누구도 장담할 수는 없지만, 역사 속의 주식시장의 흐름을 보았을 때 돈줄이 말라가고 있는 상황은 반가운 상황이 아니다. 만약 투자를 하고 있거나 투자를 하고 싶다면 현재 상황에서 빚을 내서 투자하는 것은 바람직하지 않으며, 시장은 경계경보를 울리고 있음을 알아야 한다. 물론 경계경보 뒤에 '공습경보'가 바로 올지, 오지 않을지는 모르지만 조심해서 나쁠 것은 없다.

주식시장의 기관투자자,
그들은 누구인가?

기관투자자는 각각의 기업과 업종에 대한 큰 흐름을 만든다.
그러나 기관투자자의 성향은 저마다 다르므로 구체적으로 살펴보아야 한다.

주식시장에서는 세력이라는 말을 자주 들을 수 있다. 흔히 이 세력을 기관투자자로 이해하는 경우가 많다. 그러나 큰 힘을 발휘할 수 있는 기관투자자도 50개는 되고, 외국인투자자를 포함한 외국인 기관도 50~100여 개는 된다. 모두가 힘을 합친 것은 아닐 것이고, 특정한 1~2개 금융기관이 주요 투자자가 될 수도 있을 것이다. 따라서 세력이란 말과 기관투자자, 외국인투자자를 등호 관계로 단정 지을 수 없다.

증권 게시판에 가보면 매수창구만 보고 어느 증권사가 '세력'이라든지, 외국계 어디가 주포라든지 이런 이야기들을 자주 한다. 그러나 매수창구는 자기물량과 주문물량이 혼재되어 있기 때문에 매수창구만 보고 주포라고 생각하는 것은 적절하지 않다. 세력이나 주포라는 말은 사실 테마주와 작전주에 적합한 이야기다. 일부 시가총액이 적고 유통주식수가 적은 테마나 작전주는 30억~40억원만으로도 움직일 수 있기 때문이다. 일반적인 종목에 세력이나 주포라는 명칭을 붙이고 싶다면, 그 종목에 지분을 많이 가진 기업이나 금융기관이 세력이고 주포다.

기관투자자는 크게 증권사(금융투자업자), 연기금, 자산운용사로 구분되며, 2016년 2분기 기준으로 증권사 61개(외국계증권사 포함), 연기금 4개(국민연금기금·공무원연금기금·우체국보험연금기금·사학연금기금), 자산운용사 93개다. 이 중 국민연금이 전체 시가총액의 7% 수준, 30대 기업의 10~15% 지분을 보유하고 있다. 국민연금은 대기업의 주요 주주다. 그러나 대부분 대형주를 편입하고 있어, 일각에서 오해하듯이 모든 주식을 좌지우지하지는 않는다. 다만 시가총액이 높은 대형주를 많이 가지고 있다 보니 주가지수 자체의 흐름에는 분명 악영향을 준다. 기관투자자는 주식 투자의 목적과 이에 따른 운용 전략이 저마다 다르다. 따라서 이들에 대해 알기 위해서는 조금 더 구체적인 접근이 필요하다.

유목민과 같은 증권사

증권사의 경우 유목민과 성격이 비슷하며 단기수익을 추구한다. 이들은 어떤 목초지의 풀을 다 먹고 나면 재빠르게 다음 목초지로 향한다. 다음 목초지가 가깝거나 멀거나 하는 거리의 문제는 크게 중요하지 않다. 왜냐하면 증권사 트레이더들은 월간·분기·연간 손실한도와 목표이익이 정해져 있기 때문이다.

참고로 트레이더와 지점 영업직원의 역할을 오해하는 경우가 많다. 트레이더는 증권사 고유의 자산을 운용하는 자기자본 트레이더(프랍 트레이더)이며, 지점 영업직원들은 고객의 자산을 위탁받은 PB(프라이빗 뱅커)의 성격이다. 따라서 기관투자자 중 증권사를 말한다면 '트레이더'를 일컫는다. 이들은 연 10~200% 수준을 목표로 연간 50억원 수준의 손실한도 내에서 운용한다. 만약 손실한도를 초과하면 리스크부서를 통해 주식매매를 정지당하기 때문에 손실 폭이 조금이라도 커지면 지체 없이 정리한다. 또한 주가지수 자체를 벤치마크로 삼고 대형주를 일정 수준 매입하지만, 주요 타깃은 코스피와 코스닥의 우량 중소형 및 중대형 종목이다. 가끔은 테마주에 들어가기도 한다.

이들은 기본적 분석보다는 기술적 분석에 가까운 전략을 사용하는데, 보통 1개월 이내, 짧게는 하루~1주일 내에 종목을 교체한다. 연간 손실한도와 목표수익 때문에 1~2년씩 기다릴 여유가 없기 때문이다. 따라서 증권사의 경우 시장의 모멘텀이나 프로그램 매매 등을 전략적으로 선호한다. 즉 증권사 물량은 개인투자자의 투자전략과 대동소이하지만, 투자 시차에 있어 개인투자자보다 한발 빠르게 들어가고 한발 빠르게 나온다고 생각하면 된다. '선행지표'로서 약간의 의미는 있다고 할 수 있다.

 Tip. 증권사의 IPO 참여

증권사는 대규모 자금을 바탕으로 안정적인 수익원을 창출하기 위해 기업 IPO에 참여하기도 한다. 일반적으로 대부분의 배정물량을 상장 초기에 매도해 수익을 확보한다. 증권사는 지분 참여 목적이 아닌 단기 시세차익이 목적인 경우가 대다수기 때문이다. 상장 초기 기업의 주가가 많이 흔들리는 주요 원인 중 하나다.

농경민과 같은 연기금

연기금의 경우 국민 또는 공무원들의 노후를 대비하는 목적이기 때문에 농경민과 성격이 유사하며 장기적으로 매우 보수적인 투자를 한다. 이들은 먹을 것이 없더라도 인내심을 가지고 기다리며, 우리 증시를 방어하기도 한다. 따라서 종목 선택에 있어서도 경기의 흐름에 동행하는 대형주를 선호한다. 가끔 유행을 타는 일부 업종에 대한 투자 비중을 늘리기도 하는데, 이 경우에는 해당 업종의 변동성이 커지기도 한다. 그러나 연기금의 경우 연 3~5%의 수익을 목표로 자체적으로 또는

· 국민연금 기금운용 ·

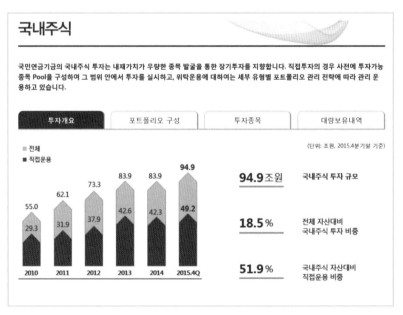

자료: 국민연금 기금운용본부

자산운용사에 위탁해 보수적인 투자를 하기 때문에 선제적으로 투자를 하고 기다리는 경우는 드문 편이다.

또한 시장의 큰 흐름을 따르는 전략을 사용하기 때문에 연기금을 보고 투자하면 높은 성과는 내기 힘들다. 만약 연기금을 보고 투자를 하려면 단순한 주가의 움직임보다는 연기금이 투자한 기업의 지배구조가 어떻게 변하는지를 파악하고 2차적인 아이디어를 생각하는 것이 낫다. 국민연금 기금의 경우 국민연금 기금운용본부 홈페이지(fund.nps.or.kr)에서 운용정보와 투자내역, 지분공시를 공개하고 있다. 투자전략 노출을 피하기 위해 모든 정보를 공개하지는 않지만, 현재 연기금이 관심을 가지고 있는 업종 등을 알 수 있어 도움이 된다. 그러나 개인투자자들이 선호하는 테마주나 작전주는 편입할 일이 없으므로 테마주나 작전주를 선호한다면 연기금을 몰라도 큰 무리는 없다. 만약 대형주나 ETF 투자를 한다면 연기금은 '동행지표'로 활용될 수 있다.

유목민과 농경민 사이에 있는 자산운용사

자산운용사의 경우 유목민과 농경민의 사이에 위치해 있으며, 고객의 자금을 받아 대신 운용해주는 목적이기 때문에 연간 5~20%를 목표로 중·장기적으로 보수적인 투자를 한다. 이들은 어떤 목초지의 풀을 다 먹고 나면 다시 씨앗을 뿌리거나 멀지 않은 목초지로 이동한다. 우리가 흔히 펀드매니저라고 부르는 기관투자자들이 바로 자산운용사에서 펀드를 운용하는 사람들을 말하는 것이다.

자산운용사의 펀드 투자는 크게 액티브 펀드(펀드매니저의 투자성향이

구분	액티브 펀드	패시브 펀드
목표	시장수익률 + α	시장수익률
운용전략	인덱스 내 종목 매수 및 보유	종목 발굴, 펀드매니저 교체 등
주식 회전율	10% 이하	100% 이상

반영됨)와 패시브 펀드(지수 중심으로 펀드매니저의 개입 최소화)로 나눌 수 있다. 주식시장이 호황기로 갈수록 액티브 펀드의 비중이 높아져 중소형 주식부터 대형주의 투자가 활성화된다. 액티브 펀드는 개별 종목에 선별적으로 투자하기 때문에 펀드매니저의 역량이 매우 중요하다. 아무리 자산운용사의 대표펀드라고 할지라도 펀드매니저가 바뀌면 펀드의 수익률은 과거와 다를 수 있다. 반면 최근같이 경기가 둔화되었을 때는 패시브 펀드로의 자금 유입이 많아져 개별 종목보다는 지수 자체를 추종하려는 움직임이 커진다. 따라서 중소형 주식보다는 코스피200 등에 해당하는 대형주 중심으로 자금 유입이 활성화되기 때문에 주가지수의 흐름과 상당히 동일하게 흐르는 경향이 있다.

참고로 최근 5년 사이 주가가 박스권에 갇힌 주요 이유 중 하나가 프로그램 매매를 기반으로 한 퀀트 펀드(예: 롱숏 펀드)의 영향이다. 이들 퀀트 펀드들이 투자하는 종목이 대형주이다 보니 저점과 고점 사이에서 대량주문을 하다 보면 아무래도 주가지수가 박스에 갇히게 될 가능성이 높다. 만약 우량 중소형주와 대형주를 중심으로 주가지수의 흐름이 궁금하다면 자산운용사는 중요한 선행·동행지표가 될 것이다. 개인투자자들이 좋아하는 테마주와 작전주에는 자산운용사 물량은 거의 없다고 봐도 된다. 연기금과 마찬가지로 테마주와 작전주는 거의 담을 일이 없으므로 테마주나 작전주를 선호한다면 자산운용사를 몰라도 큰 무리는 없다. 테마주나 작전주 물량은 99.9%가 개인투자자와 일부 소형 증권사나 증권사 지점, 검은 머리 외국인이다.

　정리하자면 증권사, 연기금, 자산운용사는 저마다 투자목적과 투자전략이 다르다. 따라서 이들 3개 기관투자자 집단이 섞이게 되면 기관투자자의 투자목적과 투자전략은 묘한 색을 띄게 된다. 기관투자자는 대규모 자금을 동원해 시장을 움직일 수 있지만, 주식시장이 최근처럼 박스권에 갇히게 되면 어떤 색을 낼지 아무도 모른다. 유목민에 해당하는 증권사는 풀을 제법 먹었으니 이동할 것이고, 연기금은 풀을 다 먹든 먹지 않든 머무르려 할 것이며, 자산운용사는 일부는 이동하고 일부는 남아서 씨앗을 뿌릴 것이다.

　따라서 단순하게 HTS나 네이버에 나온 기관투자자 물량을 투자지표로 해서 이들을 추종매매하면 좋은 성과를 내기 어렵다. 다만 이 상의 개인투자자와 주식시장 내용을 참고하면 현재 위치를 조금은 짐작할 수 있다. 또한 주가지수 혹은 우량 중소형과 대형주의 고점·저점 부근에서는 기관투자자의 매매전략이 일치하는 경향이 있다. 따라서 주식시장 또는 개별 종목이 어떤 특정 방향을 향하고 있는 시점에서 투자금액을 늘리기보다는 양 극단에 몰려 기관투자자의 대규모 자금이 유입될 시기에 투자비중을 확대한다면 조금 더 좋은 성과를 얻을 수 있다.

주식시장의 외국인투자자, 그들은 누구인가?

외국인투자자는 우리 증시의 큰 흐름을 만든다.
외국인투자자의 성향과 특징을 모르면 올바른 주식 투자를 할 수 없다.

외국인투자자는 크게 해외 국부펀드(정부자산 운용), 글로벌 펀드, 검은 머리 외국인으로 구분할 수 있다. 노르웨이글로벌정부연기금GPFG · UAE아부다비투자청 ADIA · 사우디아라비아통화청 SAMA · 중국투자공사CIC 등 전 세계 해외 국부펀드는 약 7,800조원이며, 이 중 이머징마켓 주식 투자규모는 약 1천조원이다. 또한 뱅가드 · 라자드 · 블랙록 등 글로벌 이머징마켓 펀드의 주식 투자규모는 약 1,400조원이다. 해외 국부펀드와 글로벌 펀드 자금 중 우리 증시에 투자되는 금액은 전체 시가총액의 30~35% 수준인 약 400조~500조원 규모다. 이들은 개별 기업이나 업종의 이슈보다는 신흥국을 하나의 투자종목으로 고려해서 글로벌 이슈에 대한 기대심리 등에 따라 움직이는 경향이 있기에 주식시장의 큰 흐름을 좌지우지한다. 한편 버진아일랜드·버뮤다 등에 주소를 둔 '검은 머리 외국인(조세를 회피하는 내국인)'은 약 3조원 규모이며 전체적인 시장보다는 개별 기업이나 업종에 주목하는 경향이 있다.

외국인투자자도 기관투자사처럼 투자목적과 운용전략이 다르므로 구체적인 접근이 필요하다. 특히 외국인투자자는 환율에 민감해서 환율과 연계해 보는 것이 좋다(주가와 환율의 상관관계는 0.7 수준). 이에 대한 자세한 설명은 6일차 환율의 변동요인을 보면 도움이 될 것이다.

해외 국부펀드란 무엇인가?

해외 국부펀드의 경우 한국투자공사KIC와 자금의 성격이 같으며, 운용의 성격은 우리나라 연기금과 비슷하다. 즉 농경민과 같이 보

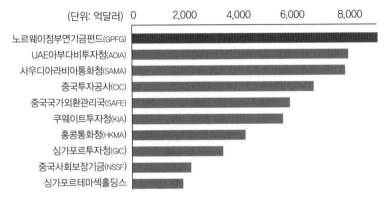

・ 세계 주요 국부펀드 ・

(단위: 억달러)

	0	2,000	4,000	6,000	8,000
노르웨이정부연기금펀드(GPFG)					
UAE아부다비투자청(ADIA)					
사우디아라비아통화청(SAMA)					
중국투자공사(CIC)					
중국국가외환관리국(SAFE)					
쿠웨이트투자청(KIA)					
홍콩통화청(HKMA)					
싱가포르투자청(GIC)					
중국사회보장기금(NSSF)					
싱가포르테마섹홀딩스					

자료: 한국경제

수적인 투자를 선호하지만, 우리나라 연기금에 비해서는 조금 더 공격적인 투자를 한다. 사실 국부펀드에서는 우리나라 주식에 투자하는 것 자체가 공격적인 투자다. 개인투자자가 코스닥 중·소형주에 투자하는 것이 공격적인 투자라면, 해외 국부펀드 입장에서는 삼성전자, 현대자동차에 투자하는 것도 공격적인 투자다. 다시 말해 해외 국부펀드는 우리나라 대형주를 중심으로 투자하며, 연기금처럼 지분 투자의 성격이 강하다. 즉 우량 기업의 안정적인 사업성에 투자한다는 의미다.

해외 국부펀드는 글로벌 이슈에 민감하게 반응한다. 따라서 해외 국부펀드의 흐름은 글로벌 이슈와 흐름이 거의 일치한다고 보면 된다. 즉 국내 기관이나 개인투자자들이 국내 주식시장을 어떻게 느끼는지와는 관계없이, 신흥국 시장에 대한 자체적인 판단에 따른다. 이들에게 우리나라 시장은 수많은 신흥국 중 하나에 불과하기 때문이다. 최근 국내 자금 유입이 미지근한 이유도 신흥국 시장에 대한 우려 때문이라고 볼 수 있다.

글로벌 펀드란 무엇인가?

　　글로벌 펀드의 경우 액티브 전략과 패시브 전략이 혼재하나, 일반적으로 '선진국 투자+α' 수익을 추구한다. 농경민보다는 유목민에 가까우며 해외 국부펀드보다는 조금 더 공격적인 투자를 한다. 이들은 사업경쟁력도 있으면서 추가적으로 향후 성장 전망도 탁월한 기업들을 찾는다. 최근에는 분산투자보다는 약 20개국 100여 개 종목의 압축적인 종목군을 유지하는 것이 글로벌 펀드 전략의 핵심이다.

　일반적으로 글로벌 펀드의 경우 기본적으로는 코스피200 등에 해당하는 지수 추종 종목을 기본으로 삼는다. 그러나 헤지펀드의 성격도 강하기 때문에 짧게는 10영업일, 길게는 3개월 수준으로 종목의 교체가 있다. 따라서 이들에 대한 자금 흐름의 추이는 1주일 단위로 통계를 내는데, 인터넷에서 EPFR 관련 기사를 검색하거나 국제금융센터 리서치 자료를 참고하면 후행적으로 자금의 이동상황을 볼 수 있다. 이러한 자료는 비록 후행적이시만 글로벌 대규모 자금의 이동 흐름을 알 수 있어 투자에 도움이 된다. 글로벌 악재나 호재에 대한 흐름을 읽지 않고 개별적으로 투자에 임하게 되면 글로벌 대규모 자금의 희생양이 될 수 있다. 2일차 캐리 트레이드를 참고하면 더 도움이 될 것이다.

　한편 글로벌 펀드는 환율에 매우 민감하다. 왜냐하면 해외 국부펀드와 달리 환헤지를 하지 않고 환율을 열어두는 경우가 많기 때문이다. 정확한 추산은 어렵지만 글로벌 펀드의 80~90%는 환헤지를 하지 않는다고 보는 것이 정설이다. 이는 환율에서 발생하는 '환차익'을 얻기 위해서다. 신흥국 통화의 강세가 이어질 것이라고 예상되는 경우 우리나라 등 신흥국에 대한 투자를 늘리는 경향이 있다. 이들로서는 주식 투자에서 수

· 환율과 외국인 자금 ·

자료: 대신증권

익이 나지 않아도 환차익으로만 8~10% 수준의 수익을 얻을 수 있기 때문에 글로벌 펀드의 흐름을 대략적으로라도 추적하기 위해서는 반드시 환율의 흐름을 눈여겨봐야 한다. 우량 대형주를 중심으로 환율 또는 주가지수의 흐름이 궁금하다면 글로벌 펀드는 중요한 선행지표가 된다.

검은 머리 외국인이란 무엇인가?

검은 머리 외국인이란 일반적으로 세금 회피를 목적으로 해외 조세 회피처에 페이퍼 컴퍼니(서류상으로만 존재하는 기업)를 설립하고 자금을 운용하는 내국인을 말한다. 시장은 국내 증시로 유입되는 조세 회피처 자금 약 15조원 가운데 버진아일랜드(1조 92억원), 버뮤다(6,698억원), 케이맨 제도(5,916억원) 등의 2조 7천억원 규모를 확실한 검은 머리 외국인의 것으로 보고 있다. 참고로 조세 회피처로 활용되는 버진아일랜드와 버뮤다 등은 법인세나 소득세율이 아주 낮아 돈세탁이나 탈세가 용이하기 때문에 일부 고액자산가들이 선호한다.

이들의 투자목적은 단기 투기 거래나 지분 소유가 일반적이다. 따라서 해외에서 세금을 회피하며 외국인 이름에 섞여 특정한 정보를 바탕으로 개별 기업이나 테마주에 대한 시장의 왜곡을 만든다. 이런 이유로 일부 시가총액 1천억원 미만의 중소형 종목의 경우, 외국인투자자로 보이는 외국인은 사실 내국인일 가능성이 매우 높다. 해외 국부펀드나 글로벌 펀드는 삼성전자·현대자동차·한미약품·NHN 정도만 되어도 꽤 공격적인 투자전략이기 때문이다.

다시 한 번 강조하지만 해외 국부펀드나 글로벌 펀드는 우리나라의 테마주와 작전주에는 전혀 관심도 없고, 내부 리스크 관리 부서에서도 종목 편입을 허용하지 않는다. 따라서 테마주나 작전주에 외국인투자자가 보이면 사실상 검은 머리 외국인이라고 봐도 무방하다. 검은 머리 외국인은 시장의 왜곡을 만드는 주식시상의 암적인 존재다. 투자지표로 아무런 가치도 없는 그냥 투기 세력이다.

정리하자면 해외 국부펀드, 글로벌 펀드, 검은 머리 외국인은 기관투자자들과 같이 저마다 투자목적과 투자전략이 다르다. 그러나 기관투자자와는 달리 검은 머리 외국인을 제외한 해외 국부펀드와 글로벌 펀드 등 외국인투자자는 조금 더 일치해 움직이는 경향이 강하다. 즉 글로벌 금융시장이라는 큰 틀에서 신흥국 시장이라는 하나의 시장으로 분류되며, 그 중에서 한국이라는 더 작은 시장으로 세분화된다. 해외 국부펀드나 글로벌 펀드가 은하계라면, 태양계가 신흥국, 우리나라는 지구 정도에 해당한다. 갑자기 지구 혼자 공전을 하루에 한 번 한다고 해서 은하계가 달라지지 않는 것처럼, 전반적인 자금의 흐름은 글로벌 이슈에 따라 좌우되며 여기에 개별 기업의 특별한 이슈가 추가되는 것이다.

주식시장에서 외국인투자자가 차지하는 비중은 30~35% 수준이지만 대규모 자금이 한 몸처럼 움직이기 때문에 이들은 우리나라 주식시장을 움직인다. 따라서 외국인투자자를 따라가고 싶다면 투자하기 전 최근 글로벌 이슈들의 전후관계를 충분히 이해해야 하며, 여기에 6일차 환율의 움직임을 같이 봐두면 더 좋은 성과를 낼 수 있다.

보이지 않는 손,
프로그램 매매의 커지는 위력

단기적인 주가의 흐름은 프로그램 매매가 적극적으로 개입할 수 있는 영역이다.
프로그램 매매의 영향력은 앞으로도 더욱 커질 것이다.

선물옵션 만기일이 가까워질수록 시장이 긴장을 하고, '기관투자자들이
종가 관리를 한다, 이평선 관리를 한다.' 혹은 '저점 매수세'나 '고점 매
도세' 등의 말을 자주 들어보았을 것이다. 대개의 경우는 프로그램 매매
가 주체가 되는 경우가 많다. 그러나 프로그램 매매는 사실 눈에 잘 보이
지 않으며, 많은 투자자들이 간과하고 있는 부분 중 하나다. 프로그램 매
매는 IT툴의 발달과 함께 그 비중이 커지고 있으며, 단기적인 수급에도
그 영향력이 커지고 있다.

프로그램 매매란 무엇인가?

코스피시장에서 프로그램 매매는 전체 거래대금의 40% 수준을 차지한다. 증시 흐름을 살펴볼 때 프로그램 매매의 향방을 살펴야 하는 이유다. 프로그램 매매는 여러 종목으로 구성된 포트폴리오의 매매를 사전에 프로그래밍된 툴을 따라 자동적으로 매매하는 것을 말한다. 일반적으로는 코스피200·코스닥150 등 주가지수를 추종하는 패시브 펀드에서 수십 개 종목을 동시에 매매하기 위해 사용한다. 최근에는 개별 전략에 따라 구성된 액티브(개별 종목 선정) 포트폴리오를 자동적으로 매매하기 위해 사용하기도 한다.

프로그램 매매는 크게 차익거래와 비차익거래로 구분된다. 차익거래는 선물과 현물의 괴리(베이시스)를 이용하는 전략이며, 증권사 중심으로 선호되는 거래방식이다. 비차익거래는 현재 글로벌 펀드와 자산운용사 중심으로 덩치를 더욱 키워가고 있으며, 컴퓨터 프로그래밍에 소질이 있다면 일반투자자도 한 번쯤 도전해볼 만한 거래방식이다.

· 프로그램 매매의 구분 ·

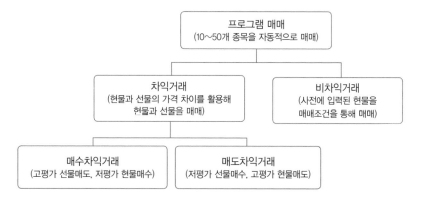

차익거래란 무엇인가?

차익거래는 현물과 선물을 연계해 매매하는 거래로, 주가와 선물의 시장가격과 선물이론가격 사이에 발생하는 왜곡을 활용하는 거래를 말한다. 차익거래는 쉽게 말해 현물과 선물 중 고평가되어 있는 것을 매도하고, 저평가되어 있는 것을 매수하는 '일시적인 가격의 왜곡'을 활용하는 거래방식이다.

참고로 매도차익거래(현물매도＋선물매수)의 경우 현물을 공매도하는 거래이기 때문에 반드시 다시 현물을 매수해 이를 갚아야 한다. 따라서 지난 한 달간 공매도를 많이 한 종목을 찾는다면 선물옵션 만기일 부근에서 현물가격 상승을 기대할 수 있다. 간혹 주식 게시판을 보면 공매도 상위 종목들을 노리는 수준 높은 투자자들이 있는데, 7일차에서 소개할 파생시장 기초회화 내용을 참고하면 도움이 될 것이다. 차익거래는 선물을 연계해서 거래되기 때문에 프로그램 매매가 물의를 일으키는 경우는 대부분 차익거래라고 보면 된다.

 Tip **차익거래의 기본 개념**

이론선물가격 = 현물가격 × (1 ＋ 자금 조달비용) × (만기까지 남은 일수 ÷ 365일)
베이시스basis: 현물과 선물의 가격 차이
- 시장베이시스 = 선물시장가격 ‑ 현물가격
- 이론베이시스 = 선물이론가격 ‑ 현물가격
스프레드: 만기가 다른 선물 간의 가격 차이
(예: 6월물 코스피200 선물가격 ‑ 3월물 코스피200 선물가격)

차익거래는 대부분 코스피시장에서 이루어지며, 코스닥시장에서는 공매도를 할 현물을 구하는 것이 어려워 잘 사용되지 않는다. 이는 코스피시장에서 개인투자자의 위력이 약한 이유 중 하나이기도 하다.

비차익거래란 무엇인가?

비차익거래는 대규모 투자자금을 주문하는 경우 사용한다. 예를 들어 투자자가 수십 개 종목에 100억원이 넘는 자금을 주문하려면 매우 어려울 것이다. 따라서 미리 매매할 종목과 조건을 프로그램에 입력하고, 이 종목을 컴퓨터가 자동적으로 매매하고 거래한다. 특히 운용

• 프로그램 매매와 주가 추이 •

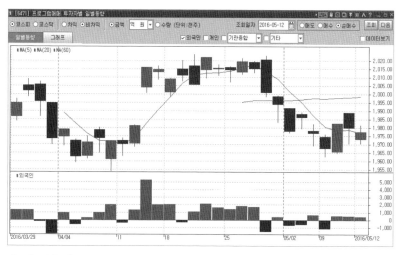

자료: 한국투자증권 HTS

자금이 큰 자산운용사나 글로벌 펀드들이 이러한 프로그램 매매방식의 거래를 선호한다.

우리나라 주식시장에서는 비차익거래 규모가 차익거래의 10배 수준이다. 일반적으로 비차익거래는 차트와 연계해 주가의 저점과 고점 등을 매매 신호로 입력하기도 하고, 20~120일 이동평균선에 맞추어 설정하기도 하지만, 펀드매니저나 트레이더의 성향에 따라 특정한 시그널을 선호하기도 한다. 외국인투자자가 주도하는 비차익거래의 경우 주가의 흐름에 단기적으로 반드시 영향을 주기 때문에 참고 지표로 가치가 있다.

일반투자자의 프로그램 매매 활용

프로그램 매매는 기본적으로 프로그래밍을 짤 수 있는 컴퓨터 언어에 대한 지식이 필요한데, 엑셀 등을 통해 직접 VBA 등으로 만드는 경우도 있고, 트레이드 스테이션(TS) 같은 프로그래밍 툴을 활용하기도 한다. 또한 간단한 주문 조건의 경우 HTS상에서 주문 조건을 입력해 자동 주문을 하기도 한다. 투자자라면 들어봤을 'Stop-Loss' 같은 조건입력도 사실 아주 간단한 프로그램 매매의 범주에 속한다고 볼 수 있다. 개인적으로도 몇 년 전 퀀트 트레이더의 도움으로 이러한 프로그램 시스템을 만들어보았는데, 트래킹 에러(지수추적 오차)나 프로그램 버그(프로그램 오작동) 문제가 왕왕 발생해서 이후로는 선호하지 않는다. 물론 내 프로그래밍 실력이 형편없는 것이 가장 큰 원인임은 분명하다.

참고로 기관·외국인·개인 투자자의 투자전략이라는 것이 크게 다르지 않기 때문에, 몇몇 대표적인 기술적 신호 앞에서 아주 단기적으로 가

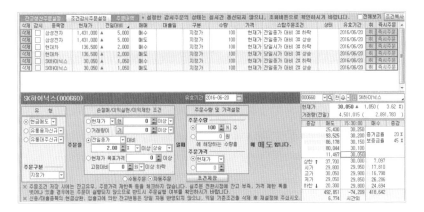

자료: 한국투자증권 HTS

격이 힘 겨루기를 하는 것은 어느 정도 실체가 있는 이야기다. 그러나 단기적인 힘 겨루기의 승패가 어느 방향으로 갈지는 누구도 예측하기 어렵다. 또한 금융공학이나 컴퓨터에 능한 전문가들의 실력은 매우 좋기 때문에 '나도 프로그래밍을 해서 차익거래나 비차익거래를 해봐야지.' 하는 생각보다는, 주문의 편의성이나 손절 및 수익 실현에 감정을 배제하기 위한 용도 수준에서 활용하는 것이 적절하다고 본다.

위에서 언급한 Stop-Loss 프로그램 매매는 HTS를 통해 간단하게 설정할 수 있어 일반투자자들이 활용하기에 매우 편리하다. 금융시장에서 프로그램 매매는 단기적인 주가의 흐름에 미치는 영향이 크고, 앞으로 영향력이 더욱 커져갈 것으로 예상된다. 따라서 프로그램 매매의 흐름은 반드시 눈여겨봐야 한다.

시세가 뉴스를 만들고,
뉴스가 주가 과열을 만든다

뉴스가 만드는 주가 과열 뒤에는 다 타버린 재밖에 없다. 뉴스가 만든
주가 과열 뒤에는 투자자의 처절한 사투만이 남아 있음을 의미한다.

로버트 쉴러 예일대 경제학과 교수는 저서 『비이성적 과열Irrational
Exuberance』에서 투기적 버블의 역사는 대략적으로 신문의 등장과 함께
시작한다고 했다. 신문·인터넷·방송 등 대중매체는 시장에 대해 객관
적인 관찰자의 역할을 한다. 그러나 사실 언론 자체는 일련의 사건들과
통합된 일부분이다. 종종 무릎을 치게 만드는 탁월한 시장 분석을 하는
기사도 있지만, 뉴스란 결국 많은 사람들이 비슷한 생각을 할 때 보도되
는 것이다. 대중매체는 이러한 생각들의 확대 수단인 셈이다. 다시 말해
뉴스는 시장의 변동성을 확대시키는 역할을 한다.

시세가 뉴스를 만드는 과정

언론매체는 연예인과 같아서 대중들의 관심을 먹고 산다. 따라서 대중들의 관심이 어디에 있을지 언제나 눈여겨보고 있다. 언론매체는 신선하고 파격적이면서 대중들의 관심이 쏠릴 만한 뉴스에 주목한다. 언론매체는 뉴스거리를 기획하기도 하고, 인적 네트워크를 통해 정보를 수집하기도 하고, 현장을 찾아다니며 대중의 관심을 끌 만한 것을 찾기 위해 노력한다.

그런 면에서 금융시장, 특히 주식시장은 아주 좋은 수단이다. 많은 대중들이 주식시장 때문에 일희일비하기에 사소한 변화도 언론매체에는 좋은 기삿거리가 된다. 특히 주가의 큰 상승이나 상장 기업의 사업에 이슈가 있는 경우 이보다 더 좋은 뉴스는 없다. 따라서 언론 매체는 누가 단독 취재를 했는지는 둘째 문제이고, 다른 언론매체에 뒤처지지 않게 연이어 기사를 쏟아낸다. 언론매체도 무한 경쟁시대에 있기 때문에 이러한 현상은 지극히 당연하다.

그러나 뉴스가 확대되는 과정을 살펴보면 대중들의 관심에 기정사실이 더해진 사건들이 주로 다루어진다. 역으로 생각해보면 뉴스는 결국 후행성이 존재할 수밖에 없다. 다만 인터넷의 발달로 인해 과거보다는 후행성이 조금 개선되었다. 예를 들어 2016년 초 주식시장을 뜨겁게 달구었던 '코데즈컴바인(047770)'은 10거래일 만에 6배 이상 치솟았다. FTSE지수에 편입되고 유통물량이 적다는 이유로 주가가 급등했지만, 어떤 이유에서든 이는 분명히 비이성적인 과열이다. 주가 흐름과 언론매체의 보도를 종합해보면 코데즈컴바인이 상한가를 기록하기 시작한 3월 3일 전까지 코데즈컴바인을 단독으로 다룬 기사는 단 1건도 없었다. 그

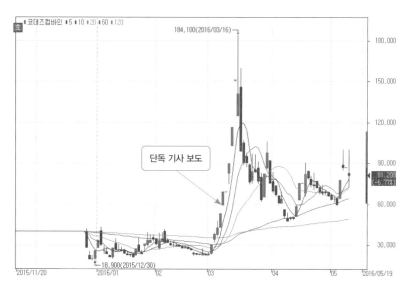

자료: 한국투자증권 HTS

리고 5거래일 연속 상승을 기록한 3월 9일 드디어 일부 언론사에서 단독 기사를 다루기 시작했다. 드디어 대중들의 관심을 집중시킬 수 있고, 기정사실에 입각한 뉴스를 생산할 수 있게 된 것이다.

뉴스가 주가의 과열을 만드는 과정

　　　뉴스가 주가의 과열을 만들어가는 과정에서는 모든 매체가 이를 다루기 시작하고, 시장 전문가들의 의견이 인용되기 시작한다. 해당 기사에 신뢰성을 부여하기 위해서다. 인기가 높은 시장 전문가들의

• 뉴스가 주가를 과열시키는 과정 •

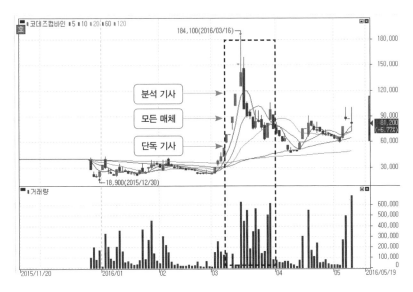

자료: 한국투자증권 HTS

의견이 인용될수록 대중은 더욱 환호한다. 코데즈컴바인이 7거래일째 연속 상승한 3월 11일, 대부분의 언론사들이 이를 단독 기사로 다루기 시작했다. 그리고 절정으로 치닫았던 3월 14일 일부 언론사에서 시장 전문가들의 의견을 인용한 분석 기사가 나왔다. 절정이었던 3월 16일에는 시장의 우려가 쏟아지는 가운데, 해당 기간 중 코데즈컴바인에 대한 대차잔고(공매도) 역시 37.6배 증가하며, 3월 17일부터 주가는 빠르게 급락했다. 누군가는 이를 상식에서 벗어난 과열로 보고 상승과정에서 하나둘 매도 포지션을 쌓은 것이다.

눈여겨봐야 할 것은 언론매체가 이를 단독 기사로 다루고 분석 기사를 쏟아내기 시작한 3월 9일 이후의 거래량이다. 설마 하던 투자자들이 언론매체가 집중하기 시작한 이후 거래량을 쏟아내기 시작했다. 이후 시장이 뒷수습을 해가는 과정에서 코데즈컴바인의 단독 기사는 3월 21일까지 그 횟수를 줄여갔고, 뒤늦게 들어온 투자자들이 바통을 이어 받았다. 주가의 과열과 급락 뒤에는 반드시 뒤늦게 들어온 투자자가 제법 많다. 이들은 제2의 붐을 기대하며 열띤 토론을 펼친다. 그러나 대개는 이전투구의 양상을 보여주기 마련이다.

이렇듯 시세 위에 만들어진 뉴스는 더욱 확대되며 주가의 과열을 만든다. 거래량이 크게 증가한 3월 14~17일에는 이미 코데즈컴바인 이슈에 대해 대부분의 사람들이 알고 있었다. 시세 위에 만들어진 뉴스가 주가의 과열을 빚은 상태에서는 더이상 얻을 것이 없다. 이는 앞서 여러 번 언급된 초과수요의 씨가 말랐음을 의미하며, 이후는 뒤늦게 들어온 투자자들 간의 처절한 사투만 남아 있음을 의미한다. 이러한 사례는 자주 발생하며, 투자자들이 가장 손해를 많이 받는 부분이기도 하다. 뜨거울 때는 들어가지 않는 것이 심신에 좋다.

신용거래와 미수거래는
양날의 칼이다

신용거래와 미수거래는 빚으로 투자하는 것을 말한다.
높은 수익 이면에 숨어 있는 높은 위험을 볼 수 있어야 한다.

몇 년 사이 지속적으로 주식시장의 신용거래 및 미수거래가 증가하고 있다. 신용·미수 거래는 인위적으로 주식시장의 통화량을 증대시키는 효과가 있기 때문에 반드시 시장에 왜곡이 생긴다. 이미 신용융자 추이는 역사적 고점을 뚫고 증가하고 있다. 또한 미수거래에 따른 반대매매(하한가 매도)도 일평균 150억원을 훌쩍 넘었다.

신용·미수 거래는 아주 손쉽게 빚을 끌어다 투자를 할 수 있어 그 위험성에도 불구하고 개인투자자들에게 인기가 높다. '한 방 심리'가 강하게 반영된 것인데, 한 방을 노리다가 한 방에 가는 경우가 부지기수다. 금융시장이 투자자 입맛에 맞게 움직여줄 리 없기 때문이다. 신용·미수

거래는 자신이 가진 자본 이상의 돈을 투자할 수 있어 높은 수익을 거둘 수 있으나, 대부분 상처를 입기 때문에 매우 신중하게 활용해야 한다.

신용거래와 미수거래란 무엇인가?

많은 사람들이 주식 신용거래와 미수거래를 혼동해서 사용한다. 신용거래와 미수거래는 모두 동일하게 계좌의 현금과 주식을 담보로 보증금률에 따라 돈을 빌리는 구조다. 그러나 신용거래는 돈을 빌려서 주식을 사는 거래방식이고, 미수거래는 주식을 외상으로 사는 거래다.

신용거래는 자금을 빌려 투자하는 거래방식이다

신용거래는 최장 90일 내에 정해진 이자(6~12%)를 지급하고 자금을 차입해 투자하는 거래다. 일반적으로 자신의 담보금액의 1.5배까지 차입할 수 있으며, 담보비율이 140% 아래로 떨어질 경우 반대매매를 당한다. 즉 원금 2천만원을 보유했다면 1.5배인 3천만원을 차입할 수 있어 총 5천만원의 투자가 가능하다. 반면 미수거래는 일반적으로 담보금액의 최대 2.5배까지 주식을 외상으로 매입할 수 있으며, 미수거래를 한 날로부터 3일째 되는 날까지 외상금액을 갚으면 된다. 즉 주식 2천만원(100주 보유)이 있다면 추가적으로 3천만원(150주 매수)까지 매수할 수 있어 총 5천만원(250주 매수 가능)을 투자할 수 있다. 신용거래는 이자를 지급하는 대신 만기가 길어 시간을 벌 수 있다는 장점이 있다.

미수거래는 주식을 외상하는 거래방식이다

미수거래는 주식을 외상으로 사서 투자하는 거래다. 신용거래와 다르게 이자를 지급하지 않는 대신 하루 안에 승부를 내야 한다. 왜냐하면 미수거래일로부터 3일째(T+2일)까지 외상한 주식을 갚아야 하기 때문이다. 일반적으로 신용거래는 이자를 지급하고 좋은 상황을 기다리겠다는 측면에서 접근하고, 미수거래는 당일 상승하는 데 베팅을 하겠다는 측면에서 접근한다. 자신의 승부수가 맞았다면 수익의 2.5배를 얻을 수 있다. 만약 1억 투자시 10%의 수익이 발생했다면 신용·미수 거래는 산술적으로 2,500만원의 수익이 가능하다. 이런 이유로 많은 일반투자자들이 신용·미수 거래를 선호한다.

신용거래와 미수거래의 위험성

신용거래와 미수거래는 어느 쪽이든 레버리지를 쓰기 때문에 파생상품 거래와 수익구조가 유사하다. 사실 신용거래와 미수거래는 결과가 좋다면 투자자도 돈을 벌고, 돈을 빌려준 증권사도 이자를 받게 되니 서로 윈윈win-win할 수 있다. 그러나 무심코 간과하게 되는 리스크를 살펴보면 이야기가 달라진다.

신용거래는 투자평가금액이 4,200만원(3천만원×140%) 이하로 하락하면 반대매매를 당한다. 즉 총 투자금액인 5천만원에서 16% 이상 주가가 떨어지면 반대매매를 당하게 된다. 320만원 손해 볼 것을 800만원 손해 보는 것이다. 또한 미수거래는 매수한 날로부터 3일째(T+2일)까지 돈을 갚아야 하므로 약속된 날까지 추가매수금액 3천만원을 입금하지

자료: 한국투자증권 HTS

않으면 T+3일째에 반대매매를 당한다. 주식 결제가 T+2일에 되므로 미수거래는 사실상 당일 매수하고 당일 매도해야 한다. 완벽한 초단기 투자전략이다. 무신론자도 두 손 모아 기도를 하게 만드는 이유다.

또한 신용거래나 미수거래는 특정 종목군에서 집중적으로 증가하기 마련이다. 이 경우 주가 흐름이 좋지 않아 반대매매를 당하게 되면 다른 투자자들에게도 피해가 갈 수 있다. 매도는 또 다른 매도를 만들기 때문이다. 개인적으로 과거 2000년 초반 신용·미수 거래에서 모두 반대매매를 맞아본 경험이 있다. 아이러니한 것은 모두 가장 우량한 종목이라고 하는 삼성전자에서였다. 신용·미수 거래에서 수차례의 성공이 화를 부른 것이다. 투자의 대가들이 그렇게 한목소리로 빛내서 투자하지 말라고 하는 데는 다 이유가 있다.

원금 관리의 중요성

신용·미수 거래로 레버리지를 사용한다면 원금 관리에 반드시 신경 써야 한다. "카지노 회사의 승률이 얼마나 될까요?"라고 물어보면 대부분 "한 70~80% 되지 않을까요?"라고 답한다. 그러나 놀랍게도 카지노의 승률은 약 53%에 불과하다. 승리 아니면 패배라는 2가지 답안지만 있는 것을 고려했을 때, 단 3%의 승률우위가 많은 사람들을 깡통차게 만든다. 손실확률로만 놓고 보자면 아이러니하게도 카지노가 주식투자보다 더 안전하다. 왜냐하면 주식시장에서 주식이 상승하거나 하락할 확률은 정확히 50%이기 때문이다.

그러나 주식과 카지노는 큰 차이점이 있다. 카지노는 패배할 경우 판돈의 100%를 잃게 된다. 반면 주식 투자는 단 한 번의 선택으로 100% 원금손실을 입지는 않는다(물론 상장폐지의 경우는 이야기가 다르다). 손실을 회피할 기회가 주어진다는 뜻이다. 따라서 주식 투자에서 합리적인 전략은 손실범위를 조절해 손실규모를 최대한 줄이는 것이다. 만약 선택한 종목이 손실을 크게 입고 있는데도 불구하고 멍하니 HTS만 바라보고 고집을 부린다면 스스로 꼬리를 자를 수 있는 기회를 버리는 것과 마찬가지다.

예를 들어 투자금 1천만원 중 20%의 손실을 기록했다면 앞으로 25%의 수익을 내야 원금을 회복할 수 있다. 25%를 벌어도 수익이 나는 것이 아니라 단지 원금을 회복할 뿐이다. 만약 신용거래나 미수거래를 했다면 원금의 2.5배가 되며, 20% 손실시 원금 회복에는 100%의 수익률이 필요하다. 즉 미수거래시 당일 40% 손실이 발생하면 깡통을 차게 되고, 신용거래시 16% 이상 손실이 나면 반대매매를 당해 강제 청산된다. 반대

• 손실률과 원금 회복에 필요한 수익률 •

(단위: %)

손실률	원금 회복에 필요한 수익률
1	1.01
5	5.26
10	11.11
15	17.65
20	25.00
25	33.33
30	42.86
35	53.85
40	66.67
45	81.82
50	100.00
55	122.22
60	150.00
65	185.71
70	233.33
75	300.00
80	400.00
85	566.67
90	900.00
95	1900.00

매매까지 고려한다면 손실 폭은 더욱 크다. 주식시장 상하한가(±30.0%)를 고려하면 일부 테마주나 작전주의 경우 1~2시간 안에도 깡통을 찰 수 있다.

일반투자자들의 승률이 10% 수준임을 고려할 때 레버리지를 썼다면 최대한 넓게 잡아도 −5% 수준에서는 실수를 인정하고 다른 기회를 보는 것이 현명하다. Stop-Loss 기능을 활용하는 것도 좋은 방법이다. 카지노에서는 돈을 잃을까봐 심장이 두근두근하면서 신용·미수 거래에서 돈을 크게 잃고 있는데도 저녁 약속에 편하게 갈 수 있다면 두 부류 중 하나다. 투자의 대가 또는 주식 투자하면 안 되는 사람!

많은 고액자산가는
공모주 청약을 노린다

공모주 청약은 투기와 투자 언저리에 있는 주식 투자방법이다.
욕심을 제어할 수 있다면 공모주 청약은 효과적인 주식 투자방법이 될 수 있다.

대중적인 주식시장 참여방법은 유통시장으로 분류되는 코스피나 코스닥시장에서 주식을 거래하는 것이다. 대부분의 투자자들이 유통시장에서 주가의 상승에 따른 주가차익을 목표로 투자한다. 그러나 많은 고액자산가는 IPO를 목표로 주식시장에 참여한다. 흡사 우리나라 아파트 시장이 무너져간다고 우려하지만, 여전히 많은 사람들이 분양시장에 뛰어드는 것과 같다. 우리가 아무리 우려를 하고 주식시장에 열을 내는 것을 이해 못해도, 사람들이 몰린다는 것은 분명 먹을 것이 많다는 의미다. 조금만 눈을 돌려도 주식시장에는 전혀 다른 세상이 펼쳐져 있다.

IPO, 기업과 투자자의 윈윈 전략

IPO와 주식 공모절차

IPO(Initial Public Offering)란 주식시장의 발행시장에서 기업을 시장에 공개해 신규 발행주식을 투자자로부터 모집하거나 이미 발행된 대주주 등이 소유하고 있는 주식을 매출(매수청약 권유)하는 것을 말한다. 투자자들이 참여하는 단계는 IPO 이후 상장심사를 마친 다음에 시행하는 기업 IR(투자설명회)과 공모 단계. 만약 K-OTC 등의 장외시장에서 IPO 공시 전에 매수했다면 이 단계는 대부분 이미 수익구간이며, 상장 이후에는 추가 수익을 얻을 가능성도 있다. 공모 단계에 오면, 상장 예비 기업과 상장을 돕는 주간회사(증권사)가 협의하거나 경매방식으로 청약을 받아 공모 가격을 결정하게 된다. 이후 거래소에 상장신청서를 제출하면 거래소는 다시 한 번 상장예비심사 결과를 검토하고, 정식으로 주식시장에 상장시킨다. 상장예비심사에서 상장까지는 일반적으로 100일 정도가 소요된다.

기업은 공모 가격이 결정되면 청약을 받기 시작한다. 기업의 청약일정은 한국거래소 상장공시시스템(kind.krx.co.kr)이나 IPO스탁(ipostock.co.kr), IPO38커뮤니케이션(www.ipo38.co.kr) 홈페이지에서 확인할

· 기업의 상장 과정 ·

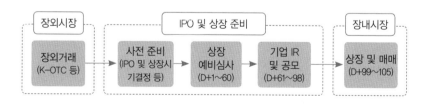

한국거래소 공모기업 현황	투자설명서

자료: 한국거래소   자료: 금융감독원 전자공시시스템

수 있다. 청약일정을 확인하면 영업점이나 HTS에서 직접 청약을 할 수 있는데, 일반적으로 상장을 도와주는 주간사(증권사)의 영업점과 HTS에서만 청약이 가능한 경우가 많다. CMA계좌는 허용되지 않고, 반드시 주식계좌를 개설해야 참여할 수 있다. 또한 청약 증거금이라고 하는 일종의 계약금이 있어 청약 대금의 50~100% 수준을 주식계좌에 넣어두어야 한다. 예를 들어 A기업의 공모주 1천주를 청약하려면 공모가(10만원)에 주식수(1천주)를 곱한 1억원의 50~100%인 5천만~1억원이 계좌에 입금되어 있어야 하기 때문에 청약 전 자금상황을 반드시 살펴야 한다.

청약 전 투자설명서 확인은 필수다

한편 공모주 청약 전에는 반드시 '투자설명서'를 수령해 검토해야 한다. 투자설명서는 투자 전 정보 획득을 위해 매우 중요하다. 투자설명서에는 일정, 공모자금 사용목적과 같은 공모에 관한 사항을 비롯해 회사의 사업내용, 재무상태 등 회사의 현황이 담겨 있다. 투자설명서에 들어

있는 방대한 정보를 모두 확인하기 어렵다면 '핵심투자위험'만이라도 반드시 살펴보는 것이 좋다. 핵심투자위험에는 회사가 영위하는 사업 및 업종의 특성과 위험요소, 회사 자체의 위험요인 등이 적혀 있다. 투자설명서는 청약이 가능한 증권사의 영업점에서 받을 수 있으며, 금융감독원 전자공시시스템(dart.fss.or.kr) 홈페이지나 HTS를 통해 다운로드가 가능하다.

경쟁이 치열하지만 높은 수익을 기대할 수 있다

몇 년 사이 주가가 박스권에 갇히면서 IPO에 대한 투자자의 관심이 매우 고조되고 있다. 2016년 들어 청약경쟁률은 수백 대 일에 달하며 공모시장이 매우 뜨겁다. 예를 들어 2016년 5월에 상장한 해태제과는 263:1의 높은 경쟁률을 기록했으며, 상장 3일 만에 공모가 1만 5,100원 대비 397% 상승한 6만원을 기록했다. 이러한 수익률이 가능한 것은 공모가 대비 상장 첫날 최대 200%까지 시초가를 허용해주고, 추가적으로 주식의 가격제한폭인 30%까지 허용해주기 때문이다.

인기 있는 기업은 상장 첫날 매도를 해도 큰 수익을 낼 수 있는데, 많은 기관투자자들이 이런 방법으로 수익을 낸다. 이쯤 되면 '나도 공모주에 청약해야지.'라고 생각하는 투자자가 많을 것이다. 청약 이후 배정은 경쟁률에 따라 달라지기 때문에 만약 경쟁률이 100:1이면 납입대금의 1%만 배정받을 수 있다. 즉 인기가 높은 기업은 청약경쟁률이 높기 때문에 고액 자산가들 중심으로 청약시장이 인기가 많을 수밖에 없다. 사실 낭장 먹고 살기 급급한 일반 서민들은 참여하기 힘든 시장임에는 틀림없다.

Tip. 공모주 펀드도 고려해볼 만하다

이러한 과정들이 부담이 된다면, 대안으로 '공모주 펀드'라는 것이 있다. 공모주 펀드는 평소에는 안정적으로 수익을 추구하다, 공모 기업에 대규모 자금을 넣어 +α의 수익을 낸다. 직접 청약하기는 부담스럽거나 자금이 부족해 직접 참여하기 힘들다면 공모주 펀드를 통해 간접적으로 참여하는 것도 좋다. 공모주 펀드의 경우 5~15% 수익률을 노려볼 수 있다.

공모 참여시 주의할 점은 무엇일까?

낙관적인 스토리텔링은 조심해야 한다

공모시장은 과열되는 만큼 부작용도 있는데, 높은 청약경쟁률만 믿고 덥썩 배정받았다가 손실이 나는 경우가 종종 있다. IPO와 공모 과정을 들여다보면, 기본적으로 기업으로부터 주관사 의뢰를 받은 증권사는 높은 공모가를 받아야 수수료 수입이 높아진다. 일반적으로 수수료 수입은 공모규모의 1%(100bp) 수준이다. 즉 1천억원에 공모를 하면 10억원, 1,500억원에 공모를 하면 15억원으로 수수료 수입이 5억원 증가한다. 또한 기업도 높은 공모가로 주식시장에 상장되어야 기존 주주들의 수익이 높아진다. 따라서 IPO 시장이 과열될수록 공모 가격은 높아지는 경향이 있다. 최근처럼 거래소 상장정책이 완화되면 더욱 그렇다. 이러한 공모시장에 청약할 경우 투자설명서를 꼼꼼히 보아야 하는데, 기업과 주관사가 미래 예상 사업에 대해 지나치게 낙관적인 스토리텔링을 풀어가며 공모가에 수익을 반영하지 않는지 잘 살펴보아야 한다.

초반 과열은 경계경보다

앞서 설명한 해태제과 역시 상장 초기에는 매우 뜨거웠다. 그러나 증권사 등 기관투자자의 배정물량 매도공세와 과열에 부담을 느낀 매물이 쏟아지며, 이후 주가는 큰 폭으로 하락했다. 따라서 초반에 너무 뜨겁게 달궈진 상장 종목은 피하는 것이 좋다. 만약 공모물량을 배정받았거나 장외주식 단계부터 보유하고 있었다면 초반 과열은 경계경보를 의미하기 때문에 매도를 고려해야 한다. 주식의 가치와 주가 사이에 개입하는 노이즈가 커지는 것은 좋은 현상이 아니다. 공모 참여시 2~3배의 욕심보다는 20~30%의 수익을 얻는다는 마음으로 접근한다면 좋은 성과를 기대할 수 있다.

• 해태제과 상장 이후 주가 추이 •

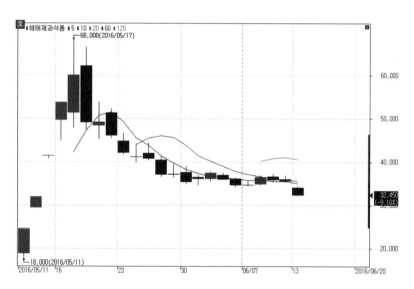

자료: 한국투자증권 HTS

채권은 아쉽고 주식은 겁난다면
배당 투자가 좋다

저금리가 장기화될수록 배당 투자에 대한 관심은 높아질 수밖에 없다.
배당 투자의 핵심은 배당과 성장을 모두 얻을 수 있는 배당성장주를 찾는 것이다.

주식시장이 호황이든 불황이든 오랫동안 시장에서 한 자리를 차지하고 있는 터줏대감 같은 기업은 안정적인 배당(임대)수익을 제공한다. 배당 투자는 주식시장의 본질에 가장 가까이 있는 투자에 해당한다. 기업은 주식시장 참여를 통해 자금을 조달받고, 주주는 기업의 주식을 매입해 경영에 참여한 결과로 기업의 실적을 적절하게 보상받기 때문이다.

채권이 돈을 빌려주는 조건으로 이자를 받는다면, 주식배당금은 주주가 기업의 경영에 참여한 대가로 받는 수익인 동시에 이자다. 많은 주식 투자자들은 대부분 주가의 상승에만 관심을 두곤 하지만, IPO와 마찬가지로 조금만 눈을 돌려봐도 또 다른 주식시장을 엿볼 수 있다.

높은 배당금이 아닌 배당성장주에 주목하자

배당 투자의 대가인 찰스 칼슨Charles Carlson은 "내가 선견지명이 있어 직장 생활 첫날 배당주에 몇 달러만 투자했다면, 지금쯤 남태평양 섬에서 서프보드를 타면서 인생을 즐기고 있을 것이다."라고 말했다. 이처럼 주식의 배당 투자는 IPO처럼 화려하지는 않지만, 안정적인 수익을 가져다준다.

배당성향과 배당수익률이란 무엇일까?

주식의 배당수익률이란 결국 기업이 주주에게 주는 이자율과 같다. 어떤 기업이 배당 투자에 적합한 기업인지를 알기 위해서는 배당성향과 배당수익률, 이 2가지 기본 개념에 대해 먼저 알아야 한다.

먼저 배당성향이란 기업의 당기순이익과 배당금의 비율(배당금÷당기순이익)을 말한다. 배당성향이 높다는 말은 결국 기업이 벌어들인 수익에서 주주들에게 지급하는 배당금이 많다는 것을 의미한다. 그러나 이익이 감소함에도 불구하고 배당성향을 유지하면 배당금은 오히려 감소하며, 배당금을 유지하면 배당성향이 높아진다. 만약 적자 상황에서 배당을 한다면 배당성향 자체가 계산이 불가능하다. 찰스 칼슨은 배당성향은 60% 수준이 적당하고, 그 이상은 오히려 좋지 않다고 조언한다. 기업에 문제가 발생하면 배당금을 중단할 수 있기 때문이다.

배당수익률은 '주당 배당금÷주가'로 계산된다. 배당수익률이 높다면 배당금을 많이 준다는 의미이기 때문에 좋은 현상이다. 그러나 배당수익률은 주가에 따라 시시각각으로 바뀌기 때문에 현 시점에서 단순히 배당수익률이 높다고 고배당주로 부르기에는 한계가 있다. 배당수익률이 높은 종목을 고배당주라고 한다면, 고배당주였다가도 주가가 급등하면 그때부터는 배당주가 아닌 셈이다. 따라서 현재 시점의 배당수익률만을 고려한다면 적절한 투자를 할 수 없다.

배당성장주의 조건

그렇다면 배당 투자를 하기 위해 배당성향과 배당수익률을 기준으로 무엇을 보아야 할까? 배당을 하려면 기업이 이익을 내야 한다. 이익이 줄거나 적자라면 배당 여력이 많이 사라진다. 그러나 기업이 아무리 이익을 많이 내도 실제 배당을 안 하면 아무 소용이 없다. 배당 투자의 핵심은 단순히 높은 배당금을 주는 회사에 투자하는 것이 아닌, 기업의 안정성과 성장성이 있는 '배당성장주'에 있다. 채권 투자가 아무리 높은 이자를 지불해도 기업의 사업성이 악화되거나 부도 위험이 커지면 채권 자체의 원금 보장이 되지 않는 것과 같다. 배당 투자도 기업의 사업성이 악화되면 주식 원금 자체에 손실을 입기 때문에 좋은 투자가 될 수 없다.

따라서 우리나라에서 배당성장수를 찾는다면 5년 이상 배당수익률이

 한국거래소 배당지수

배당성장주에 대한 판단이 어렵다면 한국거래소에서 만든 배당지수(코스피 고배당 50지수·KRX 배당성장 50지수·코스피200 고배당지수)에 편입된 종목들을 참고하면 도움이 될 것이다. 배당지수는 시가총액(상위 30% 내), 거래대금(상위 40%내) 등에서 시장대표성이 있고, 수익성(ROE 상위 60% 내)이 일정 수준 이상인 상장기업 중 배당실적이 높으면서도 안정적인 50개 기업으로 구성되기 때문에 참고지표로 유용하게 활용할 수 있다.

높은 수준으로 유지되고, 배당성향이 60% 이상을 초과하지 않으며, 지난 5년 이상 매출구조의 변화가 안정적으로 개선되고 있는 기업이 좋다. 또한 대주주의 지분이 낮아 지배구조가 복잡한 기업은 피하는 것이 현명하며, 여기에 해당 기업이 독과점적 지위를 가지고 있으면 더욱 좋다.

· 주요 배당성장주 ·

(2016년 6월 10일 기준)

종목명	배당수익률(%)	종목명	배당수익률(%)
동양생명	5.9	삼성화재	1.86
SK텔레콤	4.72	고려아연	1.73
한국쉘석유	4.36	한온시스템	1.62
대덕전자	4.14	KB손해보험	1.37
세아베스틸	3.61	종근당홀딩스	1.19
GKL	3.04	농심	1.05
신한지주	3.03	한솔케미칼	1.01
KT&G	2.68	영풍	0.95
새론오토모티브	2.43	세방전지	0.86
강원랜드	2.27	동원F&B	0.85
KCC	2.26	오뚜기	0.60
삼천리	2.26	한샘	0.58
동부화재	2.13	LG생활건강	0.52
노루홀딩스	2.07	아모레퍼시픽	0.32
동서	2.00	아모레G	0.23

배당시즌은 연말로 갈수록 주가에 반영되어 주가가 높아지는 경향이 있으므로, 배당 투자를 한다면 배당이 끝난 연초에 하는 것이 유리한 편이다. 또한 배당이 끝나면 배당락(배당으로 이익을 배분한 기업의 주가 하락)이 발생하기 때문에, 지속적으로 보유할 목적이 아니라면 매도 타이밍을 놓쳐 손실을 입지 않도록 주의해야 한다. 따라서 배당 투자는 중·장기적인 안목으로 접근하는 것이 좋다. 만약 배당 투자를 하고 싶지만 직접 투자하기는 부담스러운 사람은 공모주 펀드처럼 '배당주펀드'를 통해 간접적으로 참여할 수 있다.

시장의 흐름을 타고 싶다면
주식형 ETF를 선택하라

시장의 흐름에 몸을 맡기고 싶은 투자자라면 ETF는 좋은 투자 대안이다.
주식 초보자라면 ETF를 통해 충분한 연습을 해보는 것이 좋다.

몇 년 사이 ETF에 유입되는 대규모 자금들이 주식시장에 큰 영향을 주고 있다. 많은 투자의 대가들도 ETF에 대해 예찬을 하고 있는데, 워렌 버핏은 "자신이 잘 아는 종목에 장기 투자하라. 그럴 자신이 없다면 인덱스펀드에 분할 투자하라."라고 말했고, 상품 투자의 귀재 짐 로저스Jim Rogers는 "나는 항상 ETF로 투자한다. 그것은 매우 멋진 일이다."라고 했으며, 노벨 경제학상 수상자인 폴 새뮤얼슨Paul Samuelson은 "인덱스펀드 상품 개발이야말로 바퀴와 알파벳 발명만큼 가치 있는 것"이라고 했다. 주식시장에서 개별 주식거래, IPO, 배당 투자 외에 다른 상품으로 시장의 흐름에 몸을 맡기고 싶다면 ETF는 좋은 대안이다.

ETF란 무엇인가?

ETF(Exchange Traded Fund)는 상장지수펀드라 불리며, 4일 차에서 채권 ETF를 통해 간단히 살펴보았다. ETF는 개별 주식에 비해 투자위험이 낮고, 소액으로도 거래 가능하며, 주식과 같이 HTS를 통해서도 편하게 거래할 수 있다. 쉽게 말해 주식과 펀드의 장점을 합친 인덱스펀드다. 참고로 펀드가 가장 상위 개념이라면, 그 아래 인덱스펀드가 있고, 인덱스펀드 안에 ETF가 속한다고 보면 된다.

ETF 시장은 해마다 빠르게 성장해 10년 전과 비교하면 16배 이상 커졌을 정도다. 글로벌 ETF 시장 또한 연평균 25%의 성장을 보일 만큼 전 세계적으로 주목받는 시장이다. ETF가 세계적인 관심을 끈 배경은, 저금리 기조가 지속되면서 펀드를 운용하는 운전기사(펀드매니저)가 시장 대비 초과수익을 얻는 것이 쉽지 않아졌기 때문이다.

· ETF, 일반펀드, 주식 ·

구분	ETF	펀드	주식
투명성	높음	낮음	높음
결제	T+2일(매매일로부터 3일째)	T+3~8일	T+2일
수수료	위탁수수료 및 보수 (0.05~0.10%)	총보수(1~3%) 및 중도환매수수료 조건	위탁수수료
세금	국내주식형: 없음 기타 ETF: 배당소득세(15.4%)	배당소득세(15.4%)	증권거래세 (0.3%)
투자위험	시장위험	시장위험, 운용위험	시장위험
가입 및 거래	증권사, 온라인	증권사, 은행, 온라인	증권사, 온라인

글로벌 펀드의 주요 펀드가 바로 ETF다. 시장은 언제나 사이클이 있고 유행을 타기 때문에 ETF의 인기도 언젠가는 시들해지겠지만, 현재 상황에서는 ETF의 인기는 제법 오래 지속될 것으로 보인다. 바꿔 말하면 ETF의 흐름은 주가지수에 큰 영향을 준다고 할 수 있다. 따라서 주식 투자를 한다면 개별 기업을 파악하기에 앞서, 국내외 ETF 흐름에 영향을 많이 주는 글로벌 정치·경제 변수들을 잘 살펴야 한다.

개인 성향에 따라 다르겠지만, 개별 기업을 디테일하게 쫓는 것보다는 전체적인 매크로 흐름을 살피는 것이 좀더 수월하다. 또한 가격 변동성이 개별 주식종목보다 작기 때문에, 주식 초보자라면 개별 종목에 투자를 하기 전에 ETF를 통해 충분히 연습을 해보기를 추천한다. 1일차 내용을 참고한다면 도움이 될 것이다.

ETF 투자에서 알아야 할 것들

앞서 주식 가치 평가의 기본 개념으로 PER·PBR·ROE·EPS·BPS 등의 개념을 다루었는데, ETF도 기본적인 가치를 알기 위해서 알아야 할 것들이 있다. 다소 생소한 개념이기 때문에 ETF에 관심이 있다면 충분히 이해를 하고 가는 것이 좋다. HTS에서 ETF 주문을 하기 위해 현재가를 조회하면 처음 맞닥뜨리게 되는 핵심 지표를 중심으로 알아보겠다. 물론 ETF도 차트만 보고 투자하고 싶다면 굳이 세부내용들을 볼 필요는 없다. 그러나 상품의 본질을 알고 싶다면 조금 어렵더라도 반드시 알아야 한다.

ETF의 가치

먼저 ETF의 NAV(Net Asset Value, 순자산가치)를 살펴보자. 기업이 분기나 연말 결산을 하듯이, ETF는 매일매일 증시가 마감되면 가치 변화에 대해 결산을 한다. NAV란 ETF의 순자산총액(자산-부채)을 ETF의 총 증권수로 나눈 값을 말한다. NAV는 일반 펀드의 기준가격에 해당하며, ETF의 본질가치를 의미한다. 본질가치는 시장가격과는 다른데, 주식의 가치와 시장가격이 다른 원리와 같다. 그러나 주식처럼 시장가격의 종가가 다음 날 기준가격이 된다.

이런 이유로 중도환매(ETF 매도)시 NAV로 환매가격이 결정되기 때문에 시장가격으로 계산한 환매금액과 실제로 받는 금액 사이에 차이가 발생할 수 있다. 정리하자면 NAV는 ETF의 본질가치이자 중도환매가격의 기준이고, 시장가격과는 차이가 발생할 수 있다는 말이다. 이러한 현상은 시장가격의 괴리율을 통해 알 수 있다.

시장가격과의 괴리

가격 괴리율은 '(시장가격-NAV)÷NAV×100'으로 계산된다. 즉 가격 괴리율은 ETF의 본질가치에서 시장가격이 얼마나 동떨어져 있는지 알 수 있는 지표다. NAV와 시장가격의 괴리는 사실 필연적인 결과다. 이론가와 시장가격이 다를 수 있음을 생각해보면 된다. 그러나 이러한 가격 괴리가 지나치게 확대되는 것은 좋은 현상이 아니다.

일반적으로 가격 괴리율이 ±2% 이상(해외 ETF는 ±6%)이면 상태가 좋지 않은 ETF라고 할 수 있다. 가격이 심각하게 왜곡되고 있음을 말해주는 것이기 때문이다. 보통 해당 ETF의 거래량이 많지 않을 경우 발생한다. 유통주식수가 적은 종목이 일부 투기세력에 의해 주가의 왜곡이

```
114800 ▼ Q 관 🔔 🖶 KODEX 인버스          🔍 ETF(실물복제/수익증권)                          전체시세 구성종목

  8,240 ▲      65    0.80%   17,257,499 123.47%  K200선물      1,161.69 ▼    12.08      -1.03
 직전   전일%    8,245   8,240  142,093백만    F 201606        240.40 ▼     2.50      -1.03
    시간외              -1       18:00:30  관       NAV        8,291.97 ▼    83.88       1.02
 매도잔량      1,403,897          시가  8,190  외   상장주수   134,500 (천)  추적오차율         0.30
    8,290  1.41%   87,441        고가  8,260  투   외국보유      933 (천)  기준가          8,175
    8,285  1.35%   47,622        저가  8,180  자   외국보유비중      %     대용가          5,720
    8,280  1.28%  161,404        상한 10,625  처   ETF(vs)     101L06    K200선물       NAV
    8,275  1.22%  103,927        하한  5,725  권   괴리도       936.74     15.45     -51.97
    8,270  1.16%  229,757        기준  8,175  상   괴리율        79.58      1.31      -0.63
    8,265  1.10%  198,217        가중  8,233  기   증감   매도수량    매도   매수   매수수량   증감
    8,260  1.04%  267,771        소진   0.69  뉴   1,282  5,012,397  신한투자  신한투자  4,961,359  10,800
    8,255  0.98%  141,132        외인 -65,489      57,196  2,271,975  키움증권  키움증권  1,503,608  59,348
    8,250  0.92%  122,414        PR순      0      18,148  1,465,284  미래에셋  유진증권  1,443,887  22,100
    8,245  0.86%   44,212                        130,933  1,130,903  대우증권  대우증권  1,151,250  94,480
    8,240  0.80%  223,306                        123,183  1,101,070  대신증권  SK증권    1,049,465  16,838
    8,235  0.73%   51,636                              0      외국계합                0
    8,230  0.67%   59,424                        시간대별   일별                        매수 매도
    8,225  0.61%   50,885                        일자      종가     전일대비      거래량
    8,220  0.55%   62,196                        2016/05/13  8,240 ▲     65  17,257,499
    8,215  0.49%    7,739                        2016/05/12  8,175 ▲     15  13,977,451
    8,210  0.43%   20,920                        2016/05/11  8,160 ▲     15  15,191,158
    8,205  0.37%   22,100                        2016/05/10  8,145 ▼     35  12,883,791
    8,200  0.31%  260,090                        2016/05/09  8,180 ▲     10  10,807,357
    8,195  0.24%   14,620                        2016/05/04  8,170 ▲     50  13,862,167
 매수잔량       772,916                          2016/05/03  8,120 ▼     20  10,246,979
    시간외       227,934
 250일최고  ▼   9,280   -11.21%  2015/08/24
 250일최저       7,575    8.78%  2015/05/26
 기간수익률   KODEX 인버스        K200선물
 1주       ▼           0.860%           -1.210%
```

자료: 한국투자증권 HTS

발생하는 원리와 같다. 특히 마이너스 괴리율이 커지게 되면 제대로 된 가치를 인정받지 못하기 때문에 매도시 괴리율만큼 손실을 입게 된다.

따라서 거래소는 증권사 등 금융기관을 '유동성 공급자'로 지정해 일 정 거래량을 유지하도록 하고 있다. 앞서 채권시장에서 일부 금융기관을 프라이머리 딜러로 지정해 국고채의 유통을 원활하게 하는 것과 같은 원리다.

기초지수와 ETF의 오차

ETF의 추적오차tracking error에 대해 알아보겠다. 추적오차는 기초지 수와 ETF의 NAV 수익률의 차이가 얼마나 흩어져 분포했는지, 즉 일별

수익률의 표준편차로 계산된다. ETF는 이론적으로 기초지수가 10% 상승하면, ETF의 NAV도 10% 상승해야 한다. 그러나 ETF의 운용보수·거래비용·종목교체 등이 발생하기 때문에 100% 일치하게 매매할 수는 없다. 따라서 가격 괴리와 마찬가지로 추적오차도 필연적이라고 볼 수 있다.

그러나 추적오차가 커질수록 ETF와 기초지수는 다른 상품이 되어간다. 단적으로 기초지수는 10% 상승했지만, ETF는 1%의 수익률을 보일 수도 있다. 따라서 실력이 좋은 자산운용사일수록 ETF의 추적오차가 작다. 이런 이유로 단순하게 수수료가 저렴하고 가격 추이가 좋은 ETF 보다는 추적오차가 적은 ETF를 고르는 것이 좋다. 미세한 차이 같지만 이 미세함 속에 자산운용사의 실력이 나온다.

글로벌 금융시장은 하나로 이어져 있다. 지금까지 우리가 금융시장에 대해 배운 많은 이론적인 것들은 1980~1990년대 논리에 사로잡혀 외환시장을 간과하는 부분이 있다. 그러나 외환시장은 글로벌 금융시장을 하나로 이어주는 연결고리다. 세계의 모든 돈은 외환시장을 통해 들어오고 나간다. 우리나라와 같이 수출 중심의 신흥국은 외환시장이 그 나라의 금융시장 자체라 해도 과언이 아니다. 따라서 외환시장을 이해하지 못하면 우리나라의 금융시장뿐 아니라 글로벌 금융시장의 흐름을 읽을 수 없다.

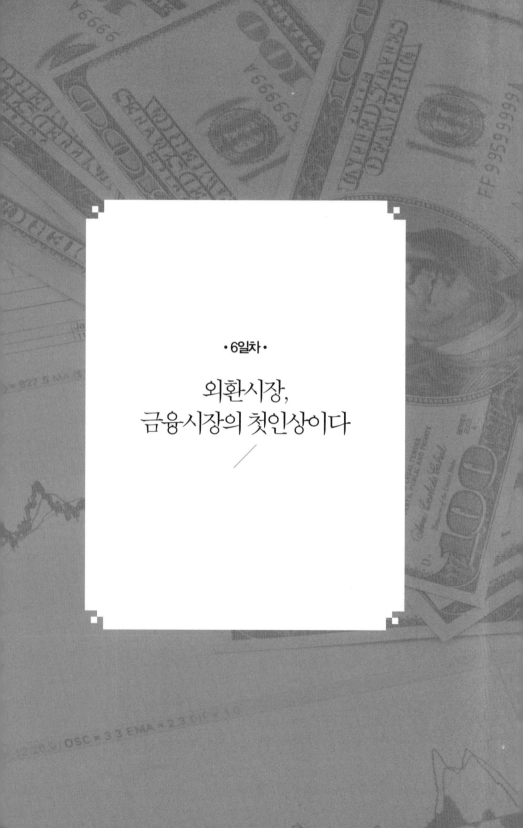

· 6일차 ·

외환시장,
금융시장의 첫인상이다

외환시장은
글로벌 금융시장의 공항이다

외환시장은 글로벌 금융시장의 공항과 같다. 단순한 숫자를 보기보단
이들이 왜 우리나라 외환시장이라는 공항에 들어왔는지 이해해야 한다.

해외로 여행을 가면 가장 먼저 접하게 되는 것이 바로 그 나라의 공항이
다. 공항이 깨끗하고 시설이 좋으면 그 나라의 첫인상이 좋아진다. 이와
마찬가지로 글로벌 금융시장에서는 어떤 나라를 볼 때 가장 먼저 접하
게 되는 것이 외환시장이다. 우리나라의 외환시장은 과거에 비하면 제법
인상이 깔끔해진 편이다. 외환시장이 전면 개방된 지 20년이 채 되지 않
은 것을 고려했을 때 나름대로 단기간 내에 시스템이 자리를 잡았다고
말할 수 있다.

외환시장은 매우 다이내믹하다

　　1일차에서 자본시장에 대해 설명한 것처럼 외환시장은 자금시장·채권시장·주식시장을 모두 커버하는 시장이다. 세계 모든 나라는 이 외환시장으로 엮여 있다고 생각해도 무방하다. 화폐를 바꾸어야 채권·주식·상품 등의 물물교환을 할 수 있기 때문이다. 우리나라의 일평균 외환 거래규모는 주식시장의 5배 수준으로, 이 중 현물환 거래가 40%, 외환파생(선물환 등) 거래가 60%를 차지한다. 그러나 실제 무역 관련 거래는 10%이고, 시세차익을 위한 거래는 90%를 차지하는 거대한 투기판과 같다고도 할 수 있다. 미국 달러·유로·엔·원화 등 수많은 통화들이 시시각각 변하는 환율에 따라 쉴 새 없이 오고가는 매우 다이내믹한 시장이다.

　　한편 외환시장은 주식시장과는 다르게 완벽히 장외시장에 가깝다. 채권시장보다도 장외시장이 더욱 강하다. 외환은 규모가 크고 비표준적인 거래가 낳아서 표준화된 상품을 거래하는 거래소 시장에 직합하지 않기

· 외환시장의 구조 ·

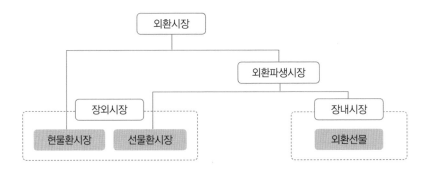

때문이다. 주식시장처럼 HTS에서 활발한 모습을 찾아볼 수는 없지만, 외환시장은 총알과 포탄이 쉴 새 없이 날아드는 전쟁터와도 같다. 글로벌 외환시장에서는 UBS·도이치뱅크·JP모건체이스·씨티은행·골드만삭스·바클레이즈가 큰손이다. 우리나라에는 이러한 외국계 대형은행들의 서울지점이 있어 글로벌 자금들이 편리하게 오고갈 수 있다. 외환시장은 단순히 숫자로만 보지 말고, '왜 시장에 들어왔을까? 들어왔다면 언제 나갈까?' 등의 인과관계를 통해 흐름을 보는 것이 큰 도움이 된다.

외환시장은 어떻게 구성될까?

외환시장은 현재와 미래를 모두 커버하는 시장으로, 간단하게 현물환spot시장과 선물환forward시장으로 구분할 수 있다. '현물환율×이자율＝선물환율'을 거래하는 시장이라고 생각하면 된다. 따라서 외환시장은 이자율을 기본으로 거래되기 때문에 현물환 못지않게 선물환이 중요하다. 물론 다이내믹하고 흥미로운 시장은 단연 현물환시장이다. 외환시장은 채권·주식 시장과 밀접한 연관을 가진다. 공항에 들어왔으니 어디든 선택된 여행지를 찾아갈 것이기 때문이다.

· 현물환과 선물환 ·

SP 05/24/13	1113.55	1114.00	1113.55	1114.00
SN 05/28/13	0.09	0.32	1113.64	1114.32
1W 05/31/13	0.16	0.56	1113.71	1114.56
2W 06/07/13	0.48	0.94	1114.03	1114.94
3W 06/14/13	0.79	1.32	1114.34	1115.32
IM1 06/19/13	1.02	1.59	1114.57	1115.59
1M 06/24/13	1.24	1.86	1114.79	1115.86
2M 07/24/13	2.70	3.30	1116.25	1117.30
3M 08/26/13	4.13	4.77	1117.68	1118.77
IM2 09/23/13	5.11	5.86	1118.66	1119.86
4M 09/24/13	5.14	5.89	1118.69	1119.89
5M 10/24/13	6.19	7.06	1119.74	1121.06
6M 11/25/13	7.30	8.30	1120.85	1122.30

현물환(Spot)

선물환(Forward)

자료: 블룸버그(Bloomberg)

현물환시장: 총알

현물환시장은 우리가 흔히 알고 있는 환율시장으로, 총알에 비유할 수 있다. 장외시장의 특성상 주식이나 채권같이 HTS에서는 거래할 수 없고, 서울외국환중개 등 중개기관이나 로이터를 통해 100만달러 단위로 거래한다. 일반투자자가 현물환 거래를 하려면 은행이나 환전소를 통해 간접적으로 거래해야 한다. 현물환시장은 시세차익 거래가 주를 이루기 때문에 외환딜러 한 명의 거래규모가 1억달러(100번 매매)를 넘어가는 것이 부지기수다. 하루 종일 총알을 쏘아댄다고 표현할 수 있다.

참고로 중개기관에서 제공하는 주문 전용 키패드는 총알을 날리기에 최적화되어 있어, 장이 끝나고도 손가락이 근질근질할 정도다. 그만큼 현물환 거래는 중독성이 있다. 외환시장에서 시세차익 거래가 90%를 차지한다는 것을 떠올린다면 쉽게 이해할 수 있을 것이다. 현물환시장은 뒤에서 설명할 환율의 변동요인과 함께 보면 이해가 쉬울 것이다.

· 외환시장의 24시간 ·

구분	주요 시장	주요 통화
08:00~18:00	서울, 도쿄, 싱가포르, 홍콩	일본 엔화
16:00~ 다음 날 02:00	런던(오후 5시 개장), 파리, 프랑크푸르트, 취리히	영국 파운드, 유로화
22:00~ 다음 날 06:00	뉴욕	미국 달러
06:00~08:00	샌프란시스코, 웰링턴, 시드니(오전 7시, 실제 아시아 장 시작)	미국 달러

　금융시장에서 현물환시장만큼 기술적 분석이 많이 활용되는 시장도 없을 것이다. 많은 딜러나 투자자들이 차트를 보고 매매에 임한다. 왜냐하면 현물환은 그 가치가 모호하기 때문에 가치 평가를 할 여지가 극히 제한되기 때문이다. 현물환의 단기적인 움직임은 거의 딜러나 투자자의 심리에 따라 움직인다고 봐도 된다. 글로벌 외환시장은 24시간 동안 계속 돌아간다. 따라서 외국계은행의 서울지점은 우리나라 장이 마감되면 런던·프랑크푸르트·파리로 바통을 넘긴다. 이 바통은 다시 미국으로 건너가 뉴욕에 도착하며, 다음 날 다시 우리나라로 돌아온다.

　우리나라는 일반적으로 장 초반과 마감쯤에 거래가 가장 활발하다. 또한 글로벌 외환시장으로 보면, 미국의 경제지표들이 발표되는 밤 10시와 주요 정책들이 나오는 새벽 3시, 그리고 뉴욕이 마감되는 오전 6시쯤이 거래가 가장 활발하다. 특정 시간내가 붐빈나는 것은 외환 거래의 대부분이 시세차익을 노린 거래라는 것을 의미한다.

선물환시장: 포탄

다음으로 외환시장의 한 축인 선물환을 살펴보겠다. 선물환은 미래 특정 시점에 약속된 환율로 거래하는 외환을 말한다. 즉 선물환은 현물환율에 이자율을 곱한 미래환율을 거래하는 시장이다. 따라서 선물환시장은 이자율에 근거한 나름의 가치 평가를 통해 이루어진다. 현물환이 '총알'이라면, 선물환은 '포탄'이라 생각하면 될 것 같다. 외환시장 종사자가 아닌 이상 선물환시장에 대한 관심은 적겠지만, 외환시장을 이해하려면 조금이라도 알고 가는 것이 좋다. 선물환시장은 현물환시장처럼 거래 빈도수가 많지는 않다.

그러나 일반적으로 기본 단위가 1천만달러(약 120억원) 이상이고 한 번에 5억달러(약 6천억원) 이상 거래되는 경우도 많기 때문에, 음악에서 베이스의 소리와 같이 묵직하게 외환시장을 출렁이게 만든다. 선물환 거래는 현물환 거래를 동반하기 때문에 선물환시장이 움직이면 현물환시장도 같이 움직인다. 또한 뒤에서 다룰 한국은행의 외환시장 개입도 선물환을 이용하는 경우가 많아, 선물환 물량은 시장에 큰 영향을 준다.

선물환시장의 주 고객은 수출입 기업과 해외 국부펀드다. 이들은 환율

 선물과 선물환의 차이

선물 futures과 선물환 forwards의 차이에 대해 궁금해하는 사람이 많다. 둘 다 본질은 미래환율(현물환율×이자율)을 거래하는 것이기 때문에, 용어상의 차이일 뿐이다. 선물은 장내(거래소)에서 거래되는 표준화된 거래이고, 선물환은 장외에서 거래되는 비표준화된 거래를 말한다. 일반투자자는 선물환 거래는 할 수 없고, 거래소를 통해 선물 거래만 가능하다.

변동 위험에 대비해 미래환율을 확정짓는 것을 선호한다. 따라서 수출입 기업의 실적, 그리고 글로벌 경제상황과 밀접한 관계가 있다. 만약 수출입 기업의 실적이 좋지 않거나 글로벌 경제상황이 불안하면 선물환율을 자극하고, 현물환율도 비례해 상승한다.

달러와 유로,
글로벌 기축통화가 갖는 의미

외환시장에서 글로벌 기축통화와 비기축통화의 차이는 매우 크다.
글로벌 기축통화가 아니라면 언제든 글로벌 금융시장의 위협을 대비해야 한다.

우리가 흔히 글로벌 부호들의 자산에 대한 기사를 보면서 가장 궁금한
것이 '그래서 원화로는 얼마라는 거야?'다. 통화에 따라 같은 1억이어도
뒤에 달러가 붙느냐, 원화가 붙느냐에 따라 자산의 가치가 천차만별이기
때문이다.

  일반적으로 외환시장은 그 나라의 국력이 강할수록 시장의 선호도가
높고, 국력이 약할수록 시장의 선호도가 낮다. 국력이 강한 나라일수록
자산의 가치가 높기 때문에 선호하고, 약한 나라일수록 자산의 가치가
낮기 때문에 선호하지 않는 것이다. 그래서 외환시장이 강한 나라는 쉽
게 건드리지 않으며, 외환시장이 약한 나라는 종종 괴롭힘을 당한다.

글로벌 기축통화란 무엇인가?

　　과거에는 국가나 지역 간의 폐쇄성 때문에 '금'이 교환가치의 기준으로 사용되어도 충분했다. 그러나 종이에 불과한 화폐가 금을 대신하게 되면서 서로 계산방식이 매우 복잡해졌다. 과거에는 "쌀 한 되에 얼마예요?"라는 질문에 "금 1돈입니다."라고 답했던 것을 이제는 "쌀 한 되에 얼마예요?"라는 질문에 "10달러입니다. 1만 2천원입니다. 1,008엔입니다. 8.8유로입니다."라고 답해야 한다. 각각의 종이(화폐) 한 장에 수많은 가격, 즉 가치들이 새로 생겨났기 때문이다.

　화폐라는 종이의 가치에 따라 물물교환의 크기가 결정된다. 이런 이유로 종이의 가치가 높을수록 인기가 높고, 그 종이를 많이 보유하려고 한다. 이것을 금융시장에서는 '기축통화'라고 부른다. 기축통화는 곧 국력과 비례하는데, 현재 글로벌 기축통화는 IMF의 특별인출권Special Drawing Rights, SDR을 구성하는 미국 달러·유로·엔·파운드 등이며, 기존 4개 SDR 구성 통화에 지난 2015년 말 중국 위안화가 포함되었다.

 Tip· 특별인출권이란 무엇인가?

특별인출권이란 IMF 회원국들의 국제수지가 악화(특히 달러 부족 사태)되었을 때, IMF로부터 자금을 인출할 수 있는 일종의 가상화폐를 말한다. 카지노 칩같이 IMF 회원국들 간의 합의로 생산해낸 가상의 돈이다. 그래서 SDR은 '발행issue'이라는 말 대신 '배분allocation'이라는 말을 사용한다. 국제수지가 악화될 경우 이 배분받은 가상의 돈으로 채무를 변제한다.

글로벌 기축통화의 파워

　　　　현대사회는 공산주의와 자본주의로 대립각을 세우는 시대가 아닌 자본주의의 시대다. 앞서 말했듯이 외환시장은 자금·주식·채권 등 모든 금융시장을 커버한다. 따라서 글로벌 기축통화로 인정받는다는 것은 세계의 중심이 된다는 의미다. 글로벌 기축통화국은 글로벌 금융시장의 패권을 쥐게 되고, 어느 누구도 쉽게 건드릴 수 없다. 이런 이유로 글로벌 금융시장의 돈은 언제나 미국·유럽·일본으로 모이고, 위기의 순간에는 가장 쓰임이 좋은 미국 달러·유로·엔을 찾게 된다.

　중국의 경우는 조금 특이하다. 글로벌 기축통화이자 미국에 이어 두 번째로 세계 경제에 영향을 미치는 국가지만, 중국 위안화는 아직 국제화가 덜 이루어졌기 때문에 화폐로서의 가치는 떨어진다. 쉽게 말해 위기를 만드는 통화는 될 수 있어도 위기에 강한 통화는 아니라는 말이다.

　제1차 세계대전까지만 하더라도 영국 파운화가 세계 최고의 기축통화였으나, 현재는 미국 달러화가 최고 기축통화이자 세계 1위의 결제통화다. 따라서 현재 글로벌 금융시장은 최고 기축통화인 미국 달러의 손

 Tip· 우리나라 원화의 위치는?

SWIFT(세계은행 간 금융거래협회)에 따르면, 2016년 1분기 세계 결제통화 비중은 미국 달러화 44.82%, 유로화 27.2%, 영국 파운드화 8.46%, 중국 위안화 2.79%, 일본 엔화 2.76%순이며, 우리나라는 20위 안에도 들지 못한다. 우리나라가 세계 11위의 무역대국임을 고려할 때 글로벌 금융시장에서 원화의 지위는 예상보다 낮다.

에 달려 있다 해도 과언이 아니다. 적어도 우리 세대에는 이 사실은 변하지 않을 것이다. 세계의 모든 눈이 미국으로 향하는 이유도 미국 달러가 세계 최고의 기축통화이기 때문이며, 어떤 나라도 미국을 건드릴 수 없는 이유다. 미국 달러화의 변동에 따라 각 국가의 국제수지 및 자산의 가치가 크게 변동하기 때문에 미국의 정치·경제·사회 등의 이슈가 전 세계적인 주목을 받는 것이다.

또한 아무리 일본이 제2차 세계대전의 주범이어도 글로벌 기축통화인 엔화를 가지고 있는 일본은 글로벌 금융시장에서는 여전히 대접을 받는다. 현재 중국이 노리는 것도 결국 글로벌 기축통화의 패권이다. 바꿔 말하면 미국이 중국을 견제하는 이유도, 국방력을 증진시키고 세계 정치와 경제에 간섭하는 이유도 기축통화의 패권을 지키기 위해서다.

글로벌 기축통화가 아니라면 외환보유고가 중요하다

우리나라 원화와 같이 통화의 선호도가 낮아 힘이 없는 경우 종종 괴롭힘을 당한다. 대표적인 예가 20대 후반 이상이라면 기억할 1997년 IMF 사태다. 당시 대기업들의 많은 자산들이 50%에도 미치지 못하는 가격으로 팔려 나갔다. 당시 월가에서 우리나라 매물들을 소개한 기사의 제목은 '파이어세일 firesale'이었다. 대한항공의 시가총액이 보잉747 2대 값과 같았으니 말 다한 것이다. IMF 및 글로벌 금융기관에게 속된 말로 탈탈 털린 섯이다. 우리나라 원화가 글로벌 기축통화국인 미국·일본 등과 통화스왑 협정이라도 맺었거나, 외환보유고가 탄탄해 금융 국방력이 좋았다면 그런 수모를 당하지는 않았을 것이다.

글로벌 금융시장에서 괴롭힘을 덜 당하기 위해서는 외환보유고를 넉넉히 쌓아야 한다. 외환보유고는 금융시장의 국방력을 상징한다. 우리나라 등 신흥국은 외환보유고가 탄탄하면 최소한 만만하게 보이지는 않을 수 있다. 글로벌 금융기관이 공격을 하면 정부가 외환보유고를 열어 환율을 방어할 수 있기 때문이다. 2016년 1분기 기준으로 우리나라 외환보유고는 3,670억달러로 세계 6위다. 세계 1위는 중국(3조 7,300억달러)으로 뒤를 이어 일본(1조 2,453억달러), 사우디아라비아(6,980억달러), 스위스(5,824억달러), 대만(4,147억달러)순이다.

헤지펀드의 대부 조지 소로스George Soros를 비롯한 글로벌 헤지펀드들이 중국 위안화를 공격한 일이 있었다. 글로벌 기축통화에 포함되었지만, 아직은 신입이라 만만하게 본 것이다. 참고로 언젠가 중국이 미국의 패권을 빼앗아온다면 조지 소로스 정도는 손가락 하나로 튕겨 날려버릴 수 있을 것이다. 왜냐하면 조지 소로스 자산의 대부분이 중국 위안화에 의해 결정될 것이기 때문이다. 본문으로 돌아와 외환보유고가 탄탄한 중국은 글로벌 헤지펀드를 향해 "올 테면 와라. 우리가 이긴다."라고 선포했다. 세계 외환보유고 순위 1위인 중국은 외환보유고의 15% 수준인 5천억달러(우리나라 전체 외환보유고의 약 1.4배)를 쏟아부었고 1차전은 중국의 승리로 끝났다. 중국이 외환보유고가 넉넉하지 않았다면 헤지펀드에 유린당했을 것이다.

한편 최근 경제위기로 곳간이 텅텅 빈 베네수엘라의 경우 외환시장은 거의 초토화되었다. 베네수엘라 자산가치가 하락할 것을 우려한 글로벌 자금들이 자기 나라로 돈을 빼가기 시작한 것이다. 여기에 시세차익 등을 노린 투기세력까지 몰리며 환율의 가치가 30배 이상 하락했다. 현재 베네수엘라의 외환보유고는 100억달러 수준으로 1997년 IMF 사태 당시 우리나라의 외환보유고 수준과 비슷하다.

이렇듯 글로벌 기축통화가 아닌 통화의 경우 글로벌 외환시장에서 늘 약자의 위치에 있다. 따라서 외환보유고라는 국방력마저 기르지 않는다면 아주 쉽게 외세의 침략 속에 나라의 국부를 잃게 된다. 정부가 인위적으로 환율을 높이는 것과 외세의 침략에 의해 외환시장이 망가져 환율이 올라가는 것은 차원이 다른 이야기다.

 금융위기시 통화스왑 협정은 어떤 역할을 하는가?

통화스왑은 서로 다른 통화를 약정된 환율과 금리에 따라 미래의 특정 시점까지 교환하는 거래를 말한다. 금융위기 발생시 해외 자본이 우리나라로부터 급격하게 유출될 가능성이 높다. 이 경우 국내 금융시장에 달러 부족현상이 발생한다. 또한 투기세력이 가담해 달러를 공격적으로 매수하기 때문에 상황은 더 악화된다. 따라서 정부는 외환보유고를 풀어 시중에 달러를 공급하고, 단기외채를 갚아 시장을 안정화시킨다. 그러나 IMF 사태 당시 우리나라처럼 외환보유고마저 바닥이 나면 정말 큰 문제다. 만약 한·미 또는 한·일 간 통화스왑 약정이 체결되어 있다면 달러나 엔화 등 외화를 저렴하게 공급받아 시장을 안정화시킬 수 있다. 1997년 당시에는 이러한 준비를 하지 않아 해외 각국을 돌아다니며 외화를 빌리느라 많은 정부 관계자들이 고생을 했다.

환율의 가장 기본적인
3가지 개념을 알자

환율의 본질은 서로 다른 통화로 얼마만큼의 '물물교환'을 할 수 있느냐에 있다.
환율의 실체는 뚜렷하지 않아 기본 개념이 무엇보다 중요하다.

환율에 대해 가장 많이 접할 수 있는 통로는 아마 기사나 뉴스 같은 언론매체일 것이다. 인터넷에서 환율을 검색하면 '환율 하락과 상승, 기업의 수출경쟁력, 환율 리스크' 등등 알쏭달쏭한 이야기뿐이다. 기사를 읽어도 이게 좋다는 건지, 나쁘다는 건지, 어떻게 된다는 건지 아리송할 때가 많다. 환율에 대한 기본 개념이 잘 서 있지 않기 때문이다. 환율은 주식이나 채권과 다르게 그 실체가 뚜렷하지 않고, 형태가 연체동물과 같아 다른 시장보다 더욱더 기본 개념을 아는 것이 중요하다.

환율의 3가지 기본 개념

환율foreign exchange rate은 교환비율의 줄임말로 '두 나라의 돈이 교환되는 비율'을 나타낸다. 따라서 환율은 그 나라 자산의 대외적인 가치를 보여주는 가장 확실한 지표다. 환율은 우리나라와 다른 나라를 이어주는 연결고리이기 때문에 환율, 즉 대외에서 바라보는 우리나라의 자산가치가 지나치게 낮아지면 글로벌시장에서 좋은 대우를 받기 어렵다. 이런 이유로 글로벌 금융시장에서는 말이 필요 없다. 환율이 모든 것을 말해주기 때문이다. 환율에 대한 이해를 하기 위해 알아야 할 몇 가지 기본 개념을 알아보자.

환율의 표기법

먼저 환율의 표기법을 알아보자. 환율은 일반적으로 미국 달러를 기준(미국식, American terms)으로 표기되며, 통화의 힘이 센 기축통화 간에는 서로 편한 대로 표기가 된다. 그러나 유로와 영국 파운드는 모든 통화의 기준(유럽식, European terms)으로 사용하는 것이 일반적이다. 미국이 지금처럼 힘이 강해지기 전에는 유럽과 영국이 패권을 쥐고 있었기 때문이다. 만약 우리나라 원화가 대표가 되고 싶다면 우리나라가 세계의 패권을 차지하면 된다.

환율은 '미국 1달러당 원화 1,200원, 미국 1달러당 엔화 108엔, 1유로당 1.14달러, 1유로당 원화 1,368원'의 방식으로 교환된다. 이를 순서대로 국제표기법에 맞게 바꾸면 'USD/KRW, USD/JPY, EUR/USD, EUR/KRW'가 된다. 읽을 때도 순서대로 읽으면 된다. 만약 USD/KRW라면 '1달러당(/) 1,200원', EUR/USD라면 '1유로당(/) 1.14달러'다. 주

구분	코드	명칭 / 별명
한국	KRW	원
미국	USD	미국 달러
유로존	EUR	유로
일본	JPY	엔
중국	CNY(역내), CNH(역외)	위안
스위스	CHF	스위스 프랑 / 스위지
영국	GBP	파운드(스털링) / 케이블
캐나다	CAD	캐나다 달러 / 루니
호주	AUD	호주 달러 / 오지
뉴질랜드	NZD	뉴질랜드 달러 / 키위
스웨덴	SEK	스웨덴 크로네
홍콩	HKD	홍콩 달러
싱가포르	SGD	싱가포르 달러
대만	TWD	대만 달러
태국	TWD	태국 바트
러시아	RUB	루블
인도	INR	루피
브라질	BRL	헤알

자료: ISO 세계통화코드

로 '원/달러, 엔/달러'라고 말하나, 국제표기법에 맞춘다면 '달러/원, 달
러/엔'으로 말하는 것이 맞다. 어느 쪽이든 같은 말이니 너무 어려워할
필요는 없다.

환율의 변동을 말하는 방법

환율의 변동을 말할 때 의외로 헷갈려하는 사람이 많다. 1달러에
1,200원이던 환율이 1달러에 1,500원이 되었다면 이 경우 우리는 환율
이 '올랐다'고 말한다. 즉 1,200원이든 1,500원이든 1달러인데, 우리는
300원을 더 주어야 1달러로 바꿀 수 있다는 말이다. 따라서 1달러에 대
한 우리나라 '원화의 가치는 하락했다'고 말한다. 반대로 1달러에 1,200원
이던 환율이 1달러에 1천원이 되었다면 이 경우 우리는 환율이 '내렸다'
고 말한다. 즉 원래 1달러를 구하기 위해 1,200원이 필요했지만, 이제는
1천원만 있어도 1달러로 바꿀 수 있다는 말이 된다. 따라서 1달러에 대
한 우리나라 '원화의 가치는 상승했다'고 말할 수 있다.

이를 정리하면 환율의 변동을 말하는 방법은 기준이 되는 통화를 고
정으로 놓고 다른 통화의 가격 또는 가치가 어떻게 변했는지를 말하는
것이다. 다시 말해 1달러/1,200원에서 1달러/1,500원이 되었다면 '환

구분	환율	환율 변동
달러/원 (USD/KRW)	1,200원 → 1,500원 1,200원 → 1,000원	환율이 올랐다 = 원화가 절하되었다 환율이 내렸다 = 원화가 절상되었다
유로/원 (EUR/KRW)	1,368원 → 1,500원 1,368원 → 1,000원	환율이 올랐다 = 원화가 절하되었다 환율이 내렸다 = 원화가 절상되었다
엔/원 (JPY/KRW)	1,111원 → 1,500원 1,111원 → 1,000원	환율이 올랐다 = 원화가 절하되었다 환율이 내렸다 = 원화가 절상되었다
위안/원 (CNY/KRW)	180원 → 200원 180원 → 100원	환율이 올랐다 = 원화가 절하되었다 환율이 내렸다 = 원화가 절상되었다
달러/엔 (USD/JPY)	108엔 → 120엔 108엔 → 100엔	달러/엔 환율이 올랐다 = 엔화가 절하되었다 달러/엔 환율이 내렸다 = 엔화가 절상되었다
달러/위안 (USD/CNY)	6.25위안 → 7.0위안 6.25위안 → 5.0위안	달러/위안 환율이 올랐다 = 위안화가 절하되었다 달러/위안 환율이 내렸다 = 위안화가 절상되었다
유로/달러 (EUR/USD)	1.14달러 → 1.5달러 1.14달러 → 1.0달러	유로/달러 환율이 올랐다 = 달러가 절하되었다 유로/달러 환율이 내렸다 = 달러가 절상되었다

율이 올랐다' 또는 '가치가 하락했다(절하)'고 말하며, 반대로 1달러/
1,200원에서 1달러/1천원이 되었다면 '환율이 내렸다' 또는 '가치가 상
승했다(절상)'고 말하면 된다. 이 개념은 사실 한두 번 봐서는 잘 와닿지
않는데 위의 표를 보면 도움이 될 것이다.

환율 계산

환율 계산은 여행이나 출장시 매우 유용한데, 스스로 계산할 수 있으
면 인터넷 검색이 어려운 곳에서 유용하다. 환율은 기준환율과 재정환율
로 나눌 수 있다. 현재 우리나라 환율은 미국 달러의 시장가격을 기준환

율로 사용하며, 모든 환율 계산에 기준이 되는 환율로 사용한다. 그리고 재정환율이란 기준환율을 통해 간접적으로 계산한 다른 나라의 환율을 말한다. 즉 기준환율을 잡고 다른 나라 환율을 계산해야 한다는 의미인 것이다.

재정환율의 계산은 간단한 산수식이므로 쉽게 구할 수 있다. 만약 달러/원 환율이 1,200원이고, 달러/엔 환율이 108엔이라면, 엔/원의 환율은 '{[달러/원(1,200원)÷달러/엔(108엔)]×100}=1,111원(엔화는 100엔 기준)'이다. 또 여행지로 선호되는 태국의 달러/바트 환율이 35.45바트라면, 바트/원 환율은 '[달러/원(1,200원)÷달러/바트(35.45엔)]=33.85원'이다. 즉 '1바트는 33.85원'이다. 미국 달러의 환율을 알면 나머지 통화의 환율은 따라온다.

 Tip 환전시 기준환율은 어떻게 결정될까?

환전시 금융시장에서는 매매기준율을 기준환율로 사용한다. 매매기준율은 MAR(Market Average Rate)이라고 부르며, 외국환을 취급하는 외국환은행(시중은행이라고 보면 됨) 간에 거래된 미국 달러화와 원화의 거래액을 가중평균해 산출한다. 일반적으로 은행들의 외국환 거래를 중개해주는 중개기관인 '서울외국환중개(www.smbs.biz)'가 고시하는 매매기준율을 사용한다. 오늘 외환시장이 마감하고 산출된 매매기준율은 내일의 기준환율이 된다. 오늘 장이 모두 마감되어야 매매기준율이 나오는데 이미 지나간 오늘의 기준환율로 사용할 수 없기 때문이다. 이렇게 오늘 산출된 매매기준율은 내일 거래되는 환전의 1차 기준환율로 사용된다. 일반적으로 2차 기준환율부터는 은행이나 환전소에서 자율적으로 시장 환율에 맞게 적용된다.

환율의 기본 개념 정리, 이렇게 해보자

이제 기사를 통해 지금까지 다룬 3가지 기본 개념을 정리해보자. 며칠 전 TV에서 기러기 아빠에 대한 내용이 방영되었다. 내용은 다음과 같다. "1,130원이던 달러/원 환율이 1,160원대를 훌쩍 넘었는데요, 해외로 가족을 보낸 기러기 아빠들의 한숨이 깊어지고 있습니다. 가족들에게 매달 보내는 1만달러에 대한 부담이 커졌기 때문입니다." 이말을 기본 개념으로 바꿔보겠다. "1달러당 1,130원이던 USD/KRW(달러/원)의 환율이 1,160원대로 상승해 원화의 가치가 떨어졌습니다. 따라서 1만달러당 1,130만원이던 생활비가 1만달러당 1,160만원이 되어 30만원이 더 들어갑니다."

화폐라는 종이의 가치에 따라 물물교환의 크기가 결정된다고 했듯이,

 Tip · 기러기 아빠가 독일에 있는 가족들에게 송금한다면?

Q. 자녀를 일본으로 유학보낸 기러기 아빠가 있다. 매달 100만엔을 생활비로 보내주는데 과거 1,130원이던 달러/원 환율이 지금은 1,160원이다. 또한 과거 달러/엔 환율은 108엔에서 120엔으로 올랐다. 기러기 아빠의 부담은 커졌을까, 아니면 작아졌을까?

A. 작아졌다. 여기에서는 엔/원 환율을 구하는 것이 핵심이다. 즉 예전에는 '{[달러/원(1,130원)÷달러/엔(108엔)] × 100원}=1,046.2원'이었다. 그리고 현재는 '{[달러/원(1,160원)÷달러/엔(120엔)] × 100원}=966.6원'이다. 따라서 100만엔당 1,046만 2천원이었던 생활비가 현재는 966만 6천원으로 감소했다. 달러/원 환율은 올라서 원화의 가치가 떨어졌지만, 달러/엔 환율은 더 많이 올라 엔화 가치의 하락이 원화가치의 하락보다 더 크기 때문이다.

환율은 적용하는 껍데기만 바뀔 뿐 환율의 본질은 우리나라 돈을 다른 나라 돈으로 하면 얼마큼 물물교환을 할 수 있는가다. 앞의 Tip 예시를 통해 조금 더 업그레이드 하면 환율에 대한 기본 개념을 숙지할 수 있을 것이다.

환율의 변동은 결국
원화의 매력도에 달려 있다

외환시장은 우리의 시각이 아닌 외국인투자자의 눈으로 바라보아야 한다.
환율의 변동은 외국인투자자가 바라보는 원화의 매력에 달려 있다.

외국인투자자가 외환시장이라는 공항에 들어와서 홍대로 갈지, 강남으로 갈지, 제주도로 갈지는 그들 마음이다. 예를 들어 관광객이 100만 명이 들어와도 제주도에만 100만 명이 가면 홍대나 강남에서는 외국인을 찾아볼 수 없는 원리와 같다. 따라서 우리는 외국인투자자가 공항에 도착한 사실만을 주목해야 한다. 이들이 어떤 목적으로 들어왔든 외국인투자자가 들어오면 원화 수요는 증가한다.

그들이 우리나라 공항에 도착한 이유는 무역·주가·금리·경제·정치 상황 등으로 다양하지만, 우리는 이것을 아주 단순화할 필요가 있다. 외국인투자자 눈에 비친 원화의 매력도다. 이론적인 환율 변동요인은 다

잊어버려도 좋다. 외환시장은 거대한 투기판이라는 것을 이해해야 하며, 온전히 외국인투자자의 눈에 원화가 매력이 있는지 없는지만을 생각해야 한다.

글로벌 기축통화와 원화의 매력도

글로벌 기축통화는 환율의 기울기를 결정한다. 만약 원화에 대한 호감도가 높다면 환율의 기울기가 낮아져 환율 상승(절하)보다 환율 하락(절상)의 힘이 더욱 강해진다. 반대로 호감도가 낮다면 환율의 기울기가 커져 환율 하락(절상)보다 환율 상승(절하)의 힘이 강해진다. 사소한 시장의 노이즈는 결국 이 기울기를 따라간다. 앞서 말했듯이 글로벌 기축통화 중 가장 중요한 것은 미국 달러다. 미국 달러는 세계 최고의 기축통화이기 때문이다.

미국 달러의 움직임은 사실 우리나라에서 관측하기가 매우 어렵다. 따라서 미국 달러의 움직임을 가장 밀접하게 확인할 수 있는 것은 바로 미국 연준(Fed)과 미국의 경제지표다. 연준의 통화정책과 경제지표는 거의 그대로 반영된다. 미국의 통화정책이 맞물리면 나머지 이슈들은 환율에 큰 영향을 주지 못한다. 왜냐하면 대장이 움직이기 때문이다. 대표적인 예로 최근 글로벌 외환시장을 좌우한 것은 미국의 금리 인상이었다. 미국이 금리를 인상하게 되면 경기가 좋든 좋지 않든 신흥국의 자금은 선신국으로 이탈하려는 모습을 보인다. 이는 달러인덱스 추이를 보면 그 흐름을 알 수 있다.

Tip 달러인덱스란 무엇인가?

달러인덱스dollar index는 세계 주요 6개국 통화 대비 미국 달러의 평균적인 가치를 나타내는 지표를 말한다. 1973년 3월을 기준점(100)으로 해서 미국 연준에서 발표한다. 6개국 통화는 유로(57.6%), 일본 엔(13.6%), 영국 파운드(11.9%), 캐나다 달러(9.1%), 스웨덴 크로네(4.2%), 스위스 프랑(3.6%)으로 구성되어 있다. 많은 외환딜러와 트레이더들이 참고하는 달러 지표로, 우리나라의 환율과 밀접한 연관성이 있다.

달러인덱스는 지난 2014년 이후 미국의 금리 인상 우려로 상승(절상)하기 시작했다. 이 상황에서 원화의 매력도는 온전히 미국 통화정책에 의지하며, 미국의 경제지표에 대한 평가도 미국 통화정책에 어떤 영향을 미칠지에만 집중한다. 그 추세에서 나머지 이슈들은 일시적인 노이즈에 불과하다. 글로벌 기축통화가 어떤 돈 냄새를 풍기느냐에 따라 환율의 기울기가 정해지고, 환율도 결국 이 기울기를 따라 움직인다.

· 달러인덱스 추이 ·

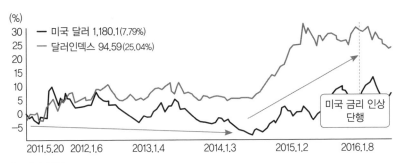

자료: 네이버 금융

314

핫머니와 원화의 매력도

환차익을 노리는 글로벌 자금을 금융시장에서는 '핫머니(투기적 이익을 목적으로 유입되는 자금)'라고 부른다. 핫머니는 외환시장의 단기적인 노이즈를 만든다. 환차익의 구조가 잘 와닿지 않을 것이다. 예를 들어 1달러에 1,200원이던 환율이 1달러에 1천원으로 하락할 경우 다시 자기 나라로 돌아가기 위해 최초로 바꾼 1,200원으로 달러를 구매하면 1.2달러를 얻을 수 있다. 즉 환율이 하락(원화 절상)함에 따라 외국인투자자는 0.2달러를 벌게 된다.

앞서 외환 거래의 90%는 시세차익이 목적이고, 환율의 변동요인을 보려면 주식·채권시장 등과 연관 짓지 말고 온전히 원화의 매력도에만 집중하는 것이 중요하다고 말한 것을 기억할 것이다. 외국인투자자의 눈에 현재 우리나라 금융시장은 안타깝게도 그다지 매력적인 시장이 아니다. 채권시장은 이미 기준금리가 1.25%까지 하락해 기타 선진국과 비교했을 때 큰 매력이 없고, 중국·인도·대만 등 신흥국과 비교했을 때도 매력을 발산한다고 볼 수는 없다. 그뿐만 아니라 주식시장도 우리나라를 지탱하던 기존 산업들이 국제경쟁력을 잃어가는 것도 매력도를 저하시키는 원인 중 하나다. 따라서 우리의 경제상황만 고려한다면 우리나라는

· 외국인투자자가 환차익을 얻는 구조 ·

1달러 = 1,200원		1달러 = 1,000원	
1달러	1,200원	1달러	1,000원
		0.2달러	200원

총수익	주식 및 채권 투자 수익
	환차익

그다지 투자하고 싶은 나라는 아니다.

그러나 환율이 크게 상승(원화 절하)하면 이야기는 달라진다. 2016년 2월 달러/원 환율은 1,240원을 넘어가며 5년 근래 최고치를 기록했었다. 언론에서는 '외국인 셀 코리아'라는 자극적인 제목을 달았지만, 외국인투자자의 눈에 그 상황은 매우 매력적인 상황이 된다. 왜냐하면 저렴해진 원화의 매력도가 높아졌기 때문이다. 일종의 바겐세일이 시작된 것이다.

외국인 자금은 규모가 매우 크기 때문에 주식시장으로 한번 몰려오면 주가는 자연스럽게 상승할 수 있다. 실제로 2016년 1분기 환율은 1,241원에서 1,132.5원으로 8.7% 절상, 코스피는 1,918.57포인트에서 2,007.64포인트로 4.6% 상승했다. 산술적으로 계산하면 외국인투자자는 이 기간 중 약 13%의 수익을 실현했을 것이다. 이러한 핫머니는 환헤지(환율 변동위험 제거)를 하지 않기 때문에 핫머니가 유입되면 환율은 하락(절상)한다. 반대로 핫머니가 이탈하면 환율은 상승(절하)한다.

여기서 쉽게 오해할 수 있는 부분이 환율과 주가의 상관관계인데, 주가가 상승해서 외국인투자자가 유입된 것이 아니다. 간혹 주가가 상승하고 외국인투자자가 증가하는 것을 보고 '우리나라 주식이 매력적이구나. 외국인이 더 들어오겠지? 나도 주식을 사야겠다.'라는 식의 3단 논법을 적용하는 경우가 많은데 전후관계가 바뀐 경우가 많다. 즉 외국인투자자가 외환시장에 들어와 주식시장으로 행선지를 정했기 때문에 주가가 상승한 것이다. 만약 채권시장으로 방향을 틀었다면 주가는 그저 그런 수준이었을 것이다.

일반적으로 외국인투자자, 그 중 '핫머니' 자금은 '8~10%+a'의 수익을 목표로 들어오기 때문에 수익이 달성되면 뒤도 돌아보지 않고 다시 나간다. 2016년 1분기 이후 핫머니가 빠져나가며 환율은 지난 2015년 5월 1,177.5원까지 상승하며 3.9% 절하되었고, 주가는 1,968.06포인트로 하락하며 2.0% 절상되었다. 과거에도 그러했고, 앞으로도 이런 식의 핫머니는 반복될 것이다.

글로벌 환율전쟁은
더욱 치열해질 것이다

글로벌 환율전쟁의 역사는 매우 길다. 우리나라 역시 그 소용돌이 안에 있다.
환율이 나라의 경제상황과 기초체력에 맞게 유지되지 못하면 경제에 큰 충격을 준다.

주식시장이 전쟁터와 같다고 하지만, 환율전쟁에는 비할 바가 못 된다.
환율전쟁은 수십 년간 글로벌 금융시장의 의제 중 하나였으며, 총과 칼
대신 환율로 싸우는 세계대전과 같다. 과거 일본은 글로벌 환율전쟁에
패배해 '잃어버린 20년'을 맞이했고, 일본에 묻혀 잘 알려지지는 않았지
만 독일도 마르크화의 가치 폭등으로 1990년대를 매우 어렵게 보냈다.

우리나라도 글로벌 환율전쟁의 소용돌이 속에 있다. 미국의 손아귀가
우리나라까지 뻗쳤기 때문이다. 그동안 우리나라를 이끌어오던 수출산
업이 국제경쟁력을 잃어가는 과정에서 글로벌 환율전쟁은 더욱더 우리
경제를 압박할 것이다.

318

글로벌 환율전쟁의 거센 소용돌이

환율전쟁은 자국의 통화가치를 떨어뜨림으로써 수출경쟁력을 확보하겠다는 데서 출발한다. 환율전쟁을 쉽게 이해하려면 환율에 따른 무역국가 간의 손익관계를 따져보면 된다. 가령 미국과 무역을 하는 나라는 자국의 통화가치가 낮을수록 무역 흑자를 본다. 수출가격 경쟁력에서 우세하기 때문이다. 상대적으로 손해를 본 미국은 상대 국가가 외환시장에 개입했다고 의심할 수밖에 없는 것이다. 환율이 상승하면 자산의 가치는 하락하지만, 오히려 질 좋은 자산을 저렴하게 살 수 있는 외국인투자자들의 유입을 확대시키고 수출경쟁력이 좋아져 경기가 활성화되면 경제는 더욱 탄력을 받게 된다. 4일차에서 설명한 한국판 양적완화를 참고한다면 좀더 도움이 될 것이다.

글로벌 환율전쟁은 대외 무역 적자에 허덕이던 영국이 1931년 금본위제를 포기하면서 파운드화에 대한 평가 절하에 나서면서 시작되었다. 일본도 금본위제를 포기하고 공격적인 통화정책으로 1932년에만 엔화가치를 60% 이상 절하시켰다. 이어 대공황에 허덕이던 미국도 1933년 금본위제를 포기하며 환율전쟁에 가담했다. 결국 이러한 경쟁적인 통화 평가 절하는 세계 무역량을 위축시켜 대공황을 더욱 심화시키게 되었다.

이후 글로벌 환율전쟁은 1980년대로 넘어온다. 가장 대표적인 것이 '플라자합의Plaza Accord'다. 1985년 플라자합의는 공식적으로 달러 약세를 용인한 국제 공조가 이루어진 결과였다. 이후 일본은 '잃어버린 20년'이라는 유명한 말을 남겼다.

Tip· 플라자합의란 무엇인가?

플라자합의는 미국 맨해튼 센트럴파크 옆에 위치한 플라자 호텔에서 미국·일본·영국·프랑스·서독 등 5개국 경제수장이 모여 일본의 엔화가치를 올릴 것을 합의한 것을 말한다. 그러나 실상은 일본의 과도한 수출 독점을 문제 삼은 미국과 4개국이 단 20분 만에 합의한 일방적인 협박이었다고 알려진다. 이후 엔화가치는 폭등했다. 엔화는 3년 뒤에 거의 2배까지 오르게 되었다. 일본 사람들은 몸값이 오른 엔화로 미국 자산을 블랙홀처럼 빨아들였다. 그러나 미국에서 1만 달러에 팔리던 일본 승용차가 2만달러에 팔리게 됨에 따라 자연스럽게 일본의 미국 수출도 큰 타격을 받게 되었다. 특히 당시 세계 최고의 가전회사였던 소니는 큰 타격을 받았다. 일본은 수출 전선에 비상이 생기자 금리를 급격하게 인하했으나, 결국 천문학적인 부동산 버블이 생기며 '잃어버린 20년'을 맞이했다.

일본을 희생양 삼아 잠잠하던 환율전쟁은 2008년 세계 금융위기를 계기로 다시 시작되었다. 서브프라임 모기지(비우량 부동산 대출채권) 사태로 촉발된 경기침체를 벗어나기 위해 미국이 달러화를 대량으로 풀기 시작한 것이다. 달러 발행량이 늘면서 기축통화인 달러가치가 떨어졌고, 이는 전 세계적인 무역 분쟁을 촉발했다. 미국·일본·유럽 등 많은 나라들이 양적완화 프로그램으로 환율전쟁을 이어갔다. 일본은 2013년부터 금융완화 프로그램을 도입했고, 2016년 1월 사상 처음으로 마이너스 금리를 도입했다. 마이너스 금리를 도입했다는 것은 갈 때까지 가보겠다는 의미다.

2014년부터 양적완화 프로그램을 개시한 유럽도 마리오 드라기Mario Draghi 유럽중앙은행 총재가 "경제를 살리기 위해 무엇이든 할 것이다."라고 선언하며 마이너스 금리를 도입했다. 중국도 이에 질세라 2015년

8월 위안화가치를 크게 절하시켜 환율전쟁에 동참했다. 1일차에서 설명한 세계자금의 이동경로를 참고한다면 전 세계 주요 자금줄이 모두 동참했다는 것을 알 수 있을 것이다.

이번 환율전쟁은 7년에 걸친 싸움 끝에 2016년 2월 상하이에서 열린 G20회의 이후 '휴전'을 선언했다. 그러나 환율은 절대로 양보할 수 없는 영역이기 때문에 휴전상태가 얼마나 오래갈지는 예측할 수 없다. 이번 환율전쟁의 타깃은 아마 중국이 될 것이다. 중국은 미국 등 글로벌 선진국의 압박에도 불구하고 중국 위안화의 가치 절하를 지속적으로 추진하고 있다. 글로벌 기축통화의 패권을 노리는 중국의 이러한 도발은 미국 입장에서는 눈엣가시일 것이다. 미국 등 글로벌 선진국의 압박과 조지 소로스 등 헤지펀드의 공격까지 합세해 이번 라운드의 갈등은 매우 고조될 것으로 보인다.

글로벌 환율전쟁 속의 우리나라

미국은 과거 세계 각국의 환율에 대해 간접적으로 슈퍼 301조(무역 보복을 위한 특별법) 등 무역 보복을 통해 반응했지만 직접적으로 환율에 대해서는 말을 아껴왔다. 그러나 최근 미국은 본격적으로 환율을 문제 삼고 나섰다. 전 세계를 향해 외환시장 개입을 국내총생산 대비 2% 이상 하지 말라는 등 구체적 수치까지 들고 나오며 세계 각국을 압박하기 시작했다. 그리고 2016년 4월 '주요 교역대상국의 환율정책 반기보고서'에 한국·중국·일본·독일·대만 등 5개국을 '환율관찰대상국'으로 지정했다.

관찰대상국을 넘어 '심층 분석 대상국'으로 지정되면 해당국 기업은 미국 정부조달시장(미국 GDP의 10~25% 내에서 미국 정부가 다른 국가로부터 물품이나 서비스를 구매) 참가가 금지되고, IMF 등으로부터 압박을 받게 된다. 사실상 '환율조작국'으로 명시하는 것이다.

환율조작국에 해당하는 심층 분석 대상국은 연간 대미 무역 흑자가 200억달러를 넘고, GDP 대비 경상수지 흑자가 3%를 초과하며, 중앙은행이 외환시장에서 달러 등 외화를 GDP 대비 2% 이상 순매수하는 조건을 모두 충족하는 나라다. 말이 환율보고서지, 세계 최강인 미국이 그냥 전 세계 중앙은행을 찍어 내리는 것이다. 최근 미국 재무장관이 한국은행 총재를 찾아간 일이 있었다. 일개 재무장관이 일국의 중앙은행 총재를 만나 환율정책을 논의했다는 것은 매우 치욕스러운 일이다.

현재 우리나라는 대미 무역 흑자와 경상 흑자 등 2가지 기준에만 들어가 환율조작국의 전前 단계 격인 '관찰대상국'으로 분류되었다. 한국의 2015년 대미 무역 흑자는 228억 3천만달러로 기준보다 28억 3천만달러 많았으며, GDP 대비 경상 흑자도 7.7%로 기준치를 초과했지만 한국은행이 외환시장에서 사들인 외화 규모는 GDP 대비 0.2%에 불과해 심층 분석 대상국에는 제외되었다. 중국·일본·독일도 대미 무역 흑자와 경상 흑자가 기준치를 초과해 관찰대상국이 되었으며, 대만은 경상 흑자, 중앙은행의 외환시장 개입이 기준치를 넘어 관찰대상국에 지정되었다.

우리나라는 추가적으로 한국은행의 외환시장 개입 순매수 규모만 GDP 대비 2%(우리나라 GDP 기준 270억달러)를 넘으면 환율조작국이 되기 때문에 한국은행과 수출기업이 매우 예민한 상태다. 한국은행은 2015년 8월부터 2016년 1분기까지 260억달러를 순매도했기 때문에

270억달러를 기준으로 한다면 약 530억달러 수준의 여유가 있으나, 운신의 폭이 아무래도 제한될 수밖에 없는 상황이다.

많은 시장 전문가들이 이번 보고서가 '한국판 플라자합의'가 될 수 있다고 우려하고 있다. 일본의 전철을 밟을 가능성을 우려하는 것이다. 환율은 그 나라의 경제상황과 기초체력(펀더멘털)에 맞게 유지되는 것이 좋다. 만약 경제상황과 기초체력이 좋지 않은 상황에서 급격한 통화의 가치 절상(환율 하락)이 온다면 그 상황을 반가워하는 이는 여행객과 유학생밖에 없다. 수출 중심 국가인 우리나라 경제는 큰 타격을 받게 될 것이다.

역외선물환 시장,
매일 충돌하는 소행성이다

역외선물환 시장은 매일 아침 외환시장을 폭격하는, 피하고 싶지만
피할 수 없는 시장이다. NDF의 구조를 이해하지 못한다면 좋은 투자를 할 수 없다.

우리나라 외환시장에서 역외선물환NDF의 영향력은 IMF 사태로 외환시장을 전면 개방한 이후 크게 확대되어 지금은 달러/원 환율을 결정하는 주요 변수다. IMF 사태 당시는 정부 관계자 중 NDF 시장에 대해 아는 사람이 없어 곤혹을 겪었다는 말이 전해질 만큼 그 당시에는 매우 생소한 시장이었다. 현재 NDF는 서울 외환시장과 떼려야 뗄 수 없는 중요한 시장이며, 외환시장 참가자라면 모르는 사람이 없을 만큼 유명하다.

여러 NDF 시장에서 뉴욕 시장이 가장 중요하다. 만약 뉴욕 외환시장 마감 이후 3시간 동안 샌프란시스코·웰링턴·시드니를 거치며 돌발 재료가 없다면, 뉴욕 NDF 시장의 결과는 서울 외환시장에 말 그대로 소행

성처럼 떨어진다. 그래서 외환 딜러들은 아침에 가장 먼저 뉴욕 NDF 환율을 확인한다.

NDF란 무엇인가?

NDF 거래는 전체 외환 거래의 14%, 외환파생 거래의 24%를 차지할 만큼 비중이 높다. NDF(차액결제 선물환)는 미래 계약 시점에 원금의 교환 없이 사전에 계약된 환율과 지정환율 간의 차액만 거래하는 외환 거래다. 앞서 소개한 선물환 거래방식 중 하나라고 보면 된다. NDF는 규제를 피해 세금·금융·행정 등에서 특혜를 누릴 수 있도록 해외에서 형성되며 탄생했다. 이런 이유로 NDF를 '역외선물환'이라고도 많이 부른다. 주로 거래되는 통화는 원화·태국 바트화·대만 달러화 등이며, 그 중에서도 우리나라 원화 거래가 가장 활발하다. 또한 서울 외환시장이 열리는 시간대에서 우리나라 원화의 NDF 거래는 주로 싱가포르와 홍콩시장과 활발하게 이루어진다.

외환시장에서 NDF를 선호하는 몇 가지 이유가 있다. 먼저 NDF는 만기에 차액만 결제하기 때문에 거래위험이 낮다. 즉 차액의 규모는 원금에 비해 작아서 만약 상대방이 약속을 지키지 않아도 은행을 휘청거리게 할 정도는 아니다. 두 번째로 차액만 결제하기 때문에 투기적 거래에 매우 편리하다. 즉 100억원을 거래해도 차액이 1억원이면 1억원만 결제되기 때문에 사고파는 부담이 매우 적다. 마지막으로 NDF는 역외선물환의 특성상 한국은행의 간섭이 적기 때문에 외환 규제에 대한 부담이 적다. 일반적으로 NDF는 1개월 만기가 가장 거래가 많이 된다.

Tip · NDF 거래 예시

Q. 오늘 A은행이 B은행에 NDF 1개월물 1천만달러를 1,100원에 매도하겠다고 주문을 했다. 만약 만기에 달러/원 환율이 1천원이 되었다면 A은행은 수익을 낼까, 손실을 입을까?

A. 100만달러 수익을 낸다. 1천만달러 × (1,100원 − 1천원) ÷ 1천원 = 100만달러이기 때문이다. 따라서 B은행은 A은행에 100만달러를 지급하고 계약은 종료된다.

NDF가 우리나라 외환시장에 미치는 영향

먼저 기본적인 NDF 거래가 외환시장에 미치는 영향에 대해 살펴보겠다. NDF 거래는 구조 자체가 환율시장에 영향을 줄 수밖에 없다. 조금 어렵게 느껴질 수도 있는데, 핵심 개념인 '커버(초과된 포지션을 반대 거래를 통해 상쇄)'와 '스퀘어(달러 조과나 부족분을 현물시장에서 매수·매도해 상쇄)'만 이해하면 된다.

NDF 매수거래는 환율을 상승시킨다

만약 오늘 해외 비거주자(외국계은행 등)가 달러를 매수했다면, 국내 시중은행은 반대로 달러를 매도한 것이므로 달러 매도 초과상태가 되어 환위험에 노출된다. 따라서 시중은행은 환위험을 제거하기 위해 외환시장에서 달러 매도규모만큼 달러를 매수한다(초과 매도+달러 매수=0). 이에 따라 환율은 상승(원화 절하)하게 된다. NDF 거래의 흐름을 정리하면 오른쪽 그림과 같다.

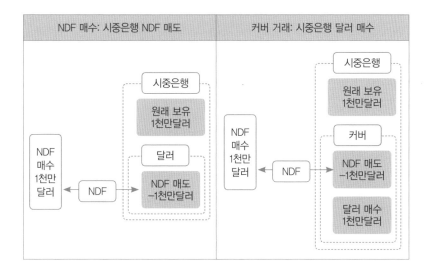

| NDF 매수: 시중은행 NDF 매도 | 커버 거래: 시중은행 달러 매수 |

NDF 매수거래는 만기에 환율을 하락시킨다

반대로 NDF 거래의 만기가 오게 되면 반대 상황이 발생한다. 만기 때 차액을 정산하면 NDF로 거래한 달러 거래금액만큼 은행의 달러 매도 물량이 사라진다. 이 경우 은행은 달러 매수 초과상태가 되어 환위험에 노출된다. 따라서 은행은 환위험을 제거하기 위해 초과된 달러 매수규모만큼 현물환 달러를 매도한다(매수 초과+달러 매도=0). 따라서 최초 해외 비거주자가 NDF로 달러를 매수해 환율이 올라간(원화 절하) 것과 반대로 환율은 내려간다(원화 절상).

간단하게 NDF 매수거래가 많다면 환율에는 상승(원화 절하) 압력을 주고, 만기일에는 환율에 하락(원화 절상) 압력을 준다고 이해하면 된다. 반대의 경우 앞뒤만 바꿔 생각하면 된다. 만약 특정일에 NDF 거래가 한쪽으로 쏠리면 그날은 물론이고 만기일에도 반드시 후폭풍이 돌아온다.

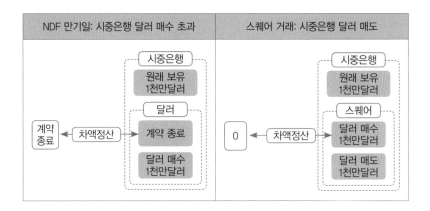

글로벌 악재가 NDF를 통해 환율을 급등시키는 원리

글로벌 이슈가 증폭되어 우리나라 외환시장에 그 영향이 미치는 경우 NDF 거래는 한쪽 방향으로 강하게 쏠리게 된다. 앞의 개념을 이해했다면 이 부분은 매우 쉬울 것이다. 2016년 5월 정부가 어린이날에 이어 6일을 임시공휴일로 지정하며 서울 외환시상은 긴 휴가에 들어갔다. 6일(금요일)은 미국 고용지표가 발표되는 날이었다. 기대에 못 미친 실적으로 인해 미국 달러가 강세를 보이며, 그에 대한 반작용으로 신흥국 통화는 약세 흐름을 보였다. 그런데 우리나라는 임시공휴일이었기 때문에 시장에 반영되지 못했다.

그러나 9일(월요일) 서울 외환시장이 열리자마자 환율은 20원 이상 치솟으며 누적된 힘을 분출했다. 뉴욕 NDF 가격을 반영함과 동시에 '커버' 거래가 유입되어 한쪽 방향(달러 매수)으로 거래가 쏠렸기 때문이다. 외환시장에서 20원은 매우 큰 규모의 가격변동이다. 그대로 서울 외환시장을 '들이받았다'고 표현하는 것이 적절하다. 만약 이 상황에서 시차

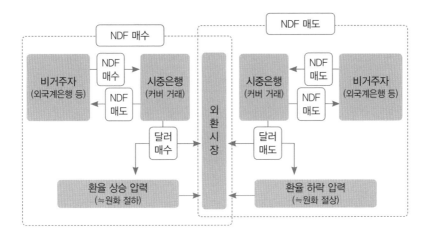

• NDF 거래가 환율에 미치는 영향 •

가 같은 글로벌 기축통화국인 중국이나 일본에서 악재가 쏟아지면 서울 외환시장은 말 그대로 초토화된다. 이런 상황이 되면 한국은행은 외환시장 개입(스무딩 오퍼레이션)을 단행한다. 만약 투자자가 이런 상황이나 흐름을 모르고 외환시장에서 선물거래를 하거나 환전 등을 하게 되면 좋은 거래를 할 수 없다.

한국은행의 경고 또는 '한 방', 스무딩 오퍼레이션

한국은행은 외환시장의 수호자이자 소방관이다. 글로벌 환율전쟁과
미국의 전방위적인 압박 속에서 한국은행의 역할은 더욱 중요해졌다.

글로벌 외환시장은 24시간 열려 있는 시장이다. 따라서 수많은 사람들
이 오고가고, 그만큼 적절한 규제가 없으면 아주 무질서해지기 쉬운 시
장이다. 이러한 외환시장에서 한국은행의 역할은 매우 중요하다. 그 역
할은 수호자나 소방관에 비유해도 될 것이다.

스무딩 오퍼레이션이란 말은 사실 매우 생소한 용어일 것이다. 그러나
한국은행이 외환시장에 줄 수 있는 경고 또는 '한 방'이라는 의미에서
외환시장을 이해하고자 한다면 반드시 알고 넘어가야 한다.

한국은행의 외환시장 개입, 스무딩 오퍼레이션

　　스무딩 오퍼레이션smoothing operation이란 외환시장에서 한 방향으로 환율이 지나치게, 급하게 움직일 경우 그 움직임을 둔화시키는 것을 목적으로 중앙은행이 시장에 개입하는 것을 말한다. 즉 환율이 급등하거나 급락할 때 중앙은행이 외환시장에서 외화(주로 달러)를 매수하거나 매도해 환율의 상승폭 또는 하락폭을 둔화시키는 것이다.

한국은행의 외환시장 개입 경로

　　스무딩 오퍼레이션은 다른 말로 '미세조정fine tuning'이라고도 한다. 한국은행의 외환시장 개입은 매우 비밀스럽게 이루어진다. 외환 딜러들도 후행적으로 메신저나 환율 흐름을 통해 한국은행이 개입했는지를 짐작할 뿐이다. 정보가 노출되지 않기 때문에 개입 당시에는 정확한 규모를 추산하기 어렵고, 월말 외환보유고나 외국환평형기금(외화를 확보하기 위해 정부가 해외에 외평채를 발행해 조달한 기금) 상황 정도로 대략적인 수준만 짐작할 수 있다. 한국은행은 시중은행에 외환 거래를 분산해 주문하는데, 한국은행이 외환시장에 개입하면 시장의 모멘텀은 약화된다. 우리

· 스무딩 오퍼레이션의 흐름 ·

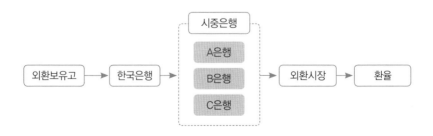

나라에서 한국은행과 1:1로 붙을 수 있는 시중은행은 없다고 보는 것이 적절하다.

한국은행의 개입은 구두개입과 직접개입으로 구분된다

스무딩 오퍼레이션은 개입방법에 따라 구두개입과 직접개입으로 나뉜다. 구두개입은 정부나 중앙은행이 외환시장에 개입하겠다는 의사를 여러 경로를 통해 밝힘으로써 외환시장을 안정시키는 방법이다. 일종의 시장에 대한 경고라고 볼 수 있다. 반면 직접개입은 정부나 중앙은행이 직접 외환시장에서 달러를 사들이거나 팔아 외환시장의 안정을 기하는 것을 말한다.

구두개입보다는 직접개입이 파급력이 높은 편이며, 일반적으로 환율의 변동성이 커지는 오전이나 장 마감 전에 개입한다. 참고로 장 마감으로 갈수록 은행들 간에 '물량공세'가 이어지기 마련인데, 자국으로부터 저렴한 비용으로 달러를 조달할 수 있는 외국계은행의 공세가 강한 편이다.

우리나라의 경우 수출 중심국가이다 보니 환율이 상승(원화 절하)하는 것보다 환율이 하락(원화 절상)하는 것을 꺼려한다. 따라서 한국은행은 환율의 상승보다 하락에 조금 더 민감하게 반응하는 편이다. 물론 공식적으로는 인정하지 않는 내용이다. 중앙은행의 외환시장 개입은 무질서한 상황에 국한해 중립적으로 유지해야 하기 때문이다.

최근 미국의 환율보고서에 우리나라가 관찰대상국으로 지정되었는데, 미국이 전 세계에 통보한 중앙은행의 외환시장 순매수 개입이 GDP 대비 2%(270억 달러) 수준이기 때문에 지금까지 한국은행의 외환시장 개입 전략은 일부 수정될 것으로 보인다. 즉 한쪽 방향으로 장기간 개입을 하기 어려워졌다는 의미다. 따라서 앞으로 한국은행은 짧게 치고 빠지는 전략을 구사해야 할 것으로 판단되며, 직접개입보다 구두개입의 비중이 확대될 것으로 보인다.

환전에 대한 오해,
환전은 투자가 아니다

환전은 환율변동에 대한 위험 제거라는 본질에 충실해야 한다.
환전이 본질을 벗어나게 되면 이제는 환전이 아닌 투자의 영역이다.

환전은 우리나라 돈을 다른 나라 돈으로 바꿔 그 나라의 상품을 물물교환하려는 데 목적이 있다. 이런 측면에서 환전은 환율에 대한 위험을 제거하는 것이 주요 목적이 된다. 돈을 정확히 알아야 물물교환의 확실한 범위를 알 수 있기 때문이다.

해외로 출장이나 여행을 가서 사용하는 돈은 많아야 200만~300만원이다. 일반적으로 환전을 고민하는 시기에 환율의 변동폭은 2~3%(±4만~6만원) 수준이다. 출장이나 여행을 다녀오면 환전시기에 대한 후회보다는 '내가 왜 그 상품을 충동적으로 구매했을까?'라는 비용에 대한 후회가 더 크다.

환전은 환전일 뿐 투자가 아니다

출장이나 여행, 해외송금 때문에 환전을 해야 할 때 도대체 언제 하는 것이 좋을지 고민하는 사람이 많다. 최근같이 환율의 변동폭이 클 때는 고민이 커질 것이다. 환율은 변화무쌍해서 외환 딜러들조차 확신하기 어렵다. 만약 환전이 환헤지가 목적이 아니라 투자 목적이라면 이야기는 달라질 수 있다. 이 경우는 개인적으로 시기를 고려해 결정하면 된다. 그러나 출장·여행·해외송금 등에 의해 환전에 대한 수요가 생긴 경우라면 그 목적(환헤지)에 대해 명확하게 인지해야 한다.

환율이 떨어지면 환전한 것이 손해라고 생각하는 경우가 많다. 거래소에서 환리스크 관리교육 등을 통해 수출기업들을 만나보면 기업들도 환헤지를 한 이후 환율이 하락(원화 절상)하면 손해라고 생각한다. 그러나 환전의 목적은 환율이 상승하는 리스크를 제거하는 것이다. 환율이 상승할지 하락할지는 누구도 100% 확신을 가지고 말할 수 없다. 환전한 이후에 환율이 떨어져 아쉬운 것은 결과론적인 이야기이고, 환율이 상승할 위험을 제거했으니 그것으로 충분히 역할을 한 것이다. 즉 지금 예상할 수 없는 미래의 결과를 가지고, 그 미래에 가서 현재 시점에 이렇게 했어야 한다고 후회하는 것은 그 자체가 오류다.

환전은 계획 수립 시점에 하는 것이 적절하다

결론부터 말하면 환전은 출장·여행·해외송금 등의 계획이 수립된 시점에 하는 것이 좋다. 모든 예산 계획이 환전 이후에 수립되는 것을 고려했을 때 환전이 선행 요소다. 현재 시점으로 환전을 하고 여행 시 숙박·이동 수단·음식·쇼핑 등의 비용을 줄이거나 배분하는 데 남은 시간을 활용하는 것이 결과적으로 남는 장사다.

산수적 측면으로 보아도 미래에 환율이 하락할지도 모른다는 기대는 확률적으로 검증할 수도 없고, 예측도 정확하지 않기 때문에 현재 시점에서 이익 자체를 계산하는 것이 불가능하다. 그러나 현재 시점으로 환전을 했을 경우 미래의 환율 상승위험을 제거할 수 있을 뿐 아니라, 수치적으로 계산 가능한 미래 계획을 수립할 수 있다. 즉 미래에 있을지도 모르는 불확실한 환율 하락을 기대하고 시간을 지체하는 것보다는 출장·여행·해외송금 등을 계획한 시점을 기준으로 환전을 하는 것이 결과적으로 이익을 증진시킨다는 결론에 도달하게 된다. 여기에 불필요한 현지 소비를 한 가지 줄일 수 있다면 더할 나위 없다.

다만 환율의 고점이나 저점 부근에서는 외국인투자자들의 유출입이 활발하게 이루어지는 경우가 많기 때문에 약간은 머리를 굴려볼 수 있다. 고점 부근에서는 환율이 하락할 것을 조금 기대해도 좋고, 저점 부근에서는 가능한 한 늦지 않게 환전하는 것이 유리하다. 315쪽(핫머니와 원화의 매력도)을 참고하면 도움이 될 것이다.

외화 보유로 위험 대비와 수익의
두 마리 토끼를 잡을 수 있다

한국은행이 외화보유고를 쌓는 이유는 위험에 대비하기 위해서다. 일반투자자도
외화를 보유함으로써 같은 효과를 누릴 수 있고, 수익도 덤으로 얻을 수 있다.

몇 년 사이에 경기둔화가 지속되면서 일반투자자들 사이에서도 외화를
보유하겠다는 이야기가 제법 많이 들린다. 일반적으로 미국 달러 매수에
대한 수요가 많은 것 같다. 최고 기축통화인 미국 달러를 보유하는 것은
좋은 생각이다. 당장 어떻게 될지는 모르지만, 외화를 보유하는 것은 위
기의 순간에 그 힘을 발휘한다.

한국은행이 외환보유고를 쌓는 이치와 같다. 한국은행이 위기를 대비
해 외환보유고를 쌓듯이 개인이 외화를 보유한다는 것은 언제든 다가올
수 있는 자산의 가치 하락을 상쇄시킬 수 있는 좋은 전략이고, 10% 내외
의 수익을 얻을 수 있는 좋은 투자방법이기도 하다.

외화 보유는 위기의 순간에 힘을 발휘한다

외화 보유전략은 단기적으로 활용하기에 적합한 전략은 아니다. 경기둔화에 따라 외화를 보유하겠다는 생각을 했듯이 그 위기가 올 때까지 기다려야 한다. 우는 아이가 엄마 품을 찾는 것처럼 위기의 순간에 외환시장은 글로벌 기축통화라는 엄마 품을 찾아가기 때문이다.

외환 딜러는 수익을 내야 하기 때문에 거래를 자주 하고, 매일매일 환율의 변동에 일희일비하지만, 일반투자자는 전혀 그럴 필요가 없다. 그냥 그 시기가 올 때까지 묵묵히 기다리면 되고, 중간에 여행이나 출장을 갈 일이 있으면 보유한 외화를 일부 꺼내 사용하면 된다. 다만 많은 사람들이 오해하는 것처럼 외화 보유전략에서 100~200% 수익을 내는 것은 무리가 있다. 100~200%는 금융위기에 우리나라 외환시장이 붕괴하는 상황에서나 나올 수 있는 시나리오다.

국민의 한 사람으로서 외환시장이 붕괴되는 것을 보고 싶지는 않다. 외화 보유전략의 타깃은 1년에 1~2번씩은 반드시 찾아오는 글로벌 악재들이다. 따라서 외화 보유전략의 목표 수익률은 10% 수준에서 잡는 것이 적절하다.

외화는 미국 달러·유로·엔으로 분산해 담는 것이 좋다

개인적으로 외환보유고를 쌓으려면 달러 이외에 유로와 엔 등을 같이 쌓기를 추천한다. 즉 달러인덱스와 같이 통화 바스켓(다양한 통화로 외화를 담는 것)을 구성하는 것이 좋다. 미국 달러가 최고 기축통화이긴 하지만, 달러와 유로·엔 등 기타 글로벌 기축통화 사이에도 힘겨루기가 있기 때문이다. 어느 시점에서는 미국 달러가 강세를 보일 수도 있고, 또 어느 시점에서는 유로나 엔이 미국 달러 대비 강세를 보일 수도 있다. 미국 달러 60%, 유로 20%, 엔 20% 수준에서 담으면 큰 무리는 없을 것이다.

또한 외화를 보유하려는 전략을 실행에 옮겼다면 1년 이상 꾸준하게 매입하는 것이 좋다. 환율도 주가와 마찬가지로 흐름이 있어 매입 시점을 잘못 결정하면 다음 사이클이 돌아오기까지 오랜 시간이 걸릴 수도 있기 때문이다. 좋은 주식도 비싸게 사면 잘못 산 것이 되는 것처럼, 달러나 유로, 엔도 좋은 화폐지만 비싸게 사면 잘못 산 것이 된다.

만약 미국의 금리 인상 우려가 제기되기 시작한 2014년 여름 즈음부터 묵묵히 외화를 쌓아갔다면 2015년 말에는 10~15%의 환차익을 얻을 수 있었을 것이다. 왜냐하면 미국의 금리 인상은 반드시 도래하게 될, 이미 정해진 트리거trigger(미리 정해놓은 조건이나 동작이 자동적으로 수행되는 것)였기 때문이다. 사실 최근 5년 사이 어떤 시장보다 가장 성공 확률이 높은 시장이었다고 단언할 수 있다. 앞으로도 이런 기회는 또 올 것이다.

외화 보유 방법에는 어떤 것이 있을까?

일반투자자가 외화를 보유하는 방법에는 외화 매입과 외화예금통장 개설, 달러선물 ETF 등 3가지 방법이 있다. 여기에 추가적으로 통화선물이라는 파생상품이 있지만, 개인적으로 추천하지는 않는다.

왜냐하면 파생시장에 발을 딛게 되는 순간 많은 투자자가 투기적 요소에 이끌려 거래가 아닌 '게임'을 하게 되는 경우를 자주 보아왔기 때문이다.

외화 직접 매입

먼저 직접 외화를 매입하는 경우를 살펴보겠다. 이는 환전의 방식과 같다. 외화를 직접 보유하는 경우 환전소나 주거래 은행 지점에 방문해 환전하면 된다. 다만 이 방식은 수수료를 적게 지불하는 것이 핵심이다. 금융기관에서 기업, 개인으로 갈수록 기준가격보다 비싸게 사고 싸게 팔게 되는 구조이기 때문이다. 대출금리가 기업에서 가계로 갈수록 높아지는 원리와 같다. 따라서 수수료를 적게 지불할수록 거래시 불필요한 손해를 최소화할 수 있다. 외환 딜러들도 환전과 같은 방식으로 외화를 매매한다. 다만 일반투자자는 외환 딜러들에 비해 높은 수수료를 지불하고 발품을 많이 팔아야 하는 차이가 있을 뿐이다. 개인적으로도 명동 등지로 나갈 일이 있으면 고시환율을 참고해 매수하기도 한다.

외화예금통장

외화예금통장의 경우 약간의 이자(0.5~1.0% 수준)를 받을 수 있으나, 중간에 외화를 인출하거나 원화로 입금하는 경우 매매수수료가 발생한다. 매매수수료는 전신환환율(송금환율)을 적용하는데, 우대수수료를 적용해도 0.5~0.8% 수준(약 5~8원)의 수수료가 부과된다. 따라서 환율이 큰 폭으로 상승하지 않는 경우 오히려 손해를 볼 수도 있기 때문에 단기 차액을 노리는 투자자라면 적절하지 않다. 다만 해외송금을 지속적으로 해야 한다면 추천할 만하다. 송금수수료 우대만으로도 0.5% 정도는 수익을 내는 효과가 있기 때문이다. 직접 매입방식과 비교하자면, 주거래 은행을 지정해 여러 통화에 대한 예금통장을 간편하게 개설할 수 있어 편의성이 매우 좋다. 다이내믹한 모습을 보고 싶다면 직접 매입을 추천하고, 안정적인 보유를 원한다면 예금통장이 좋다.

달러선물 ETF

달러선물 ETF는 달러/원 선물환율을 기초자산으로 하는 상품이다. 외화계좌를 만들지 않고 주식 계좌만으로도 달러 투자가 가능하다. 달러선물 인버스 ETF도 있어 환율 하락에도 투자할 수 있다. 달러선물 ETF의 장점은 직접 매입이나 외화예금통장과 다르게 선물을 대상으로 하기 때문에 외화 매매수수료가 거의 없다는 점이다. 반면 단점은 ETF를 운용하는 자산운용사에 연보수(약 0.3~0.5%)를 지급해야 하며, 매매차익에 대한 세금(15.4%)이 부과된다는 점이다. 앞서 2가지 방식과 비교하면 환율이 약 4% 수준(약 40원) 이내에서 변동하는 경우에는 달러선물 ETF가 유리하고, 4% 이상 변동하는 경우는 직접 매입방식이나 외화예금통장이 유리하다. 따라서 단기 차익을 노리는 투자자라면 달러선물 ETF가 조금 더 유리하다. 직접 매입방식과 함께 개인적으로도 선호하는 외화 보유방식이다.

파생시장은 모든 금융시장 중 가장 규모가 큰 시장이다. 각각의 금융시장에서 뻗어 나온 새로운 것들이 모이는 시장이기 때문이다. 그러나 일반투자자 입장에서 파생시장은 자신과는 관계없는 어려운 시장으로 인식된다. 하지만 파생시장은 모든 금융시장을 아우르는 시장이다. 금융시장을 완벽히 이해하기 위해 반드시 거쳐가야만 하는 시장이기도 하다. 파생시장은 어느 시장보다 기초가 중요하기 때문에 마지막 7일차에서는 기초를 탄탄히 하는 데만 집중해보도록 하겠다.

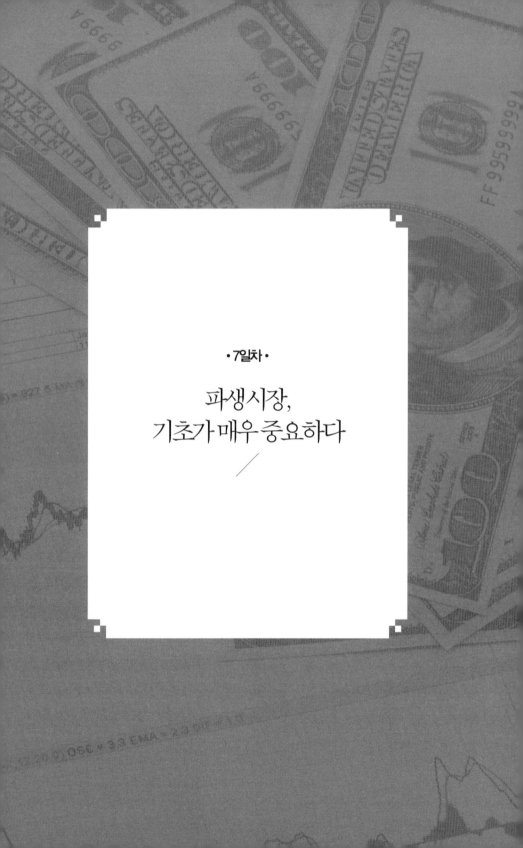

· 7일차 ·

파생시장,
기초가 매우 중요하다

파생시장,
쉽게 이해해보자

파생시장은 모든 금융시장을 아우르는 시장이며, 어느 시장보다
기초가 매우 중요한 시장이다. 곁가지는 버리고 쉽게 이해해보자.

파생상품이라는 말만 들어도 벌써 머리가 아파오기 시작한다. 파생상품
은 어렵고 재미없고 왠지 나쁠 것 같다는 부정적인 느낌이 들기도 한다.
2008년 금융위기도 파생상품이 원인이라는 말이 있고, 무수한 투자자들
을 비극으로 이끄는 것도 파생상품이라고 하며, 수많은 책들을 봐도 도
통 알 수 없는 기호들과 수식으로 부담스럽게 하기 때문이다.

　파생상품은 깊게 들어가면 정말 어렵고 재미도 없으며 많은 '수포자
(수학포기자)'들을 좌절하게 만든다. 또한 파생상품의 본질을 잊은 많은
사람들을 비극으로 이끌기도 하는 것이 사실이다. 대부분의 사람들은 파
생상품의 개발자가 될 것이 아니기 때문에 복잡하고 재미없는 공식이나

논리는 암기하지 않아도 된다. 따라서 우리는 7일차 내용이 끝날 때까지 모든 곁가지들은 다 버리고 기본에만 충실해보도록 하겠다.

파생시장은 생각보다 매우 거대하다

파생시장은 금융시장 전체를 아우른다. 파생시장은 자금·주식·채권·외환 시장에서 가지를 뻗어 나온 시장이기 때문이다. 파생시장은 생각보다 그 규모가 크다. 전 세계 파생시장은 잔액 기준으로 약 517조달러(금리 434조달러, 외환 75조달러, 주식 8조달러), 원화로 환산하면 62경원이다. 50조~60조달러인 전 세계 GDP의 9배 수준이며, 최근 5년간 전 세계 중앙은행이 시장에 쏟아부은 돈의 6배에 해당한다. 또한 우리나라의 경우 주식시장의 17배에 달하는 거대한 시장이다.

우리나라 파생시장은 2010년까지 세계 1위를 차지했으며, 우리 금융시장에서 가장 독보적인 시장이기도 하다. 따라서 금융시장의 흐름을 이해하고 싶다면 파생시장은 피하고 싶어도 피할 수 없는 시장이며, 금융시장의 마지막 획을 긋는 장이라고 할 수 있다.

파생상품을 쉽게 이해하기

파생상품derivatives의 어원은 라틴어다. 라틴어 de(away)와 rivus(stream)가 합쳐져 derivus가 되었고, 영어로 derivatives라고 불리게 된 것이다. 즉 '줄기에서 뻗어져 나온 부산물'을 의미한다. 파생시장에서는 줄기를 '기초자산'이라고 부르며, 부산물을 '파생상품'이라고 부른다.

선물이란 무엇인가?

파생상품은 18세기 유럽에서 밀이나 옥수수 등 농산물을 거래하면서 발달하기 시작했다. 왜 밀이나 옥수수를 거래하는데 파생상품이 발달했을까? 18세기는 교통과 통신이 발달하지 않고, 농작물이 병충해 등에 매우 취약했으며, 지금처럼 농작물 외에 먹을 것이 풍부한 시절이 아니었다. 따라서 당시 사람들의 주된 관심은 '올해 밀과 옥수수 수확량이 얼마나 될까? 여름에 비가 많이 오면 밀값이 폭등할 텐데, 그러면 우리 식구들은 오랫동안 굶겠군.'과 같이 향후 수확될 농작물에 있었다. 그래서 사람들은 올해 수확될 밀과 옥수수를 미리 사고 싶어했고, 그런 사람들끼리 옹기종기 모여 올해 수확될 밀과 옥수수의 예상가격을 정하고, 그 가격의 일부분을 계약금으로 지불해 올해 수확될 밀과 옥수수(줄기)를 사기 시작했다(매수). 또한 밀과 옥수수를 재배하는 농부들도 정해진 가격을 보장받고 밀과 옥수수를 팔 수 있었기 때문에(매도) 합리적인 선택이었다. 이것이 파생상품 중 '선물futures' 거래다.

옵션이란 무엇인가?

그런데 만약 그해 풍년이 들어 밀과 옥수수 가격이 떨어져도 계약금을 주고 미리 산 사람들은 어쩔 수 없이 원래 가격으로 사야 했고, 흉작이 들어 밀과 옥수수 가격이 폭등해도 농부는 약속된 가격에 팔아야 했다. 한 사람이 잘 산 것이라면 한 사람은 반드시 잘못 팔게 되는 것이었다. 이것이 파생상품을 '제로섬 게임'이라고 부르는 이유다. 사람들은 고

Tip. 헤지는 파생상품이 존재하는 이유다

파생상품의 본질은 미래의 위험을 제거하는 것이다. 금융시장에서는 위험을 제거하는 것을 '헤지'라고 말한다. 헤지의 어원은 쐐기를 박는다는 뜻이다. 즉 미래의 가격에 쐐기를 박아 미래 가격이 변동하는 위험을 제거한다는 의미다.

민에 빠지기 시작했고, 몇몇 사람들은 현재와 미래의 밀과 옥수수 가격차이를 이용해 할 수 있는 장사를 생각하기 시작했다. 그 중 머리가 잘 돌아가는 사람들이 '향후에 밀과 옥수수를 사거나 팔 수 있는 권리를 사고팔자!'라고 생각했고, 이것이 바로 파생상품의 '옵션option'이다. 즉 밀과 옥수수라는 '줄기'에서 미래의 밀과 옥수수를 미리 정한 가격으로 사고파는 계약인 '선물'이 생겨났고, 여기에 미래의 밀과 옥수수를 미리 사고팔 수 있는 권리를 거래하는 '옵션'이 생겨나며 파생상품이 탄생했다.

파생시장의 기본 구조

교통과 통신이 발달하고, 금융시장이 발달함에 따라 줄기에 해당하는 주식·채권·외환·상품(유가, 농산물 등) 등 다양한 상품들이 파생상품이라는 부산물과 함께 더욱 확대되기 시작했다. 여기에 2000년부터 신용을 기초로 하는 파생상품이 크게 성장하기 시작했다. 그런데 문제가 생겼다. 얼굴을 대면하지 않고 모르는 사람과 거래를 하다 보니 돈만 받고 약속을 지키지 않는 사람들이 생겨난 것이다. 그래서 사람들

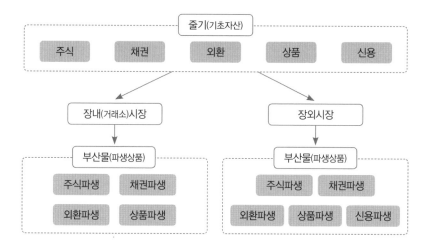

・ 파생시장의 구조 ・

줄기(기초자산)

주식　　채권　　외환　　상품　　신용

장내(거래소)시장　　　　　　장외시장

부산물(파생상품)　　　　　　부산물(파생상품)

주식파생　채권파생　　　　주식파생　채권파생
외환파생　상품파생　　　　외환파생　상품파생　신용파생

은 양쪽의 약속을 보증해줄 사람을 찾기 시작했다. 사람들은 그 역할을 금융기관(중개인)에 맡기기 시작했다.

　지역이나 나라마다 상품의 미래가격이 천차만별이어서 시장이 혼란스러워지자, 대리 역할을 하던 금융기관은 머리를 모아 표준가격과 거래기준을 만들기 시작했다. 그리고 비바람을 맞아가며 옹기종기 모이지 않고 비바람을 피할 수 있는 곳을 정해 모이기 시작했다. 장내시장, 즉 거래소시장이 열린 것이다. 그런데 여전히 많은 사람들은 표준가격이나 거래기준에 제약이 따르는 것을 싫어했다. 이들은 특정 사람이나 금융기관끼리 만나 비바람을 맞더라도 서로 편한 방식대로 거래하는 것을 선호했다. 이것이 장외시장의 모습이다. 이후 컴퓨터가 발달하며 각자 집에서 인터넷을 연결해 서로 보이거나 금융기관을 찾아가지 않아도 거래가 가능해졌다. 또한 저 멀리 미국·유럽·남미에 있는 상품들도 거래할 수 있게 되었다. 이것이 현재 파생시장의 모습이다.

파생시장의 언어를 알아야
최소한 기초회화라도 한다

언어를 익히는 것은 매우 어려운 과정이다. 파생시장의 언어는 그 중에서도
가장 어렵다. 그러나 언어를 모르고 파생시장을 보는 것은 아무런 의미가 없다.

파생시장은 특유의 난해함으로 많은 사람들이 금융시장 중 가장 거부감
을 느끼는 시장이다. 그러나 파생시장의 거대함은 이제 현실로 받아들여
야 하며, 파생시장은 금융시장을 이해하는 데 중요한 요소가 되었다. 현
재 파생시장은 완벽하게 금융기관 중심의 시장이 되었다. 따라서 금융기
관의 시각에서 파생시장의 언어를 이해해야 하며, 우리가 활용할 수 있
는 부분은 끄집어내어 활용해야 한다.

파생시장에 대한 내용이 끝나는 시점까지 우리는 금융기관의 언어로
우리가 활용할 수 있는 부분에 집중하고자 한다. 파생시장은 거의 외국
어에 가깝다. 그냥 외국어 시간이라고 생각하자. 하지만 너무 깊게 파고

들 필요는 없다. 파생상품의 실체와 그들의 기초회화만 이해할 수 있으면 충분하다.

파생시장에서의 기초회화를 위한 용어 학습

지금부터 외국어 시간이다. 아마 이 책에서 가장 어렵고, 힘든 시간이 아닐까 생각한다. 그러나 파생시장은 용어를 모르고 보면 머릿속에 남는 것이 하나도 없다. 물론 용어를 학습하는 과정은 정말 지루하고 힘들다. 필자 역시 파생시장 용어를 처음 접했던 과거로 돌아가라고 한다면 두 손 저어 거부하고 싶을 정도다.

만약 용어를 공부하는 데 거부감이 든다면 다음 편으로 넘어가도 괜찮지만, 이해하는 데 어려움이 있을 것이다. 파생시장에 대해 남들보다 조금 더 알고 싶거나 파생상품에 투자하고 싶은 사람이라면 용어를 꼭 학습해주길 바란다. 기본 용어만 잘 익혀도 금융기관 직원들과의 대화나 파생상품 관련 기사를 읽는 데 많은 도움이 될 것이다.

이 책에 나오는 용어를 기준으로, 공통으로 사용하는 용어부터 장내시장과 장외시장의 용어를 구분하고, 여기에 다른 시장보다 용어가 다양한 외환·신용·옵션을 추가로 설명했다. 파생시장의 용어는 뜻을 알기 전에 먼저 용어가 입에 달라붙도록 하는 것이 좋다. 지금부터 표에 나열된 용어들을 충분히 반복해서 익혀보고 뜻을 연결해보자.

· 공통용어 ·

구분	의미
기초자산 (Underlying asset)	선물이나 옵션 등의 파생상품의 줄기가 되는 상품으로, 주식·채권·외환·상품 (유가 등)·신용 등이 있다.
네팅 (Netting)	동일 파생상품의 반대방향 거래 간의 +, -를 상쇄하는 것을 말한다. 예를 들어 '1계약 매수(+)＋1계약 매도(−)＝0'으로 상쇄된다. 구어체로는 '퉁'에 해당한다.
레버리지 (Leverage)	지렛대라는 의미로, 투자자가 적은 투자(차입)금액으로 투자수익률을 극대화하 는 것을 말한다. 예를 들어 레버리지 2.5배라면, 100만원으로 250만원의 효과를 낼 수 있다는 뜻이다. 사람들이 선물과 옵션에 빠지는 이유 중 하나다.
마크투마켓 (Mark to market)	장이 마감한 후 기준가격(종가, 매매기준율 등)으로 계산된 자산의 가치를 말하며, 장내시장에서는 '일일정산(시가 평가)', 장외시장에서는 '막투막'이라고 한다.
롤오버 (Roll-over)	해당 파생상품의 계약을 종료시키지 않고 재계약하는 것을 말한다. 재계약 가 격은 재계약 당시 시장가격에 따라 변한다. 예를 들어 전세 2년 계약이 끝나고 다시 2년 계약을 했다면 '롤오버'한 것이다.
롱(Long)· 숏(Short)	롱은 상품을 매수한다는 의미이며, 숏은 상품을 매도한다는 의미. 일반적으로 현물과 선물을 연계해 저평가된 현물 또는 선물을 매수하고, 고평가된 현물 또 는 선물을 매도하는 것을 말한다. 차익거래의 일종이라 생각하면 된다. 예를 들 어 병행수입업체도 현지에서 싸게 사와 우리나라에서 비싸게 파는 구조이므로 롱·숏이라고 할 수 있다.
롱스탑(Long stop)·숏커버 (Short cover)	롱스탑은 매수를 이어가던 것을 멈추고 매도로 전환했다는 의미다. 반대로 숏 커버는 매도를 멈추고 매수로 전환했다는 의미다. 의외로 많이 사용되는 표현 이다.
변동성 (Volatility)	기초자산의 가격이 변하는 정도를 뜻한다. 일반적으로 기초자산 가격변화율의 표준 편차(σ)나 분산(σ²)으로 측정한다. 표준편차나 분산에 대해 궁금하다면 어려운 이론 서를 보기보다는 조카나 동생의 중학교 3학년 수학교과서를 참고하는 것이 더 나을 수 있다.
비피(BP)· 피비비피 (PVBP)	BP는 Basis Point의 약자로 0.01%를 말한다. 즉 100bp는 1.0%를 의미한다. 금융시 장에서는 % 대신 bp를 많이 사용한다. PVBP는 Present Value Baisis Point의 약 자로 금리 1bp(0.01%)의 변동시 변하는 자산의 가치를 의미한다. 대부분의 금융거 래가 1bp 단위로 거래되기 때문에 1bp당 자산가치의 변화를 계산한다.
스프레드 (Spread)	상품 간의 가격(금리)의 차이로, 대출시 가산금리도 스프레드의 일종이다. 현물 과 선물의 가격 차이는 '베이시스'라고 말한다.
차익거래 (Arbitrage)	시장가격과 이론가격의 차이나 일시적인 이벤트(사건)로 발생하는 가격의 왜곡에서 저평가된 것을 사고, 고평가된 것을 파는 거래를 의미한다.

구분	의미
장내	일반적으로 장내거래라고 하면 '거래소'에서 거래하는 표준화된 거래를 의미한다.
거래단위 (Trading unit)	선물옵션 1계약의 기본 거래금액을 의미한다. 예를 들어 미국달러선물 1계약의 거래단위는 1만 달러이며, 코스피200선물은 '코스피200선물가격×50만원'으로 표시한다.
실물인수도 (Delivery) · 현금결제 (Cash settlement)	실물인수도란 계약이 종료되었을 때 실제로 해당 상품을 '받거나 주는 것'이다. 즉 매수를 했다면 금액을 지불하고 실제 자산을 받아야 하며, 매도를 했다면 금액을 지불받고 실제 자산을 주는 것을 말한다. 쉽게 생각해 편의점에서 돈 내고 삼각김밥을 받아오는 것과 같다. 반면 현금 결제는 최종결제일에 실물인수 방식을 적용하지 않고, 계약한 금액과 현재 시장가격의 차액을 현금으로 지급하거나 지급받는 결제방식을 말한다. 구어체로 표현하면 "퉁치고 남는 돈만 줘."에 해당한다.
증거금 (Margin)	거래의 약속을 보장받기 위해 지급하는 일종의 계약금으로, 만약 계약금이 5%인 상품을 거래할 때 5%의 증거금을 지불하면 해당 상품의 100%를 거래한 것으로 간주한다.
최종거래일 (Last trading day)	해당 파생상품을 마지막으로 거래할 수 있는 날을 의미하며, 실질적으로 '만기일'과 동일하다. 즉 시장의 변동성이 높은 날은 '만기일 = 최종 거래일'이라고 생각하면 된다.
최종결제일 (Final settlement day)	계약이 만료된 파생상품의 실물 또는 거래대금을 지급하거나 지급받는 날을 의미한다. 상품별로 '최종거래일 + 1~2일'의 차이가 있는데, 실제 증서나 돈이 금융기관과 예탁결제원 등을 돌아서 오기 때문이다.
콘탱고 (Contango) · 백워데이션 (Backwardation)	현물과 선물의 관계에서 선물가격이 현물가격보다 높은 상태를 콘탱고라고 한다. 반대로 선물가격이 현물가격보다 낮은 상태를 백워데이션이라 한다. 중요한 용어인 데다 이름도 멋있으니 기억해두면 좋다.
틱 (Tick)	파생상품의 최소가격변동금액으로, HTS에서 볼 수 있는 가격화면의 1칸을 의미한다. 예를 들어 코스피200지수선물의 1칸은 0.05포인트, 미국달러선물의 1칸은 0.1원을 말한다.

· 장외용어 ·

구분	의미
장외 (OTC)	Over The Counter의 약자로, 거래소(장내) 밖에서 특정 상대방과 1:1로 계약을 하는 시장을 의미한다. 쉽게 HTS에서 볼 수 없는 거래는 장외거래라고 생각하면 된다.
백투백 (Back-to-back)	동일한 거래를 반대로 다른 금융기관 또는 고객과 함으로써 시장가격의 변동에 따른 파생상품의 가치 하락을 전가하는 거래를 의미한다. 쉽게 생각해 A → 나 → B에서 '나'는 백투백 거래를 한 것이다. 일반적으로 특정 파생상품에 대한 자체적인 위험관리 능력이 부족한 경우 활용된다. 예를 들어 ELS(주가지수연계증권)의 경우 증권사는 ELS 발행을 한 후 위험을 회피하기 위해 외국계 금융기관으로부터 발행한 ELS와 유사한 구조를 갖는 파생상품을 매입하는 백투백 거래를 선호한다.
비드오퍼 (Bid-offer)	Bid는 사려는(Buy) 가격, Offer(Ask)는 팔려는(Sell) 가격을 의미한다. 파생상품은 금융기관 중심의 시장이기 때문에 금융기관, 특히 은행의 입장에서 가격을 제시한다. 즉 Bid는 은행이 사려는 가격이고, Offer는 은행이 팔려는 가격이다. 따라서 Bid가 가격이 낮고, Offer가 가격이 높다. 금리상품은 금리가 높을수록 가격이 낮기 때문에 반대다. 참고로 네이버 금융에서 '살 때' '팔 때'는 친절하게 '고객의 입장'에서 보여준 것이므로 헷갈려 하지 않길 바란다.
스왑 (Swap)	서로 다른 금리나 통화 등을 교환하는 거래로, 금융시장에서는 일반적으로 변동금리와 고정금리의 교환을 스왑이라고 표현한다. 파생시장의 대표 거래를 3가지 뽑아보면 선물, 옵션, 그리고 스왑이라 할 만큼 비중이 높다. 참고로 스왑 거래시 주문은 매수나 매도라는 용어 대신에 '페이(Pay)'와 '리시브(Receive)'로 표현한다. 고정금리와 변동금리 중 '고정금리를 기준'으로 상대방에게 고정금리를 주는 거래를 페이(Pay), 고정금리를 받는 거래를 리시브(Receive)라고 한다.
이스다 (ISDA)	국제스왑파생상품협회인데, 일반적으로 스왑 거래를 위한 거래 관행들이 작성된 규범을 말한다. 장외시장도 일정 수준의 규칙은 필요하기 때문에 만들어진 것이다. 장외파생상품을 거래하려면 반드시 ISDA 계약을 맺어야 한다.
신용한도 (Credit line)	특정 상호간 1:1 계약이 특징인 장외거래는 상대방의 신용도가 중요한데, 신용도에 따라 상대방에게 부여한 거래가능 규모를 말한다. 신용한도가 없다면 장외거래는 직접 참여할 수 없다. 카드사가 나에게 부여한 카드한도를 떠올리면 이해하기 쉽다.

354

구분	의미
네고 (Negotiation)	Negotiation of shipping document의 줄임말로 수출업체가 선적을 완료하고 관련 서류를 은행에 매각하는 것을 말한다. 외환시장에서 '네고'는 수출업체가 향후 받을 수출대금에 대해 환헤지를 하는 물량을 의미한다. 즉 수출업체는 수출대금을 달러 등 외화로 받으므로, 시장에 외화를 매도해 환율변동 위험을 제거한다. 따라서 외환시장에서 네고는 '달러 매도'를 말한다. 그 반대는 일반적으로 수입업체 '결제물량(달러 매수)'이라고 한다. 네고라는 표현은 자주 쓰이니 기억해두면 좋다.
마 (MAR)	Market average rate의 줄임말로, 장외외환 거래의 기준이 되는 외화의 가격을 말하며, 그날 거래된 각 외화의 거래량 가중 평균가격을 의미한다. 참고로 '마≠종가'다. 종가는 말 그대로 '마지막 가격'이고, 마는 '평균가격'이다.
선물환 (Forward exchange)	선도거래방식으로 외환을 거래하는 것을 말한다. 선도거래와 같이 포워드라 불리나, 일반적으로 포워드라고 말하면 이 선물환을 의미한다. 선도와 선물과 같이 선물환도 개념적으로 접근할 필요는 없다. 모두 미래의 가격을 거래하는 것은 동일하기 때문이다.
스팟 (Spot)	영어로 Spot은 '즉석에서, 현금으로'를 말한다. 즉 스팟은 우리가 흔히 아는 현물 환율을 의미한다.
엔디에프 (NDF)	역외에서 미래 계약시점에 원금의 교환 없이 사전에 계약된 환율과 지정환율(만기 직전 영업일의 매매기준율) 간의 차액만 거래하는 외환 거래다. 차액결제선물환 또는 역외선물환이라 불리며, 외환시장에서 중요한 비중을 차지하는 거래방식이다(6일차 참고).
픽싱 스퀘어 (Fixing Square)	'네팅(Netting)'은 소위 '퉁'과 유사한 의미로, 처리해야 할 외화의 매수와 매도포지션이 중립(매수+매도 포지션=0)이 되었다는 것을 말한다. NDF시장에서 주로 사용되며, NDF픽싱 또는 NDF픽싱 스퀘어라고 불린다.

구분	의미
트렌치 (Tranche)	ABS, CDO, CDS 등 자산 유동화증권을 발행할 때 신용위험에 따라 증권을 다시 등급별로 분류하는 것을 말하는데, 트랑쉐 또는 트렌치라고 부른다. 예를 들어 학교에서 자리를 배치할 때 '키'순으로 배치하는 것도 키를 기준으로 학생들을 트렌치한 것이다.
신용사건 (Credit event)	파산, 지급 불능 등 기업의 채무 이행이 불가능해지는 사건을 말하며, 이러한 기업의 신용위험을 기초자산으로 만든 파생상품이 신용파생상품이다. '구글이 1년 안에 파산한다면 50%의 수익 지급'과 같이 누구나 간단하게 만들 수 있다 (다만 우리에게는 ISDA가 없고 사줄 사람이 없다는 게 함정이지만).

· 옵션 관련 추가용어 ·

구분	의미
델타 (Delta)	파생상품의 민감도를 측정하는 그릭(Greeks)의 대표격으로, 기초자산의 가격 변동에 따른 파생상품 가격(가치)변동을 말한다. 예를 들어 델타 = 1이라면 기초자산의 가격(가치)이 1만큼 변동했을 때 파생상품의 가격(가치)도 1만큼 변동한다. 수학으로 표현하면 1차 미분이라 할 수 있다. 즉 델타는 기울기라고 생각하면 되는데, 델타는 꼭 기억해두는 것이 좋다.
배리어 (Barrier)	둘 사이를 갈라놓는 벽을 의미하며, 옵션 조건이 달라지는 기초자산의 정해진 가격을 말한다. 예를 들어 '주가지수의 가격이 계약 당시보다 60% 이상으로 유지되면 3.5%의 수익률을 제공한다.'라는 말은 3.5%를 제공하는 옵션 배리어 조건에 해당한다고 생각하면 된다.
콜옵션 (Call option) · 풋옵션 (Put option)	콜옵션은 기초자산을 특정시점에 '살 수 있는 권리'를 거래하는 것을 말한다. 반대로 풋옵션은 기초자산을 특정시점에 '팔 수 있는 권리'를 거래하는 것을 뜻한다. 사거나 팔 수 있는 '권리'에 대한 가치를 '프리미엄'이라고 하고, 옵션 시장은 이 프리미엄을 거래하는 시장이다.
스텝다운 (Step- down)	옵션의 구조를 말하는 것으로, ELS, DLS의 대표적인 상품구조다. 조기상환 평가일마다 ELS, DLS의 조기상환평가가격이 낮아진다는 것을 뜻한다. 구조의 모양이 '계단'과 같다고 해서 붙여진 이름이다.
녹인녹아웃 (Knock-in Knock-out)	옵션의 구조를 말하는 것으로 ELS, DLS의 대표적인 상품구조다. 녹인(Knock-in)은 옵션의 기초자산의 가격이 미리 정해진 배리어에 도달하면 옵션의 효력이 발생하는 것을 말하며, 녹아웃(Knock-out)은 배리어에 도달하면 옵션의 효력이 없어지는 것을 말한다.

모든 파생을 아우르는
선물과 옵션의 기본 구조

모든 파생상품은 선물과 옵션의 기본 구조로 이루어져 있다.
선물과 옵션의 기본 구조를 알면 나머지는 살을 붙여가는 과정이다.

감기는 눈을 붙잡고 여기까지 왔다면 파생시장의 입문 단계에서 8부 능선을 넘은 셈이다. 이제 모든 파생상품의 근간이 되는 선물과 옵션의 기본 구조만 이해하면 입문 단계의 정상에 오를 수 있다.

선물과 옵션의 기본 구조에 대해 모두 이해한다면 단언컨대 99.9%의 사람들 중 상위 10% 안에 들 수 있고, 이 다음 부분까지 이해를 마친다면 상위 5% 안에 들 수 있다. 그리고 그다음부터는 고개를 끄덕이는 정도로 쭉쭉 읽어나가면 된다. 어느 시장이든 마찬가지로 그 시장을 가장 잘 알 수 있는 방법은 기본 개념을 익힌 상태에서 직접 그 시장에 뛰어드는 것이다.

선물의 기본 구조는 무엇인가?

파생시장 입문 단계 중에서 마지막 관문인 선물과 옵션의 기본 구조를 간단하게 알아보겠다. 이 공통 기본 구조의 앞에 주식·채권·외환·상품이라는 기초자산만 붙여주면 주식선물옵션·채권(금리)선물옵션·외환(통화)선물옵션이 된다. 선물환이나 스왑 등 장외상품들도 기본 구조는 같다. 먼저 선물은 미래의 특정 시점에 기초자산을 특정한 가격으로 사거나 파는 거래다.

앞에서 파생상품은 한 사람이 잘 산 것이라면 한 사람은 반드시 잘못 팔게 되는 '제로섬 게임'이라고 부른다고 했다. 즉 사는 사람과 파는 사람은 정반대의 구조를 갖는다. 또한 선물이든 옵션이든 미래의 가격(가치)을 사는 것이기 때문에, '현재 선물옵션가격×이자율=미래 선물옵션가격'이라는 공식이 성립한다.

우리나라는 이자율이 양(+)의 값을 가지기 때문에 현재가격이 미래가격보다 낮다. 바로 앞에서 설명한 '콘탱고'다. 반대로 현재가격이 미래가

· 선물의 손익구조 ·

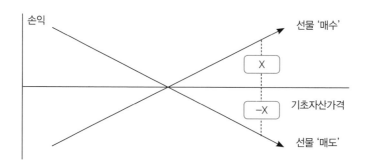

358

격보다 높으면 '백워데이션'이라고 부른다. 참고로 이자율이 양의 값인데, 백워데이션이 발생하면 가격의 왜곡이 발생한 것이다. 정상적인 상황, 즉 콘탱고 상태에서 선물의 손익 구조는 다음과 같다. 만약 A는 가을에 수확하는 밀을 1만원의 가격으로 봄에 미리 사는 선물 매수 거래를 하고, B는 가을에 수확하는 밀을 1만원의 가격으로 봄에 미리 파는 선물 매도 거래를 했다고 가정하자. 만약 가을에 수확하는 밀의 시장가격이 1만 5천원이라면, A는 5천원의 이익을 보고, B는 5천원을 손해본다. 또한 제로섬 게임의 원칙에 따라 'A의 수익 + B의 수익 = 0'이 된다.

옵션의 기본 구조는 무엇인가?

미래의 기초자산을 사고팔 수 있는 권리인 옵션은 살 수 있는 권리인 콜옵션과 팔 수 있는 권리인 풋옵션으로 구분된다. 여기에 '매수'와 '매도'를 붙이면 총 4가지의 거래방식이 나온다. 즉 콜옵션 매수와 매도, 풋옵션 매수와 매도로 구분된다. 옵션에서는 권리에 대한 가치를 '프리미엄(권리금)'이라고 부르며, 약속된 가격을 '행사가격strike'이라고 부른다.

옵션을 매수한 사람은 권리를 사는 대가로 프리미엄을 준 것이기 때문에, 원하는 가격이면 권리를 행사하고 기초자산을 사면 된다. 반대로 원하는 가격이 아니면 프리미엄을 포기하고 사지 않으면 된다. 또한 매도하는 사람은 권리를 팔고 프리미엄을 받았기 때문에, 매수자가 권리를 행사한다고 하면 팔아야 한다.

반대로 행사하지 않는다고 하면 프리미엄만 받고 마무리하면 된다. 따라서 매도자의 입장이라면 권리금을 받았으니 선물처럼 의무를 이행해야 하며, 매수자가 권리금을 날린다고 하면 "감사합니다." 하고 받으면 된다.

콜옵션: 살 수 있는 권리를 매수·매도

콜옵션 매수자의 경우 기초자산 가격이 상승할수록 저렴하게 살 수 있으니(살 수 있는 권리를 샀기 때문에) 좋고, 콜옵션 매도자의 경우 가격이 상승할수록 저렴하게 팔아야 하니(살 수 있는 권리를 팔았기 때문에) 손해가 난다.

콜옵션의 손익구조는 다음과 같다. 만약 권리금 1천원짜리 콘서트티켓을 1만원에 살 수 있는 콜옵션을 A는 사고, B는 팔았다고 가정해보자. 약속된 시점에 콘서트티켓의 시장가격이 10만원이 된다면, A는 1만원에 10만원짜리 콘서트티켓을 살 수 있기 때문에 B에게 준 권리금과 차액을 고려하면 8만 9천원의 이익을 본다(10만원-1만원-1천원). 반면 B는 권리금 1천원을 받고 10만원짜리 콘서트티켓을 1만원에 팔아야 하므로 8만 9천원을 손해본다(1천원+1만원-10만원). 제로섬 원칙에 따라 시장 전체의 손익은 'A의 수익+B의 수익=0'이다.

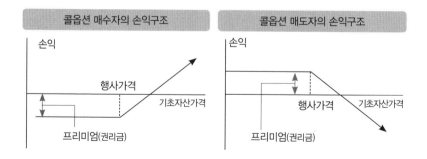

풋옵션: 팔 수 있는 권리를 매수·매도

풋옵션 매수자의 경우 기초자산 가격이 하락할수록 비싸게 팔 수 있으니(팔 수 있는 권리를 샀기 때문에) 좋고, 풋옵션 매도자의 경우 기초자산 가격이 하락할수록 비싸게 사야 하니(팔 수 있는 권리를 팔았기 때문에) 손해를 입게 된다. 따라서 풋옵션의 손익구조는 다음과 같다.

만약 권리금 1천원짜리 콘서트티켓을 1만원에 팔 수 있는 풋옵션을 A는 사고, B는 팔았다고 가정해보자. 약속된 시점에 콘서트티켓의 시장가격이 1천원이 된다면, A는 권리금 1천원을 주고 1천원짜리 콘서트티켓을 1만원에 파는 셈이다. 따라서 8천원(1만원-1천원-1천원)의 이익을 본다. 반면 B는 팔 수 있는 권리를 팔았기 때문에 권리금 1천원을 받고 1천원짜리 콘서트티켓을 1만원에 사는 셈이다. 따라서 B는 8천원(1천원+1천원-1만원)의 손실을 본다. 제로섬 원칙에 따라 시장 전체 손익은 'A의 수익+B의 수익=0'이다.

장내거래든 장외거래든 선물과 옵션의 구조는 같다. 다만 명칭에 있어서 장내는 '선물' 또는 '장내옵션', 장외는 '선도' 또는 '선물환', '장외옵션'이라고 표현하는 것뿐이다. 파생시장뿐 아니라 모든 금융시장에서 중요한 것은 기본 개념이지 명칭에 대한 구분 자체에 심오하게 접근할 필

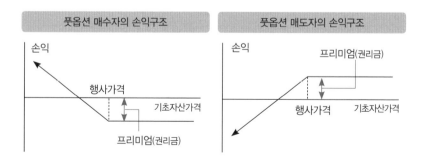

| 풋옵션 매수자의 손익구조 | 풋옵션 매도자의 손익구조 |

요는 없다. 즉 홍길동이라는 이름이 중요한 것이 아니라 '홍'이 성이고 '길동'이 이름이라는 것을 아는 것이 중요하다는 의미다. 그 구조를 알면 김길동이든 박길동이든 김과 박이 '성'이고 길동이 '이름'인 것을 알 수 있다.

기사로 읽어보는
파생시장의 기초회화

파생시장과의 회화 연습상대로 기사만 한 것이 없다.
내용을 잘 몰라도 부끄럽지 않고, 반복해서 대화해도 지겨워하지 않기 때문이다.

용어와 기본 구조를 익혔다면 이제 파생시장과 대화를 나눌 차례다. 모두가 쉽게 접할 수 있는 기사로 파생상품과 말이 통하는지 대화를 시도해보겠다. 초·중·고 12년에 대학 4년까지 16년을 학습해도 영어회화가 어려운 것처럼, 몇 번 읽는다고 해서 파생시장 기초회화는 늘지 않는다. 이해가 되지 않는 것이 당연하므로 자책하거나 포기하지 않아도 된다. 파생시장도 영어와 마찬가지로 반복해서 보고, 말로 뱉어보는 것만이 실력을 늘릴 수 있다. 파생상품에 투자를 하는 것은 영어로 따지면 문법을 공부하는 것과 같다. 기초회화가 되지 않는 상태에서 문법부터 공부하는 것은 어불성설이다.

파생시장 전체와 관련된 기사 읽기

먼저 파생시장 전체와 관련된 기사를 보겠다.

▶▶ 글로벌 금융시장 불안으로 국채선물 거래 급증

올해 1분기 글로벌 금융시장의 불확실성이 확대되며 국채선물 거래규모
가 급증했다. 거래 증가 원인은 중국 경기둔화, 유로존 경기 우려 등 글
로벌 금융시장의 불안이 지속되면서 가격변동성이 증가했기 때문이다.

(2016.4.27. 〈글로벌 이코노믹〉)

표면적으로만 읽으면 '중국과 유로존의 경기둔화 우려 → 글로벌 불
확실성 증가 → 국채선물 거래 증가'의 과정으로 보인다. 이는 "글로벌
금융시장의 불확실성이 확대되며, 미래가격에 대한 불안으로 국채 '선
물'이라는 '장내파생상품의 거래'가 급증했다. 중국·유로존 경기 우려
등 글로벌 금융시장의 불안이 지속되어 국채 보유가 증가했기 때문이
다."로 바꿀 수 있다.

여기서 핵심은 글로벌 불확실성과 안전자산으로 선호되는 국채와 국
채선물의 3단 관계다. 즉 글로벌 경기둔화 우려가 지속되며 안전자산에
속하는 국채를 사람들이 선호하기 때문에 국채 수요가 증가했는데, 가격
변동성이 증가하니 국채의 가격을 국채선물을 통해 헤지하고자 한다는
것이다. 여기서 한발 더 나아가보겠다. 바로 기초자산에 해당하는 국채
의 움직임이다. 2016년 1분기 중 국채의 수요는 과연 증가했을까? 국고
채 3년물의 금리는 1.64%에서 1.44%까지 하락했다(금리 하락 = 채권가격
상승). 즉 채권의 인기가 높았다는 말이다. 파생상품이 기초자산이라는

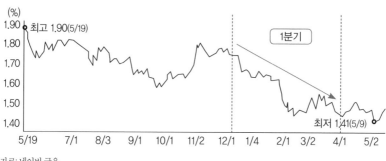

• 국고채 3년물 금리 •

자료: 네이버 금융

'줄기'에서 뻗어 나온 '부산물'이라는 것을 상기시킨다면 납득이 갈 것이다.

장내파생시장과 관련된 기사 읽기

▶▶ **정기변경 앞둔 코스피200, 편입종목은 롱, 지수선물을 숏**

국내 대표 우량기업의 시가총액을 지수로 만든 코스피200 편입 종목 정기변경에 투자자들의 이목이 집중된다. 가장 안정적으로 평가받는 것은 코스피200 편입 예상 종목을 단순히 매수 혹은 매도하는 전략보다 이 둘을 동시에 진행하는 롱·숏 투자전략이다. 신규 편입 종목이 발표되기 최소 2주 전 편입 예상 종목들을 미리 매수하고 동시에 코스피200지수 선물을 매도한 뒤 편입이 발표되면 1주일 후 이를 모두 정산하는 식이다. (2016.5.16. 〈매경 이코노미〉)

장내파생상품 중 가장 대표적인 코스피200지수선물은 코스피200지수를 기초자산으로 하는 파생상품이다. 기사를 보면 문득 궁금증이 든다. 정기변경(1년에 1회, 5~6월 실시)되는데, 새로 들어갈 종목은 롱(매수)하고 코스피200지수선물은 숏(매도)하라니? 전혀 이해가 되지 않는다. 여기서 핵심은 '롱·숏'이다. 롱·숏은 매수와 매도를 의미하며, 일반적으로 저평가된 현물 또는 선물을 매수하고, 고평가된 현물 또는 선물을 매도하는 것을 말한다.

코스피200에 새로 포함되면 해당 종목에 대해 금융기관은 '롱(매수)' 포지션을 늘린다. 반대로 코스피200에서 빠지는 종목은 '숏(매도)'이 늘어 정기변경이 되기 전까지 코스피200지수의 가격을 하락시키는 요인으로 작용한다.

즉 이 기사에서 말하는 롱·숏 전략이란 아직 포함되지는 않았지만 수요가 늘어나 가격이 상승할 예정인 신규 편입 종목(저평가)을 '롱(매수)'하고, 앞으로 지수에서 빠지게 될 종목들로 인해 가격이 하락할 코스피200지수선물(고평가)을 미리 '숏(매도)'하는 것을 의미한다. 일시적으로 발생하는 시장의 왜곡을 활용하는 일종의 차익거래arbitrage다. 내용이 쉽게 와닿지 않을 것이다. 그런데 파생용어와 기본 구조를 모르면 이해하기가 더 까다로울 것이다.

한발 더 나아가 실제로 과거에 신규 편입된 종목의 주가는 어땠는지 알아보겠다. 지난 2015년의 경우 정기변경 발표 이후 신규 편입된 종목 13개 중 9개가 상승했으며, 평균 가격상승률은 +6.86%였다. 또한 코스피200지수선물의 경우 3.01% 하락해 산술적으로 9.8%의 수익을 얻을 수 있었다. 일반적으로 이러한 전략은 10~20영업일 정도를 고려하고 활용하면 좋다. 물론 100%의 성공 확률을 가지는 전략은 없다. 그러나

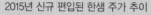

· 신규 편입된 종목의 주가 ·

자료: 한국투자증권 HTS

자료: 한국투자증권 HTS

미국 금리 인상이나 코스피200 정기변경 등 시장에 예고된 이벤트의 경우에는 성공 확률이 높다.

장외파생시장과 관련된 기사 읽기

▶▶ 1,200원 부담에 급등 숨고르기

달러화가 이미 1,190원대로 고점을 높이면서, 추가적인 롱플레이는 1,200원선 상향 돌파를 염두에 두어야 하는 상황이라는 점도 시장 참가 자들의 달러 매수 심리를 위축시킬 수 있다. 역외 차액결제선물환NDF 시 장 참가자들이 적극적인 달러 매수 베팅에 나서는 상황이 아니라면 달 러화의 상승세가 한풀 꺾일 수 있다. 수출업체들도 고점 인식 네고 물량 을 꾸준히 내놓을 수 있는 만큼 달러화 1,190원대는 이전보다 상승 탄력 이 둔화될 수 있을 전망이다. (2016.5.20. 〈연합 인포맥스〉)

장외파생상품 중 우리가 외환시장에서 한번 다루어보았던 NDF(차액결제선물환, 역외선물환)로 시장과 대화를 나누어보겠다. 외환시장에 대해서도 살펴보았으니 대략적인 것은 알 수 있다. 여기서 핵심 용어는 '롱플레이' 'NDF' '네고'다. 이 용어를 모르면 확실하게 알아듣기가 어렵다. 롱플레이long play는 '매수', NDF는 미래 환율을 역외에서 거래하는 '역외선물환', 네고negotiation는 달러 등 외화로 유입될 수출대금에 대한 '달러 매도'다.

이제 이를 대입해 다시 읽어보겠다. "미국 달러 환율이 1,190원으로 상승했다. 1,200원을 뚫어야 하는 어려움이 있어, 추가적으로 달러를 매수하기가 부담스럽다. 이런 상황에서 역외선물환 딜러라도 달러 매수를 해주지 않는다면 환율이 더 상승하기는 어렵다. 또한 수출업체들도 이미 환율이 고점이라는 생각이 있어, 매도 물량을 내놓을 가능성이 있다. 따라서 1,190원대에서 더 상승하기는 쉽지 않을 것이다."로 풀이하면 좀더 이해하기 쉬울 것이다.

이를 구어체로 다시 풀어 쓰면 "환율이 이미 많이 올라 달러를 더 사기는 부담스럽고, 누가 조금 사주면 좋을 텐데 그것도 여의치 않아 보인다. 설상가상으로 수출업체들도 환율이 많이 올라 달러를 팔고 싶어하니 여기가 고점인가보다."라고 정리할 수 있다. 수요와 공급의 원리를 적용한다면 한 줄로 "미국 달러를 살 사람보다 팔 사람이 더 많다."라고 축약할 수 있다. 한 줄로 쉽게 말하면 좋겠지만 파생시장은 특히 금융 언어가 통용되는 시장이기 때문에 받아들여야만 한다.

한 걸음만 더 나아가보자. 환율은 왜 1,190원대로 고점을 높였을까? 바로 글로벌 최고 기축통화국인 미국의 중앙은행, 즉 연준이 추가 금리 인상을 할 가능성이 높아졌기 때문이다. 연준이 금리를 올리면 원화 등

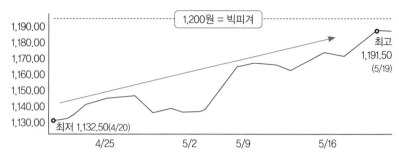

• 미국 달러 환율 •

자료: 네이버 금융

신흥국 통화는 매력이 떨어지기 마련이다. 그렇다면 왜 1,200원을 뚫는 것이 부담스러울까? 외환시장은 어느 시장보다 기술적 분석이 많이 활용되는 시장이다. 즉 많은 사람들이 1,200원이라는 딱 떨어지는 가격대에 매물대를 집중시킨다고 볼 수 있기 때문이다. 외환시장에서는 1,200원, 1,100원 등 100원 단위로 떨어지는 가격대를 '빅피겨bigfigure'라고 부르며, 이 가격대를 중요하게 생각한다.

조금만 더 욕심을 내서 외국인투자자의 매매 습관을 덧붙여보겠다. 환율이 다시 1,250원 부근으로 가면 환차익을 노리는 핫머니들이 유입될 가능성이 높다. 따라서 1,200~1,250원 부근에서는 미국의 추가 금리 인상 우려에도 불구하고, 단기적으로 환율이 하락(원화 절상)할 수도 있을 것으로 짐작해볼 수 있다.

주요 파생상품에는
어떤 것이 있을까?

일반투자자가 쉽게 접근할 수 있는 장내파생상품에 집중해보자.
코스피200지수선물·국채선물·통화선물 등은 아주 친숙한 상품이다.

다른 시장과 달리 파생시장은 상품에 대한 설명을 따로 분리했다. 파생
시장의 용어와 파생상품의 기본 구조를 모르면 상품을 보아도 눈에 들
어오지 않기 때문이다. 여기서부터는 이해하려고 하기보다는 쭉쭉 읽어
나가면 된다. 암기하지 않아도 된다. 파생시장의 기본 용어와 선물옵션
의 구조만 알면 나머지는 상품제도에 해당하기 때문에 언제든 달라질
수 있고, 실제로 거래를 해보면 자연스럽게 익혀진다.

　기관투자자가 아니라면 장외시장에 직접 참여할 수 없기 때문에 여기
서는 장내파생상품에만 집중하겠다. 일부 장외시장의 파생상품은 뒤쪽
에서 다룰 것이다.

코스피200지수선물이란 무엇인가?

주식 관련 파생시장은 전체 장내파생시장 규모의 65% 수준을 차지하는 큰 시장이다. 가장 대표적인 코스피200지수선물은 코스피200지수를 기초자산으로 하는 상품이다. 5일차의 프로그램 매매와 파생시장 기초회화에서도 언급되었지만, 금융시장에서 매우 폭넓게 활용되는 대표적인 파생상품이다. 현재 1계약의 거래금액은 약 1억 2,500만원 (현재가격×거래승수)이다. 만약 코스피200지수를 2억 5천만원 보유하고 있다면 코스피200지수선물을 2계약 매도해 가격 변동 위험을 제거할 수 있다.

1계약당 거래금액이 크기 때문에 사실 일반투자자가 헤지 목적으로

• 코스피200지수선물 가격 화면 •

자료: 한국투자증권 HTS

기초자산	코스피200지수
거래단위	코스피200선물가격×50만(거래승수)
결제월	3월, 6월, 9월, 12월
상장결제월	3년 이내 7개 결제월(3·9월: 각 1개, 6월: 2개, 12월: 3개)
가격의 표시	코스피200선물 수치(포인트)
호가가격단위	0.05포인트
최소가격 변동금액	2만 5천원(50만원×0.05)
거래시간	09:00～15:45(2016년 8월부터)
최종거래일	각 결제월의 두 번째 목요일(공휴일인 경우 순차적으로 앞당김)
최종결제일	최종거래일의 다음 거래일
결제방법	현금결제
가격제한폭	기준가격 대비 각 단계별로 확대 적용 ① ±8% ② ±15% ③ ±20%
정산가격	최종 약정가격(최종 약정가격이 없는 경우 선물이론 정산가격)
기준가격	전일의 정산가격
필요적 거래중단 (Circuit Breakers)	현물가격 급변시 선물거래 일시중단 및 단일가로 재개

자료: 한국거래소

접근하는 경우는 드문 편이다. 이 큰 금액을 거래하려면 돈이 많이 필요하겠지만, 선물은 계약금(증거금)을 내면 1계약만큼의 권리를 인정한다. 이 계약금(증거금)을 장내시장에서는 위탁증거금이라 부른다. 계약 이행을 위한 일종의 안전장치다. 따라서 적은 계약금만으로 큰 거래금액을 인정받게 되는데 이를 레버리지leverage라고 부른다.

예를 들어 위탁증거금률이 9%라면 위 거래금액인 1억 2,500만원의 9%(1,125만원)만 지불하면, 11배에 해당하는 1억 2,500만원을 거래한 것으로 인정받게 된다. 이를 '레버리지가 11배'라고 말한다. 일반적으로 많은 투자자들이 이 레버리지로 인해 적은 금액으로 큰 금액을 거래하는 효과를 노리고 선물시장에 뛰어든다.

국채선물이란 무엇인가?

채권과 관련된 장내파생상품에는 국채선물이 있다. 채권은 금리로 거래하지만, 국채선물은 금리를 반영한 가격(예: 105.00포인트)으로 거래한다. 금리 위험을 헤지하기 위해 활용하는 대표적인 장내상품이다. 전 세계적으로 국채선물은 매우 활용도가 높다. 예를 들어 우리나라 채권이면 한국거래소를 통해 국채선물을, 미국 채권이면 해외거래소를 통해 미국 국채선물을 이용한다. 금융통화위원회 발표날에 국채선물을 거래하면 매우 다이내믹하다.

만약 기준금리를 조정한다는 발표가 나오면 그 즉시 국채선물 가격은 25~50틱씩 널뛰기를 한다. 최소 가격변동금액은 1만원[0.01pt×1억원×(1÷100)]이기 때문에 25~50틱씩 움직이면 1계약당 25만~50만원씩 손익이 발생한다. 일반적으로 중·대형 증권사의 경우 1개사당 1조~2조원 규모는 채권을 보유하기 때문에 헤지를 위해 5천~2만 계약수준을 유지한다. 따라서 12억 5천만~100억원 수준의 손익이 움직인다. 물론 국채가격도 비슷하게 움직이기 때문에 둘을 합산하면 실질적으로는 거의 변동이 없다. 다만 이런 이벤트를 앞두고는 채권 딜러들도 헤지 물량을 조절해 큰 수익을 노리기도 한다.

잘 감이 오지 않는다면 증거금을 보면 도움이 될 것이다. 현재 3년 국채선물은 0.75%의 위탁증거금률을 채택하고 있다. 이를 증거금으로 환산하면 '105.00포인트(국채선물 가격)×1억원(국채선물 1계약의 가치)÷100×0.75%=78만 7천원'이다. 즉 78만 7천원으로 1억원짜리 거래를 할 수 있으므로 레버리지가 126배다. 보유 채권이 없이 선물만 거래한

· 국채선물 주요 제도 ·

거래대상	표면금리 5%, 6개월 단위 이자지급방식의 3년 만기 국고채
거래단위	액면 1억원
결제월	3월, 6월, 9월, 12월
상장결제월	6월 이내의 2개 결제월
가격의 표시	액면 100원당 원화(백분율 방식)
호가가격단위	0.01포인트
최소가격 변동금액	1만원(1억원×0.01×1/100)
거래시간	09:00~15:45(2016년 8월부터)
최종거래일	결제월의 세 번째 화요일(공휴일인 경우 순차적으로 앞당김)
최종결제일	최종거래일의 다음 거래일
결제방법	현금결제
가격제한폭	기준가격 대비 상하 ±1.5%

자료: 한국거래소

파생상품 거래시 납입한 증거금이 일정 수준 이하로 하락할 경우 금융기관에서는 투자자에게 추가 증거금을 납부하라는 연락을 하게 되는데, 이를 '마진콜 margin call'이라고 부른다. 증거금은 영어로 마진 margin이라고 부른다. 즉 마진콜은 증거금 margin을 더 내라는 '요청 call'이다. 만약 약속된 시간까지 추가 증거금을 납부하지 않으면 거래소는 반대 매매를 통해 강제로 계약을 처분시킨다. 참고로 거래하다가 마진콜을 맞으면 정말 기분이 좋지 않다. 흡사 빚쟁이가 된 것처럼 '돈을 ○○시까지 입금하시오.' 하고 메일이 온다. 기초자산의 가격변동이 큰 유가 WTI나 은 silver 등 해외 선물 옵션 상품의 경우 마진콜이 매우 빈번하게 일어난다. 현재 거래소에 상장된 장내파생상품의 증거금률은 한국거래소 홈페이지에서 '규정/제도 → 청산결제제도 → 증거금관리 → 증거금률' 코너를 통해 확인할 수 있다.

다면 25~50틱 움직일 경우 산술적으로는 30~60%의 수익이 난다. 반대로 손실도 그만큼 발생할 수 있다. 따라서 국채선물 역시 위험관리(헤지)가 아닌 투기적 거래로 접근을 하는 경우 위험한 상품이다.

통화선물이란 무엇인가?

외환 관련 파생상품으로는 대표적으로 통화선물이 있다. 우리나라에서 거래되는 통화신물은 미국 달러·엔·유로·위안 등 4가지 상품이 있다. 통화선물은 주로 ISDA나 신용한도 등의 문제로 장외외환시장에 참여하기 어려운 증권사·중소기업·일반투자자 등이 거래하며, 은행도 외환자금 중 일부를 거래한다. 일반투자자의 경우 통화선물시장을 이용하려면 증권사 지점에 방문해 선물계좌에 가입해야 한다. 그 후에는 HTS에서 주식처럼 거래하면 된다.

그러나 통화선물 거래시 주의할 점이 있다. 통화선물은 다른 선물상품 등과 다르게 실물인수delivery를 한다. 즉 미국 달러를 매도하는 선물계약을 체결했다면 최종결제일에 실제로 미국 달러를 지급하고 원화를 받아야 한다는 말이다. 미국 달러선물 1계약의 가치는 약 1,200만원(1만 달러)으로 위탁증거금(약 50만원)의 20배 수준이다. 따라서 약 50만원의

· 미국 달러선물 주요 제도 ·

거래대상	미국 달러화(USD)
거래단위	US $10,000
결제월	분기월 중 4개와 그 밖의 월 중 4개
상장결제월	1년 이내의 8개 결제월
가격의 표시	US $1당 원화
최소가격 변동폭	0.10원
최소가격 변동금액	1천원(US $10,000×0.10원)
거래시간	09:00~15:45(2016년 8월부터)
최종거래일	결제월의 세 번째 화요일(공휴일인 경우 순차적으로 앞당김)
최종결제일	최종거래일로부터 기산해 3일째 거래일
결제방법	인수도결제
가격제한폭	기준가격 대비 상하 ±4.5%

자료: 한국거래소

증거금을 납부하고 달러 선물 1계약을 매도했는데 최종거래일까지 청산하거나 롤오버(연장)하지 않으면, 실물 인수도 방식에 따라 1만달러를 어디서든 구해 와서 상대방에게 주어야 한다. 일반적으로 선물사나 증권사 영업부서에서 최종거래일까지 포지션 청산이 없으면 연락을 주지만, 간혹 이를 놓쳐 골치 아픈 일이 벌어지기도 한다.

금선물이란 무엇인가?

금에 대한 투자를 고려하고 있는 투자자라면 금선물을 주목해볼 만하다. 금선물은 금을 기초자산으로 해서 선물거래가 가능하도록 만든 상품이다. 금선물은 보유한 금의 가격변동위험에 노출된 투자자나 재테크 수단으로 활용할 수 있다. 현재 금선물은 거래단위가 100g(약 460만원)에 불과해 큰 부담 없이 투자가 가능할 뿐 아니라, 런던 금시장 가격을 반영하도록 설계되어 있어 글로벌 금 시세에 직접 투자하는 효과를 누릴 수 있다. 또한 현금 결제방식을 적용하기 때문에 만기일에 실물을 인수해야 하는 부담이 없어서 집에 금고가 없어도 투자 가능하다.

현재 금융시장의 금 투자상품으로는 금 현물과 금선물 외에도 골드뱅킹·금 ETF·금 펀드 등이 있다. 골드뱅킹·금 ETF·금 펀드는 적은 금액으로 투자자들이 손쉽게 투자할 수 있다는 장점이 있지만, 매매 수수료가 높아 금선물 투자에 비해 투자비용이 높다는 단점이 있다. 반면 금선물은 7.5%의 증거금만을 가지고 거래할 수 있고(레버리지 약 13배), 금 가격 상승시뿐만 아니라 하락시에도 수익(금선물 매도전략)을 낼 수 있는 장점이 있다.

• 국내 주요 금 투자상품 비교 •

특징	금선물	금 현물	골드뱅킹	금 ETF	금 펀드
레버리지	약 11배	없음			
수익 발생	금 가격 상승 또는 하락시	금 가격 상승시			
거래단위	100g	면세금 1kg 수입금 50g	1만원 단위	1주	1만원 (최소 납입금)
세금 (소득세 제외)	없음	부가세 10%	현물 인출시 부가세 부과	없음	없음
수수료	0.0018% 수준	1% 수준	예금시 1% 해지시 1%	0.1% 수준	1.5%

자료: 한국거래소

　최근 들어 경기가 둔화되면서 저렴한 비용으로 금을 보유하려는 투자자들이 증가하는 추세다. 하루 평균 거래량은 약 56.7kg(260억 8천만원)이다. 그러나 금선물 역시 레버리지가 있고 가격의 변동도 적지 않기 때문에 아주 작은 수준에서 투자를 해보는 것이 바람직하다.

많은 사람들이
선물·옵션 투기에 빠지는 이유

선물·옵션은 대박을 얻을 수 있을 것 같은 환상을 준다.
그러나 본질적으로 파생상품은 돈을 벌 수 있는 상품이 아니다.

시간이 날 때면 금융 관련 영화들을 즐겨보곤 한다. 최근 개봉했던 〈빅 쇼트〉부터 〈마진콜〉, 〈월스트리트〉 시리즈, 〈보일러 룸〉, 〈갬블〉, 〈작전〉 등 자극적인 금융영화부터 윌 스미스가 출연한 〈행복을 찾아서〉처럼 감동적인 금융영화까지 금융 관련 영화들은 반복해서 봐도 새롭다. 이 중 선물·옵션 투기와 가장 관련 있는 영화는 〈갬블Rogue Trader〉이다. 이완 맥그리거(닉 리슨 역)의 연기가 돋보이는 이 작품은 230년 전통의 영국 베어링스 은행을 파산시킨 닉 리슨이라는 트레이더의 실제 이야기를 다룬 영화다.

닉 리슨은 손실을 만회하기 위해 선물·옵션 투기를 지속하다 1995년 일본 고베 대지진으로 8억 6천만파운드(약 1조 5천억원)라는 천문학적 손실을 기록했다. 자기자본의 1.2배에 해당하는 손실을 입은 베어링스 은행은 결국 단돈 1달러에 ING에 매각되었다. 지금은 거래와 결산업무를 분리해 이러한 대규모 손실은 숨길 수 없다. 그러나 선물·옵션의 투기에서 비롯된 사건의 본질은 우리에게 교훈을 준다.

선물·옵션 투기의 1등 공신, 레버리지

레버리지는 본래 적은 금액으로 미래의 위험을 제거(헤지)하는 데 그 의의가 있다. 그러나 시각을 바꾸면 레버리지를 이용해 적은 금액으로 큰돈을 보유할 수 있다는 유혹에 빠지기 쉽다. 그래서 레버리지는 언제나 투기적 요인을 품고 있다. 예를 들어 증거금이 10%라면 투자자는 실제 투자금액의 10배에 달하는 금액을 투자한 것과 같은 효과를 낸다. 투자금이 1천만원이라면 1억원만큼 선물·옵션 상품에 투자할 수 있다는 뜻이다. 만약 파생상품의 본질인 미래위험의 제거에 사용된다면 1천만원으로 1억원의 효과를 낼 수 있으니 매우 효과적인 시장이다.

그러나 1천만원으로 1억원을 벌 수 있다고 생각하면 머릿속에 각종 명품과 멋진 자동차, 더 나은 집을 꿈꾸게 되기 마련이다. 일부 선물·옵션 전문투자자들이 인스타그램에 명품과 수입 자동차를 올려놓고 사람들의 부러움을 즐기는 것을 볼 때면 스스로 뿜어내는 돈 냄새에 속이 메스꺼워진다. 파생상품이 '제로섬 게임'이라고 했던 것을 기억할 것이다. 많은 투자자들이 십시일반으로 모아준 돈이 그들의 인스타그램 사진으로 들어가는 것이다. 기초자산 1억원을 1천만원으로 헤지하는 것이 아

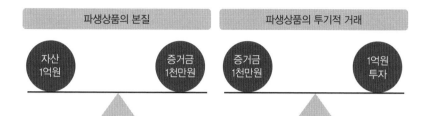

파생상품의 본질	파생상품의 투기적 거래
자산 1억원 — 증거금 1천만원	증거금 1천만원 — 1억원 투자

닌, 기초자산도 없이 1천만원으로 1억원을 벌 수 있다고 생각하는 대박의 환상은 투기를 만들고, 반드시 사고가 난다.

투기에 빠지지 않기 위한 위험 관리방법

파생상품의 본질에 충실한다면 파생상품은 돈을 벌 수 있는 상품이 아니다. 예를 들어 1억원어치 코스피200지수를 매수한 사람이 1천만원을 들여 코스피200지수선물을 1억원만큼 판다고 가정해보자. 이 경우 지수가 10포인트 하락해도 선물에서는 10포인트 이익이 나는 구조이기 때문에(판 가격보다 시장가격이 하락했으므로) 전체 자산의 가치는 거의 변동이 없다. 이것을 금융시장에서는 '델타=1(기초자산의 가치가 1만큼 오르면, 헤지자산의 가치는 1만큼 하락함)'로 표현한다.

그러나 '델타=0'인 경우, 즉 헤지를 하지 않으면 반드시 위험에 노출된다. 델타를 관리하는 것은 파생상품 투자의 기본이다. 보유자산(현물)의 가치가 1에서 0으로 소멸되있을 때를 생각해보자. '델타=1'인 투자자는 현물만큼 선물을 매도했기 때문에 현물가격이 0이 되어도 선물가격은 1이기 때문에 총손익은 변동이 없다.

델타: 1	델타: 0.5	델타: 0
선물 +1 / 현물 -1	선물 +0.5 / 현물 -1	현물 -1
총손익: 0	총손익: -0.5	총손익: -1

반면 '델타=0.5'인 투자자는 현물가격이 0이 되면 1/2만 선물을 매도했기 때문에 총손익은 0.5다. 만약 '델타=0'이라면 투자자는 현물가격이 0이 되면 선물을 매도하지 않았기 때문에 총손익은 -1이다.

대부분의 기관투자자들도 델타를 여는 것(델타<1, 헤지를 덜 하는 것)에 대해 매우 조심스럽게 생각한다. 따라서 대박에 대한 환상보다는 기초자산과 연계해 위험의 정도를 조절(델타 관리)하는 수준에서 파생상품에 투자하는 것이 적절하다.

사실 많은 일반투자자의 경우 파생상품을 통해 주식이나 채권을 헤지한다는 것이 사실 매우 어색하다. 아마 실제로 파생 거래를 통해 헤지를 하는 경우는 거의 없을 것이다. 이 경우 가장 좋은 방법은 현물 투자 자체를 여유 자금 대비 최소한의 수준으로 줄이는 것이다. 만약 여유자금을 모두 현물 투자에 사용했다면 차선책은 손실폭을 최대한 보수적으로 설정하는 것이다.

아무리 파생상품의 위험성에 대해 외쳐도 투자할 사람들은 투자를 한다. 따라서 '나는 정말 파생상품으로 돈을 벌어보고 싶다.'라고 생각하는 사람은 전부 잃어도 시름시름 앓지 않을 정도의 소규모 금액만 먼저 투자하기를 추천한다. 역으로 말하면 파생상품은 레버리지가 있기 때문에 소규모 금액만 투자해도 충분한 효과를 얻을 수 있다.

ELS·DLS는 파생상품, 현명하게 투자하자

ELS와 DLS는 옵션이 수익률의 주요 핵심인 파생상품이다.
ELS와 DLS 투자자는 위험을 전가받는 위치에 있기 때문에 주의해야 한다.

ELS(주가연계증권)와 DLS(파생결합증권)는 '시장금리+*a*'의 수익을 목표로 하는 대표적 상품이다. 파생결합증권의 발행 잔액이 주식형펀드의 약 1.3배 수준인 것을 고려하면 매우 인기 있는 상품인 것을 짐작할 수 있을 것이다. 그 배경에는 몇 년간 지속되는 저금리 기조에 있는데, 이들 상품은 고금리를 원하는 투자자들의 수요를 충족해주었다.

저금리 기조가 지속되는 한 파생결합증권의 인기도 꾸준할 것으로 예상된다. 그러나 모든 수익률에는 리스크가 숨어 있다. 높은 수익률을 제공받는다는 것은 높은 리스크를 감수하겠다는 말과 같다. 중고차 시장에 싸고 좋은 차가 없듯이 금융상품도 수익률은 높고 리스크는 낮은 상품은 존재하기 어렵다. 금융기관들도 땅을 파서 장사하는 것이 아니니 이는 당연한 이치인 것이다.

구조를 보면 위험성을 알 수 있다

일반적으로 ELS·DLS는 5~20% 수준의 수익률을 제공한다. 예금 금리가 2% 미만인 것을 고려하면 어마어마한 수익률이다. 그러나 이 수익률 속에 리스크가 없었다면 말이 될까? 4일차 내용을 연계해보면 조금 더 도움이 될 것이다. 여기서부터는 좀더 집중해야 한다. 7일차의 모든 내용을 집약한 것이라고 할 수 있기 때문이다. 만약 여기까지 이해를 마친다면 상위 3% 안에 들 수 있다. 이해를 못해도 관계없다. 여기까지 온 것만으로도 사실 대단한 것이다.

ELS·DLS에는 원금보장·원금비보장 상품이 있다

ELS·DLS는 원금보장, 일부원금보장, 원금 비보장 구조로 판매된다. 먼저 원금보장 ELS·DLS는 원금을 보장해주어야 하기 때문에 발행자는 투자 원금의 대부분을 채권에 투자하고 아주 일부만 옵션을 거래한다. 수익률도 낮고 투자자 입장에서도 원금이 보장되니 큰 부담이 없다. 그러나 문제가 되는 원금비보장의 경우 원금에 해당하는 만큼 옵션 거래를 한다. 따라서 원금비보장 ELS·DLS는 기본적으로 옵션 상품이라고 말할 수 있다. 배리어(예: 60% 이하 하락시 원금 손실)가 있다는 것 자체가 옵션 상품을 의미한다고 생각하면 된다.

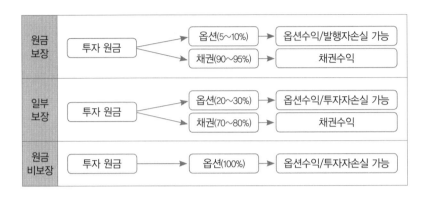

ELS·DLS 투자자는 위험을 전가받는 입장이다

ELS·DLS의 구조에서 투자자는 풋옵션을 '매도'한 사람이며, 반대로 발행자는 풋옵션을 '매수'한 사람이다. 만약 특정한 사건이 없다면 시간만 지나면 투자자들은 풋옵션 매도처럼 '권리금(프리미엄)≒약속된 수익률'을 얻게 된다.

그러나 기초자산 가격이 일정 수준 이상 하락하면 풋옵션 매도의 구조상 투자자의 손실은 이론적으로 무한대로 커진다. 물론 산술적으로 기초자산 가격이 0 이하로 하락할 수는 없기 때문에 이론적으로 무한대라는 말이다.

여기에서 중요한 것은 투자자는 약간의 권리금(수익률)을 받고 위험을 '전가받는' 입장이라는 점이다. 오른쪽 페이지에 풋옵션의 기본 구조를 보여주는 그래프를 보면 도움이 될 것이다.

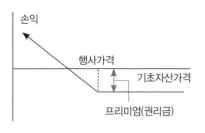

발행자: 풋옵션 매수 포지션

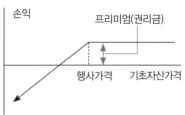

투자자: 풋옵션 매도 포지션

ELS·DLS는 엄연한 파생상품이다

앞서 살펴본 것과 같이 ELS·DLS는 엄연히 파생상품이다. 따라서 발행한 증권사 입장에서도 상품을 운용하는 것이 매우 까다롭고, 옵션의 성격상 조건 충족이 되지 않는다면 투자자에게도 손실 우려가 뒤따른다. 즉 ELS·DLS라는 이름은 껍질뿐이고, 수익률은 주가지수나 WTI 같은 기초자산과 연계한 파생상품에 의해 결정된다. ELS·DLS 모두 '증권'으로 분류가 되어 선물·옵션 같은 잘 알려진 파생상품에 비해 위험이 낮아 보인다. 이런 이유로 단순하게 기초자산 가격이 60% 이하로 떨어지지 않으면 '정기예금의 몇 배의 수익을 주는구나.'라고 생각하기 쉽다.

그러나 ELS·DLS 투자는 기본적으로 위험을 전가받는 입장이기 때문에 단순하게 판단할 만한 것이 아니다. 따라서 ELS·DLS 등에 투자를 할 때는 아리송한 부분은 이해가 될 때까지 꼼꼼하게 확인하고, 이해가 되지 않는다면 수익에 대한 막연한 기대보다는 투자 자체를 보류하는 것이 현명하다.

만약 금융기관이 상품 판매 과정에서 위험을 축소하거나 충분히 고지하지 않았다면 '불완전판매'의 소지가 있기 때문에 반드시 짚고 넘어가야 한다. 고지를 충분히 했음에도 불구하고 투자자가 흘려들었다면 그 책임은 오롯이 투자자 본인이 짊어져야 한다.

ELS · DLS의 대안으로 성장하고 있는 ETN

상장지수채권이라 불리는 ETN은 국내외 주식, 원자재 상품 등에 분산해 투자하는 장내 증권사 상품으로, 일반적인 주식계좌를 통해

· ETN 현재가 화면 ·

Q500003 [Q][관][▲][▼] 신한 인버스 WTI원유 선				ETN(원자재)	전체시세 구성종목

12,855 ▼	70	-0.54%	155,571	86.41%

직전	전일%	12,860	12,855	2,004백만

F 201606	240.40 ▼	-2.50	-1.03
IIV	12,776.20 ▼	-117.93	-0.9100
기준가	12,925	중도상환단위	100,000
대용가	9,040	국내외구분	2
지표가치총액(억)	257	상장일	2015/04/15
외국인보유수량	0 (천)	만기일자	2025/04/28
S&P GSCI Inverse	0.00	분배금형태	지급(재투자)
괴리도	0.00	발행사	신한금융투자
괴리율	0.00	LP/보유비율(%)	75.34 %

시간외
매도잔량		90,791
13,050	0.97%	100
13,000	0.58%	1
12,950	0.19%	5
12,940	0.12%	4,003
12,925	0.00%	10
12,915	0.08%	264
12,890	0.27%	38,400
12,870	0.43%	43,008
12,865	0.46%	3,000
12,860	0.50%	2,000
12,855	0.54%	57,708
12,850	0.58%	986
12,845	0.62%	112
12,840	0.66%	38,437
12,835	0.70%	20
12,825	0.77%	11
12,820	0.81%	2,000
12,815	0.85%	15
12,810	0.89%	1
12,805	0.93%	2
매수잔량		99,292

시간외

시가	12,870
고가	12,935
저가	12,855
상한	16,800
하한	9,050
기준	12,925
가중	12,878
소진	
외인	0
PR순	0

증감	매도수량	매도	매수	매수수량	증감
714	81,665	키움증권	키움증권	65,435	302
	31,115	신한투자	신한투자	30,822	2,889
	23,104	한국증권	한국증권	30,167	10
1,000	8,882	미래에셋	미래에셋	10,412	103
5,678	5,678	이베스트	이베스트	4,734	4,734
	0	외국계합		0	

시간대별	일별		매수 매도

일자	종가	전일대비	거래량
2016/05/13	12,855 ▼	70	155,571
2016/05/12	12,925 ▼	515	180,028
2016/05/11	13,440 ▼	340	56,886
2016/05/10	13,780 ▲	600	88,578
2016/05/09	13,180 ▼	490	102,239
2016/05/04	13,670 ▲	345	132,174
2016/05/03	13,325 ▲	150	65,178

250일최고	▼	20,205	-36.38%	2016/01/21
250일최저		8,960	43.47%	2015/05/13

기간수익률	신한 인버스 WTI원유	S&P GSCI Inverse C
1주	▼	-5.960%	0.000%

자료: 한국투자증권 HTS

주식처럼 거래할 수 있다. 쉽게 말해 ETN은 HTS에서 거래할 수 있는 ELS·DLS라고 생각하면 된다. 다만 ELS는 사전에 약속된 수익률을 준다면, ETN은 운용 수익률을 준다는 차이점이 있다. 또한 ELS·DLS가 1~3개 종목에 집중한다면 ETN은 1~5개 종목 이상으로 조금 더 다양하게 분산된다.

최근 정부와 업계에서 파생상품의 위험성을 고려해 손실제한형 ETN 출시를 검토하고 있다. ELS·DLS 투자가 부담스럽다면 ETN은 좋은 대안이 될 것이다.

신용파생상품은
포장보다 내용이 중요하다

모든 것이 처음 취지는 좋다. 그러나 시간이 갈수록 왜곡되는 것이 문제다.
신용파생상품은 포장지보다 내용물이 중요하다는 사실을 아는 것이 중요하다.

파생상품은 계속 진화하고 있다. 파생상품 자체가 줄기에서 뻗어 나온
부산물인 것을 고려할 때 어쩌면 자본주의 사회가 끝날 때까지 진화를
계속할 것이다. 전통적인 파생상품이었던 주식·채권·외환·상품 시장
에서 이제는 '신용Credit'이라는 것을 기초자산으로 해 거래하는 시장까
지 탄생하게 되었다. 이 신용파생상품은 아마도 모든 금융시장의 상품
중에 가장 빠르고 크게 확대된 상품이 아닐까 생각한다.

신용파생상품의 구조 자체를 이해하려고 노력하지 않아도 된다. 다만
신용파생상품은 포장이 아무리 이쁘게 되어 있더라도 그 내용물이 상한
것인지 아닌지 알아차리기 어려운 상품이라는 것만 알면 된다.

신용파생상품의 뿌리가 되는 ABS

　　　ABS(자산유동화증권)는 부동산, 매출채권, 유가증권, 주택담보채권 등과 같이 유동성이 낮은(현금화하기 어려운) 자산을 담보로 맡기고 자금을 조달하는 상품으로, 고금리 채권을 선호하는 투자자들이 선호하는 상품이기도 하다. 쉽게 말하면 "이런 자산이나 부채를 갖고 있는데, 하나로 묶어 상품으로 만들었어요. 믿고 투자하세요."인 것이다. 2016년 5월 한진해운 경영권 포기를 선언한 대한항공도 항공권 판매를 담보로 7천억 규모의 ABS를 발행하기도 했다.

　ABS를 발행하는 이유는 재무상태를 개선할 수 있기 때문이다. 즉 보유하고 있는 위험자산을 매각해 현금화하거나 자금을 조달할 수 있다. 또 다른 이유는 자금 조달비용을 줄일 수 있다는 점이다. 이를 위해 은행이나 신용보증기금, 한국주택공사 등 외부기관을 통해 '신용보강'이라는 것을 한다. 즉 외부 금융기관이 "이 ABS는 저희가 보증하니 안전합니다."라는 신뢰를 주는 것이다. 따라서 신용보강을 거친 ABS는 조달금리

· ABS의 구조 ·

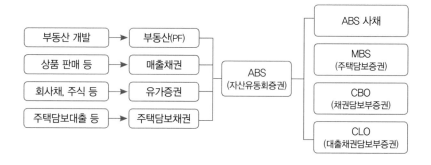

가 낮아진다.

어떤 ABS든 관계없이 ABS는 포장지(신용등급·금리 등)보다 '내용물(보유자산·대출)'이 중요하다. 사모 ABS의 경우 49인 이하의 대상으로 발행하기 때문에 일반투자자까지 올 일이 없다. 그러나 공모의 경우 금감원 전자공시시스템(dart.fss.or.kr) 홈페이지에 접속해 해당 이름을 검색한 뒤 투자설명서를 통해 내용물을 확인하면 조금 도움이 될 것이다. 4일차 내용 중 고금리 채권과 리스크를 참고하면 더욱 도움이 될 것이다.

신용파생상품, CDS와 CDO

신용파생상품은 '돈을 갚지 못하거나 파산할 수도 있겠구나?'라는 고민에서 시작된 상품이다. 최근 영화 〈빅쇼트Big short〉가 개봉하면서 일반투자자에게 조금 알려졌지만, CDS·CDO의 경우에는 금융기관 직원들에게도 익숙한 상품은 아니다. 우리나라에서는 인기가 높은 시장은 아니기 때문이다. 그러나 전 세계적으로는 규모가 매우 크기 때문에 어떤 상품인지는 알아볼 필요가 있다.

씨티은행·JP모건체이스·골드만삭스·뱅크오브아메리카·모건스탠리 등 미국 5대 투자은행의 신용파생상품 거래규모는 약 12조 1천억달러(약 1경 4,520조원)로, 우리나라 주식시장 전체 시가총액의 10배 규모다. 이 중 10%만 부도가 나도 세계 경제는 마비될 수도 있는 무시무시한 상품이다.

CDS, 모든 신용파생상품의 출발점

먼저 CDS(Credit Default Swap, 신용부도스왑)를 알아보겠다. CDS 는 모든 신용파생상품의 출발점이라 할 수 있는 상품으로, '보험'과 성격 이 같다. CDS는 '신용보장매입자(≒보험가입자)'와 '신용보장매도자(≒ 보험사)', 이 2가지만 기억하면 된다. 보호를 사는 사람은 보호를 파는 사람에게 보험료(CDS 프리미엄)를 주고 신용위험을 넘긴다. 만약 신용 사건(부도 등)이 발생하면 보호를 판 사람은 보호를 산 사람에게 약정된 보상금을 지급해야 한다. 반대로 계약기간 동안 아무 일도 벌어지지 않 는다면 보험료만 날리게 된다. 영화 〈빅쇼트〉 초반에 주인공 역을 맡은 크리스찬 베일이 모기지 하락에 베팅해 CDS 매수(보험가입)를 한 이후 괴로워하는 이유도 바로 이 때문이다.

한편 CDS는 국가의 부도위험을 가늠하는 지표로도 활용된다. 현재 우리나라의 CDS가격은 약 70bp(1bp=0.01%)로 중국의 절반 수준이 다. 1억원당 보험료가 70만원이라고 생각하면 도움이 될 것이다. 참고로 우리나라 시가총액 1위인 삼성전자의 CDS가격이 우리나라의 CDS가 격보다 낮아지는 경우가 종종 발생하는데, 글로벌 금융시장에서는 우리 나라보다 삼성전자가 부도날 확률이 더 적다고 본다고도 말할 수 있다. 우리나라는 아직 신용파생상품의 초기 시장이지만, 정부의 외평채(환율 안정을 위해 발행하는 채권) 발행시 가산금리로 활용되기 때문에 중요한 의미가 있다.

CDO, 햄버거 패티로 만들어진 자산과 대출

CDO(Collateralized Debt Obligation, 부채담보부증권)는 모기지 등 개별 대출묶음을 큰 통에 부어서 섞은 뒤 이를 유동화하는 상품이다. 고

기를 반죽시켜 만드는 햄버거 패티를 떠올리면 쉽게 이해될 것이다.

과거 2008년 글로벌 금융위기는 이 CDO에서 발생했다. 금융기관은 유동성이 낮은 자산을 현금화시킬 수 있는 장점이 있지만, 사실 투자자 입장에서는 아무리 생각을 해봐도 장점이 잘 떠오르지 않는다. 이 CDO 라는 햄버거 패티에 무엇이 들어갔는지 잘 보이지 않기 때문이다. 여기에 앞서 설명한 트렌치tranche라는 기술을 통해 S&P·무디스 등 신용평가기관에서 신용등급을 받으면 완전히 새로운 상품으로 탄생한다.

영화 〈빅쇼트〉에서는 이를 "It's not old fish, it's a whole new thing."이라고 표현했다. 일반투자자 입장에서는 접할 기회가 많지 않으나, CDO 관련 기사가 나온다면 글로벌 금융시장을 관찰한다는 관점에서 주목해서 볼 필요가 있다.

파생시장은
본질에 충실할 때 가장 아름답다

파생시장은 망아지처럼 날뛰는 금융시장으로부터 발생하는 위험을
제거해주는 본질에 충실할 때 가장 아름답다.

거래소에서 받는 투자자들의 전화는 대부분 항의전화 아니면 바뀐 제도
에 대한 문의전화다. 규제를 탓하기도 하고, 바뀐 제도가 어떤 의미를 내
포하고 있는지 물어보기도 한다. 그러나 대부분이 돈 냄새를 맡고 싶어
하고, 온전히 돈이 되는지 되지 않는지만 판단하려고 한다. 간혹 거래소
가 미처 발견하지 못한 거래 메커니즘에 대해 번뜩이는 조언을 주거나
의견을 개진해주는 투자자들의 전화를 받으면 하루 종일 기분이 좋다.
격앙되지 않은 차분한 목소리로 돈 냄새를 발산하지 않는 투자자는 그
자체로 멋이 있다. 그러나 현재 파생시장은 그 자체로 돈 냄새를 너무도
발산한다.

파생상품의 본질은 무엇인가?

파생상품의 본질은 불확실한 미래에 대한 준비에 있다. 교통과 통신의 발달과 금융시장의 성장 속에서 다양한 파생상품들이 태어났다. 이후 거래소와 금융기관을 거치며 그 모습은 점차 체계화되기 시작했으며, IT의 발달은 지역과 나라의 구분을 없앴다. 그러나 적은 계약금과 권리금만으로도 '줄기'를 거래할 수 있다는 '투기적 거래 요인'이 개입하며 파생시장은 변질되기 시작했다.

파생상품의 줄기(기초자산) 대비 거래규모가 10~20배에 달한다는 것은 '부산물'이 줄기를 흔들 수 있음을 말해주는 것이고, 투기적 거래가 파생상품의 규모만 확대시키고 있다는 반증이 된다. 파생시장은 줄기의 부산물을 또 다른 줄기로 만들고 또 다른 부산물을 만들어가며 무엇이 줄기이고 부산물인지 모를 정도로 얽히고설켜 실타래를 풀 수 없는 상황이 되었다. 음지와 양지가 혼재하고, 음지가 양지의 탈을 쓰고 양지 행세를 하기도 한다.

사람들의 중개를 대리하던 금융기관은 이제 파생시장의 중심이 되어 ELS, DLS, ABS, MBS, CBO, CDO, ABCP 등 이름도 외우기 힘든 상품들을 만들어내고, 페이, 리시브, 비드·오퍼, 롱·숏 등 그들만의 현란한 용어를 만들기 시작했으며, 흡사 파생상품을 금융기관의 전유물인양 지배하고 있다. 또한 파생상품 전문가 집단은 수학을 잘하고 머리가 좋으며, 이해타산이 빠른 사람들만이 들어올 수 있는 특별한 집단으로 변질시키며 거대한 벽을 쌓고 있다.

여기에 많은 사람들이 적은 계약금(증거금)과 권리금(프리미엄)만으로 참여한다는 유혹에 빠져 파생상품의 본질을 왜곡하고 있는 현실이 매우 안타깝다. 물론 투기적 거래들이 유입되지 않는다면 시장이 활력을 잃어버릴 수 있겠지만, 투기적 거래들이 파생시장의 중심을 차지하는 것은 결코 바람직하지 않다. 이것이야말로 정말 꼬리가 몸통을 흔드는 격이다.

금융시장 자체가 돈의 논리에 의해 움직이기 때문에 돈을 쫓는 것을 좋다 나쁘다로 평가할 수는 없지만, 외형적인 성장만이 그 금융시장의 성숙도를 말해주지는 않는다. 불나방처럼 뛰어드는 투자행태로 만들어진 파생시장은 큰 머리에 비해 몸통은 부실한 '츄파춥스'와 같으며, 얼마든지 또 다른 돈에 의해 쉽게 잠식당할 수 있다. 파생시장은 불확실한 미래를 준비한다는 본질에 충실할 때 가장 아름답다.

• 참고문헌 •

Alice schroeder(2009), 『The Snowballs: Warran Buffett and the Business of Life』, Bantam

John J. Murphy(1999), 『Technical Analysis of the Financial Markets』, PrenticeHallPress

Larry E. Swedroe(2002), 『Rational Investing in Irrational Times』, TrumanTalleyBooks

Marcia Stigum, Anthony Crescenzi(2007), 『Stigum's Money Market』, McGraw-Hill

Nassim Taleb(2005), 『Dynamic Hedging』, JohnWiley&SonsInc

Siddhartha Jha(2011), 『Interest Rate Markets』, Wiley

Solomon E. Asch(1987), 『Social Psychology』, Oxford University Press

Sunil Parameswaran(2011), 『Fundamentals of Financial Instruments』, Wiley

Suresh Sundaresan(2009), 『Fixed Income Markets and Their Derivatives』, Academic Press

대니얼 카드먼(2012), 『생각에 관한 생각(Thinking, Fast and Slow)』, 김영사

로버트 쉴러(2014), 『비이성적 과열(Irrational Exuberance)』, 알에이치코리아

로버트 쉴러, 조지 애커로프(2009), 『야성적 충동(Animal Spirits)』, 랜덤하우스코리아

마이클 루이스(2010), 『빅숏(Big Short)』, 비즈니스맵

버나드 보몰(2010), 『세계 경제지표의 비밀(The Secret of Economic Indicators)』, 럭스미디어

벤저민 그레이엄(2007), 『현명한 투자자(The Intelligent Investor)』, 국일증권경제연구소

398

앙드레 코스톨라니(2015), 『돈, 뜨겁게 사랑하고 차갑게 다루어라(Die Kunst über Geld-nachzudenken)』, 미래의창

엘로이 딤슨(2009), 『낙관론자들의 승리(Triumph of the Optimists)』, 미래에셋투자연구소

제임스 리카즈(2012), 『커런시워(Currency Wars: The Making of the Next Global Crisis)』, 더난출판사

찰스 킨들버거, 로버트 알리버(2006), 『광기, 패닉, 붕괴 금융위기의 역사(Manias, Panics and Crashes: A History of Financial Crisis)』, 굿모닝북스

케네스 로고프, 카르멘 라인하트(2010), 『이번엔 다르다(This Time is Different)』, 다른세상

톰 피터스, 로버트 워터먼(2005), 『초우량 기업의 조건(In Search of Excellence)』, 더난출판

하워드 막스(2012), 『투자에 대한 생각(The Most Important Thing)』, 비즈니스맵

한국거래소, 'ETF·ETN Guide'

한국은행, '단기금융시장(Money Market)'

한국은행편집부(2011), 『한국의 금융제도(Financial System in Korea)』, 한국은행

한국은행편집부(2012), 『한국의 금융시장(Financial Market in Korea)』, 한국은행

한국은행편집부(2016), 『한국의 외환제도와 외환시장(Foreign Exchange System and Market in Korea)』, 한국은행

『7일 만에 끝내는 금융지식』
저자와의 인터뷰

Q 『7일 만에 끝내는 금융지식』을 소개해주시고, 이 책을 통해 독자들에게 전하고 싶은 메시지가 무엇인지 말씀해주세요.

A 개인투자자 시절부터 기관투자자, 또 거래소 직원으로 일하면서 매일 일기처럼 정리해온 노트들이 있습니다. 주식, 채권, 외환, 해외상품, 파생상품 등의 투자 기록과 시장 제도나 정책 제안 등에 관련한 내용들이죠. 재밌는 것은 시간이 지날수록 노트에 담기는 내용들이 더 전문적이고 거창해지지 않고 오히려 단순해지고 간추려진다는 것입니다. 시야를 흐리는 모든 곁가지들과 수많은 정보에서 조금씩 탈출하게 된 것이죠. 시야가 흐려지면 많은 함정과 위험에 노출됩니다. 『7일 만에 끝내는 금융지식』은 그동안 기록해온 노트들에서 거창한 말을 버리고 가공되지 않은 금융시장의 본질에 대한 핵심내용을 담은 책입니다. 7개의 장을 하루에 1시간 정도 소설이나 만화책 읽듯이 편

404

하게 읽어나가시는 것이 이 책을 최고로 잘 활용할 수 있는 방법입니다. 아무것도 암기하시지 마시고, 이해가 되지 않는다면 그냥 넘어가도 좋습니다. 읽고 나서 막연하게 떠오르는 그 느낌만 간직하면 충분합니다.

Q 금융시장에 대해 추상적으로는 알지만 막상 설명하려면 난감해지는데요, 금융시장이 무엇인지 자세한 설명 부탁드립니다.

A 현대 금융시장은 규모가 매우 크기 때문에 이를 시스템적인 측면에서 구분해 편의성을 도모합니다. 실체가 모호한 경계를 자금시장, 주식시장, 채권시장, 외환시장, 파생시장으로 나누어 시스템적인 측면으로 구분하죠. 즉 이러한 것들이 일반적으로 우리가 이해하거나 정의하는 금융시장입니다. 사람들은 대체로 이 경계에 따라 거래를 하고, 많은 정보들과 보고서들도 이러한 경계를 따라 나오기 때문에 원래 하나의 시장을 여러 개로 나누어 생각하게 된 것이죠. 우리가 책이나 학교에서 배운 이론들은 바로 이 시스템적인 측면에서 구분한 금융시장입니다. 그러나 금융시장의 본질은 돈을 거래하는 것이고, 돈은 시장 전체를 관통해 흐르는데 이를 시스템적으로만 구분 지어 생각하면 어려움에 직면하게 됩니다. 이론과 현실의 괴리가 발생하는 것은 금융시장의 본질과 시스템적인 측면을 모두 고려하지 않기 때문입니다.

금융시장은 하나의 거대한 정글입니다. 수많은 사람들의 심리·행태·경제변수와 시스템이 뒤섞여 곳곳에 함정들이 도사린 하나의 거대한 정글을 만들게 됩니다. 그러나 무질서해 보이는 정글도 나름의 질서와 체계가 있는 하나의 유기적인 생태계입니다. 금융시장도 살아 있는 하나의 생태계이며, 모든 것은 연결되어 있습니다. 따라서 금융시장을 이해하기 위해서는 금융시장의 본질과 시스템적인 측면을 모두 고려해야 합니다.

Q "금융시장은 사건이 아닌 흐름을 읽어야 한다."라고 말씀하셨는데요. 무슨 의미인지 자세한 설명 부탁드립니다.

A 금융시장은 감정기복이 심해 하루에도 수차례 사건이 발생합니다. 핵심과 흐름을 보지 않고 사건에만 집중하면 금융시장의 모든 것은 새로운 것이 됩니다. 물이 높은 곳에서 낮은 곳으로 흘러가듯 금융시장의 모든 것은 자연스러운 흐름의 연속입니다. 금융시장은 살아 있는 유기체로서 서로 밀접하게 연계되어 있기 때문에 시장의 전체적인 메커니즘, 즉 흐름을 봐야 합니다. 각 시장 간의 연결고리를 찾아내는 과정이 중요하죠. 예를 들어 지난 5년간 한국은행이 지속적으로 통화량을 확대시켰습니다. 그런데 그 돈이 다 어디로 갔을까요? 많은 돈이 경기에 대한 불확실성으로 자금시장과 채권시장, 부동산시장으로 숨었습니다. 주식시장이나 실물경제에 돈이 돌지 않는 게 당연하죠. 그런데 이것이 특별한 일일까요? 아닙니다. 지난 2000년, 2004년, 2008년, 2009년에도 같은 이유로 이런 현상이 매우 심화되었습니다. 이게 바로 사건이 아닌 흐름을 봐야 하는 이유입니다.

글로벌시장으로 눈을 돌려서 최근 이슈가 된 '브렉시트'를 예로 들어보겠습니다. 브렉시트는 갑자기 발생한 사건이 아닙니다. 1993년 유럽연합이 탄생하고 1995년 유로화 도입이 결정되면서부터 잠재되어 있던 공동체의 불안정성이 표면으로 드러난 것뿐입니다. 1999년과 2004년에도 영국의 EU 탈퇴가 이슈화된 적이 있습니다. 영국으로서는 벌써 2~3번의 시도가 있었죠. 2016년 영국의 EU 탈퇴시도는 이미 2015년부터 잠재적인 이슈로 떠올랐습니다. 전체적인 흐름으로 이해한다면 20년 가까이 문제가 해결되지 않았다는 것은 자연스럽게 탈퇴로 갈 가능성이 과거보다 더 높았다고 생각할 수 있습니다. 물론 미래를 단정 지을 수는 없지만, 흐름을 안다면 최소한 당황하지 않고 대응할 준비를 할 수 있습니다.

Q 인플레이션을 "조금씩 빼앗기는 자산의 가치"라고 말씀하셨는데요. 자세한 설명 부탁드립니다.

A 모든 돈은 이자라는 대가가 있기 때문에 거래할 유인이 발생합니다. 그것은 정부도 마찬가지입니다. 돈의 총량이 정해져 있다면 이자는 어디서 나올까요? 세금을 걷기도 하고 새로 찍어낸 돈으로 지급되기도 합니다. 이런 이유로 중앙은행, 즉 한국은행은 지속적으로 돈을 찍어냅니다. 경제성장을 위해 추가적으로 돈을 더 찍어내기도 하죠. 자본주의 시스템이 고장나지 않는다면 돈은 줄어들 수 없습니다. 속도의 차이만 존재할 뿐 계속 팽창하게 되죠. 그렇다면 돈의 가치는 어떻게 될까요? 돈의 가치는 계속 감소하게 됩니다. 이것을 '인플레이션'이라고 합니다.

어린 시절 가지고 놀던 그림카드를 생각해보면 간단하게 이해할 수 있습니다. 손에 쥔 그림카드가 많아질수록 그림카드의 가치가 떨어지는 원리와 같습니다. 따라서 인플레이션은 우리의 자산을 조금씩 갉아먹게 됩니다. 아주 조용히 조금씩 조금씩 자산의 가치를 감소시킵니다. 이것을 경제학에서는 '인플레이션 텍스'라고 부릅니다. 인플레이션으로 내는 세금이라는 의미입니다.

돈을 열심히 벌어도 삶이 팍팍해지는 이유는 바로 인플레이션 때문입니다. 자산의 가치가 떨어지는 데 비해 소득은 그만큼 증가하지 않기 때문이죠. 공식적으로는 소비자물가지수를 인플레이션의 기준으로 사용하는데, 주거비나 식비 비중이 높은 일반 국민들의 체감 소비자 물가지수는 8~10%에 가깝기 때문에 특별한 부의 증식수단이 없으면 예상보다 빠르게 삶의 질이 떨어질 것입니다.

Q 금융시장과 금리는 어떤 관계가 있나요? 자세한 설명 부탁드립니다.

A 금리는 돈에 대한 대가를 말합니다. 돈에 대한 대가인 금리가 있기 때문에 금융 거래를 할 유인이 발생합니다. 금리가 없었다면 금융시장은 존재하기 어려웠을 것입니다. 따라서 금융시장의 모든 돈은 금리로 시작해 금리로 끝난다고 볼 수 있습니다.

금융시장에서 금리를 본다는 것은 돈이 흐르는 물줄기의 높낮이와 모양, 깊이 등을 보는 과정과 같습니다. 물이 높은 곳에서 낮은 곳으로 흘러가듯 돈도 금리라는 물줄기를 따라 흘러갑니다. 물이 제대로·흘러가지 않는다는 것은 문제가 생겼음을 의미하죠. 그곳에 금융시장의 위기와 기회가 있습니다.

Q 개인이 대출을 받을 때 고정금리와 변동금리 중 어떤 것을 선택할 것인가를 두고 고민하게 되는데요. 어떤 기준으로 금리를 선택해야 할까요?

A 일반적으로 은행이 제시하는 고정금리는 변동금리보다 높습니다. 은행의 자금 조달비용 등이 조금 더 반영되기 때문이죠. 이런 이유로 대출시 고정금리보다 당장 이자지급이 낮은 변동금리를 선호하는 경향이 있습니다. 1~3년 정도 비교적 단기적으로 대출을 받을 경우 최근

처럼 몇 년간 이어진 금리하락기에는 변동금리가 고정금리에 비해 좋은 선택일 수도 있습니다. 그러나 3년 이상 비교적 장기적으로 대출을 받는다면 변동금리에 대해 한 번쯤 생각해야 합니다. 금리 사이클은 쉽게 예측할 수는 없지만, 한 번 바뀌게 되면 쉽사리 방향을 반대로 바꾸지 않기 때문이죠. 변동금리를 선택함으로써 이자 부담이 줄어들 가능성이 있지만, 금리 사이클이 바뀌면 금리 인상에 고스란히 노출됩니다.

일반적으로 금리 사이클은 2~5년 주기로 변화합니다. 따라서 단기적인 대출이라면 금리 사이클을 고려해 선택하되, 장기적인 대출이라면 변동금리보다는 고정금리를 선택해서 이자 부담을 확정짓는 것이 정신건강에 유익하다고 할 수 있습니다. 대출금리는 '확정짓는 것'이지 '베팅의 영역'은 아니기 때문이죠. 현재 우리나라의 경제규모나 물가 수준, 금융시장의 위치 등을 고려했을 때 기준금리가 1.0% 이하로 하락하기는 쉽지 않아 보입니다.

Q 금리 인상은 금융시장에 어떠한 영향을 미치나요?

A 금리 인상 효과는 변수가 다양하기 때문에 정답은 없습니다. 역사적 추이를 봐도 기준금리와 주가 등의 상관관계는 상황에 따라 다릅니다. 따라서 순수하게 '돈'의 총량에 대해서만 집중해야 합니다. '금리 인상=주가 하락·경기둔화'의 이론적인 공식은 버려야 합니다. 금리를 인상해도 시중에 돈이 여전히 많으면 주가는 상승하고 경기는 둔화되지 않을 수 있습니다. 반대로 금리를 인하해도 시중에 돈이 없으면 주가는 하락하고 경기는 둔화됩니다. 다만 확실한 것은 금리인상은 시중의 돈을 차곡차곡 감소시킨다는 사실입니다.

초반에는 잘 인지하지 못하지만, 금리 인상이 몇 차례 진행되면 시중에 유동성이 눈에 띄게 사라집니다. 신용(빚)으로 주식·채권·부동산 등을 매수한 사람들 중 일부는 자산을 다시 팔아야 하는 상황이 발생하기 시작하죠. 즉 디레버리징(부채 축소)이 시작되는 것입니다. 시중에 돈이 부족하다고 느끼기 시작할 때는 금리 인상 사이클로 접어든 지 1~2년 지난 후입니다. 일반적으로 금리 인상의 누적효과로 1~2년에 걸쳐 전반적인 경제상황과 주식·채권시장을 되돌릴 준비를 합니다. 중요한 것은 금리 인상 사이클이 시작되었다면 이미 금융시장도 변하고 있으며, 시중의 돈은 계속해서 감소한다는 사실입니다. 돈 자체가 말라간다는 것은 금융시장에 분명 좋은 현상이 아닙니다.

Q "시세가 뉴스를 만들고, 뉴스가 주가의 과열을 만든다."라는 말은 무슨 의미인지 설명 부탁드립니다.

A 언론매체는 대중의 관심을 먹고 삽니다. 따라서 대중들의 관심이 어디에 있을지 언제나 눈여겨보고 있죠. 이런 면에서 금융시장, 특히 주식시장은 관심을 끌기에 아주 좋은 수단입니다. 주식시장에 많은 대중이 일희일비하기 때문에 사소한 변화도 언론매체에는 좋은 기삿거리가 됩니다. 특히 어떠한 이슈로 주가의 큰 상승이 발생하면 이보다 더 좋은 뉴스는 없습니다. 따라서 언론매체는 누가 단독 취재를 했는지는 둘째 문제이고, 다른 언론매체에 뒤처지지 않게 연이어 기사를 쏟아냅니다. 언론매체도 무한 경쟁시대에 있기 때문에 이러한 현상은 지극히 당연합니다. 주가, 즉 시세가 뉴스를 만드는 것입니다.

뉴스가 지속적으로 보고되고, 분석기사가 나올 즈음이면 주가는 더욱더 과열됩니다. 더 많은 사람들이 이를 알게 되고 여기에 참여하기 때문입니다. 그러나 모든 과열 뒤에는 허무함이 자리 잡고 있습니다. 뉴스가 만든 과열 뒤에는 뒤늦게 들어온 사람들 간의 진흙탕 싸움만 남아 있습니다. 투자자들이 가장 손해를 많이 입는 부분이기도 합니다. 뜨거울 때는 들어가지 않는 것이 심신에 좋습니다. 역사적으로 또 경험적으로 "언론이 크게 보도할 때는 주식을 팔 때다."라는 주식시장의 격언은 매우 설득력이 높습니다.

Q 환율의 기본적인 3가지 개념은 무엇인지 자세한 설명 부탁드립니다.

A 환율을 가장 많이 접하는 것이 아마 기사나 뉴스 같은 언론매체일 것입니다. 기사를 봐도 환율이 오르거나 낮아지면 좋다는 건지, 나쁘다는 건지 아리송할 때가 많을 것입니다. 이는 환율에 대한 기본 개념이 잘 잡혀 있지 않기 때문이죠.

먼저 환율의 표기법을 알아야 합니다. 환율은 일반적으로 미국 달러를 기준으로 표기됩니다. 흔히 환전할 때 "오늘 달러 얼마예요?"라고 물어보실 텐데, 이는 달러를 기준으로 우리나라 원화 환율이 얼마인지를 물어보는 것입니다. 1달러에 1,200원, 1달러에 1,100원 하는 식으로 말이죠. 일본 사람들 입장에서는 1달러에 102엔, 1달러에 100엔, 이런 식으로 말할 것입니다.

다음으로 환율의 변동을 말하는 방법을 살펴보겠습니다. 이것 역시 미국 달러가 기준입니다. 만약 1달러에 1천원이었던 환율이 1달러에 1,500원이 되면 어떻게 말해야 할까요? 1달러를 바꾸려면 돈을 더 주어야 하니 우리나라 원화의 가치가 떨어졌다고 할 수 있겠죠. 즉 달러 환율이 올라갔다는 말은 우리나라 원화의 가치가 떨어졌다는 의미입니다.

Q 사람들이 파생시장에서 선물·옵션 투자에 빠지는 이유는 무엇인가요?

A 파생상품에는 '레버리지'라는 것이 있습니다. 거래금액의 1/10 수준의 적은 금액으로 실제 거래를 할 수 있는 것이죠. 이를 '증거금률'이라고 합니다. 예를 들어 1억짜리 상품의 증거금률이 10%이라면 1천만원만 있으면 1억원의 효과를 낼 수 있게 됩니다. 이것을 레버리지가 10배라고 말합니다. 1천만으로 1억원의 효과를 낼 수 있다고 생각하면 엄청나게 흥분되죠. 100만원을 벌면 1천만원을 번 효과를 낼 수 있으니까요. 그러나 손해도 그만큼 발생할 수 있습니다. 이것이 많은 사람들이 선물과 옵션 투자에 빠지는 이유이고, 파생상품의 위험이 높은 이유이기도 합니다.

스마트폰에서 이 QR코드를 읽으시면
저자 인터뷰 동영상을 보실 수 있습니다.